LAW AND PHILOSOPHY
OF THE COVID-19

코로나 시대의
법과 철학

양천수
편

김현철
송윤진
심우민
이동진
이서형
정채연
주현경

박영사

서 문 ▮

지난 2019년에 촉발되어 여전히 진행 중인 코로나 바이러스 사태는 우리 삶의 많은 것을 바꾸었습니다. 비일상이 일상이 되었다고 말할 수 있을 만큼 코로나 사태로 우리는 이전에는 경험하지 못했던 새로운 체험을 하고 있습니다. 한때 코로나가 맹위를 떨칠 때 우리나라의 앞날이 어떻게 될지 걱정이 엄습하던 때도 있었습니다. 그렇지만 이제는 'K-방역'이라는 이름으로 전 세계적인 명성을 얻은 우리나라의 방역 체계에 힘입어 그 어느 나라보다도 모범적으로 코로나 사태를 안정적으로 관리하는 나라가 되었습니다. 덕분에 우리 것이 전 세계의 기준이 되는 시대가 펼쳐지고 있습니다.

다만 빛이 있으면 어둠도 있게 마련이듯이 우리가 코로나 사태에 성공적으로 대응하는 와중에도 다양한 사회적 · 법적 문제가 제기되고 있습니다. 여전히 코로나 사태가 진행되고 있기에 우리의 관심은 코로나 바이러스 확산을 효과적으로 억제하여 모든 시민들의 안전을 보장하는 데 집중되고 있습니다. 그러나 이제는 코로나 사태가 야기하는 사회적 · 법적 문제에 차분하고 진지하게 관심을 기울이고 이를 해결하기 위해 노력해야 할 때가 되었습니다. 이러한 문제의식에서 이 책이 기획되었습니다. 법철학, 민법학, 형법학을 전공으로 하는 8명의 법학자들이 이 책으로 한데 모여 코로나 시대가 제기하는 법과 철학의 문제를 다루었습니다. 생명정치, 사회적 거리두기, 안전사회, 코로나 방역과 프라이버시, 혐오, 감시의 형사정책, 코로나와 펼침의 정치, 의료자원의 공정한 배분, 디지털 포용, 포용국가의 문제가 이 책에서 논의됩니다. 논의의 방향을 통일하고 완성도를 높이기 위해 모든 저자들이 코로나 시대에 걸맞게 온라인으로 한데 모여 진지하게 토론하는 시간을 갖기도 하였습니다. 이 과정에서 많은 것을 배웠고 동시에 미처 다루지 못한 문제들을 발견하기도 하였습니다. 특히 시간의 제약 등으로 최근 사회적으로 이슈가 되는 기본소득 문제나 자영업자의 영업손실 보상 문제 등을 충분히 다루지 못한 점이 아쉽습니다. 다만 일단은 논의를 시작하는 게 중요한 만큼 이 책을 기점으로 하여 앞으로 코로나 사태, 코로나 사회, 포스트 코로나 시대에 관해 좀 더 많은 학문적 논의가 진행되었으면 합니다.

많은 분들의 도움으로 이 책이 나올 수 있었습니다. 무엇보다도 매우 바쁘신 가운데서도 귀한 글을 기고해 주시고 온라인 토론에도 참여해 주신 저자 분들에게 진심으로 감사인사를 드립니다. 온라인 토론이 성사될 수 있도록 여러 측면에서 지원을 해주신 충남대학교 법학전문대학원의 주현경 교수님과 충남대학교 법학연구소의 정주백 소장님께 감사인사를 드립니다. 어려운 출판 환경에도 이 책을 출간할 수 있도록 배려해 주신 박영사의 이영조 팀장님과 저자들의 원고를 멋진 책으로 편집해 주신 김선민 이사님에게도 진심으로 감사인사를 드립니다. 우리나라가 그 어느 나라보다 모범적으로 코로나 문제를 해결할 수 있도록 헌신해 주신 모든 분들에게 이 책을 바칩니다.

2021년 봄에
저자를 대표하여
양천수 배상

▌차 례

제 1 장 코로나19 시대, 생명정치, 법철학_김현철   3

  Ⅰ. 돌아보다, 일상의 균열 ·· 3

  Ⅱ. 코로나19 시대, New Normal ····························· 4

  Ⅲ. 거리두기(distancing)와 온택트(on-tact) ············· 6

  Ⅳ. 바이러스, 자본과 권력, 생명정치 ······················· 9

  Ⅴ. 위험의 상시화와 일상적 위기국가 ····················· 15

  Ⅵ. 법철학의 의미, 다시 돌아보다 ·························· 17

제 2 장 코로나 사회와 사회적 거리두기_양천수   23

  Ⅰ. 코로나와 일상의 변화 ···································· 23

  Ⅱ. 사회적 거리두기란? ······································· 24

    1. 사회적 관계에 거리두기 / 24

    2. 사회적 차원의 물리적 거리두기 / 25

Ⅲ. 사회적 거리두기의 문제들 ··· 26
    1. 이론적 문제와 실천적 문제 / 26
    2. 사회적 소통에 관한 문제 / 28
    3. 친밀성의 위기와 생활세계의 변화 / 36
    4. 그 밖의 문제 / 38

Ⅳ. 사회적 거리두기의 문제들에 어떻게 대응할 것인가? ······· 38
    1. 사회를 새롭게 이해하기 / 38
    2. 온라인 소통을 강화하고 보호하기 / 41
    3. 혁신적 포용국가와 포용경제 / 41
    4. 새로운 규제형식 모색하기 / 43

Ⅴ. 맺음말 ··· 43

제 3 장　현대 안전사회로서 코로나 사회_양천수　　　　47

Ⅰ. 코로나와 안전 ··· 47

Ⅱ. 위험사회로서 현대사회 ·· 48
    1. 위험사회 / 49
    2. 위해와 위험 / 50
    3. 위험사회에서 안전사회로 / 56

Ⅲ. 새로운 사회통제 패러다임으로서 안전사회 ····················· 56
    1. 사회적 조건에 의존하는 사회통제 / 57
    2. 사회적 조건의 변화 / 60
    3. 위험과 안전욕구의 증대 / 64
    4. 사회통제 패러다임의 변화 / 68
    5. 위험사회와 안전사회의 구별 / 79

Ⅳ. 코로나 사회는 안전사회인가? ··· 82
    1. 사회적 거리두기의 두 가지 의미 / 82
    2. 사회적 거리두기와 ≪포함-배제≫ / 83

제4장 코로나19 방역과 프라이버시_이동진   87

Ⅰ. 들어가며 ·· 87

Ⅱ. 방역 관련 법과 프라이버시 ···································· 89
   1. 감염병예방과 프라이버시, 법 / 89
   2. K-방역, 3T, 투명성 / 93

Ⅲ. 논란과 평가 ·· 97
   1. 예방원칙과 동적 진화, 프라이버시 / 97
   2. 감시·통제의 일반화·영속화에 대한 우려 / 104

Ⅳ. 나가며 ·· 107

**제5장 코로나19와 혐오: 팬데믹의 역사를 통한 반성적 성찰_정채연
                                                           113**

Ⅰ. 팬데믹과 혐오의 역사 ·· 113
   1. 전염병에 대한 주술적 믿음과 혐오 / 114
   2. '전염병 오리엔탈리즘'과 혐오 / 115
   3. 소외된 타자와 전염병의 '연결짓기'를 통한 혐오 / 117

Ⅱ. 타자에 대한 혐오의 동인(動因)으로서 전염병 ············· 118
   1. '질병'과 '환자'에 대한 도덕적 비난과 혐오 / 118
   2. '타자'로서 바이러스와 '낯선' 이방인에 대한 적대 / 120
   3. 팬데믹 사회에서 들추어진 '잠복된' 혐오 / 121

Ⅲ. 반복된 역사로서 코로나19와 혐오의 시대 ················ 123
   1. 감염자에 대한 도덕적 비난: '슈퍼전파자'로 낙인찍기 / 123
   2. 경계 밖의 이방인에 대한 혐오: '영속적 외국인'으로서
      아시아인 / 124
   3. 잠재적 혐오의 표출: 우리 안의 '위험한 타자들'에 대한 혐오 / 126

Ⅳ. 코로나19와 재난 복원력, 그리고 '재난을 통한 배움' ···· 128

| 제 6 장 | 코로나 시대와 감시·감금의 형사정책_주현경 | 135 |

Ⅰ. 코로나19와 감시 ··· 135
   1. 한국과 서구사회 – 코로나19 대유행 대응방법의 차이 / 135
   2. 휴대전화와 안심밴드를 통한 전자감시 / 137
   3. 감시의 형사정책 / 143
   4. 감시에서 낙인으로 – 사회에서 배제되는 시민의 '적' / 146

Ⅱ. 감금과 코로나19 ··· 149
   1. 구금시설과 코로나19 / 150
   2. 팬데믹 상황에서 수용시설의 문제 / 152

Ⅲ. 감시와 감금으로 귀결되는 사회는 안전한가? ················ 154

Ⅳ. 글을 마치며 ·· 156

| 제 7 장 | 코로나와 펼침의 정치: 무지의 베일 뒤집기_이서형 | 161 |

Ⅰ. 국민건강보험을 왜 긍정적으로 평가할까? ····················· 161

Ⅱ. 무지의 베일 속에서 가상적 합의로 구축된 사회 질서 ··· 165

Ⅲ. 예측 불가능한 상황에서 기존의 질서에 질문 제기하기 ··· 168

Ⅳ. 무지의 베일 새롭게 고찰하기: 왜 공개와 소통을 요구
   하는가? ··· 172

Ⅴ. 경계 없음과 펼침의 정치: 무지의 베일 뒤집기 ············· 179

제 8 장 팬데믹 시대, 의료자원의 공정한 분배_송윤진   187

   Ⅰ. 머리말 ·· 187

   Ⅱ. 의료자원의 공정한 분배와 그 다양한 기준 ················· 191

   Ⅲ. 팬데믹 상황에서 의료자원의 공정한 분배를 위한 기본 원칙:
      효율성, 형평성, 책무성 ·· 200

   Ⅳ. 맺음말 ·· 205

제 9 장 포스트 코로나 시대의 디지털 포용 입법정책_심우민 209

   Ⅰ. 강요된 디지털 전환 ·· 209

   Ⅱ. 디지털 포용과 이키텍처규제론 ····································· 211

      1. 디지털 포용의 의미 / 211

      2. 종래 정보격차에 관한 관점 / 213

      3. 아키텍처 규제론 / 216

      4. 코로나19와 아키텍처 규제적 영향 / 220

      5. 디지털 포용의 새로운 관점 / 222

   Ⅲ. 입법정책적 디지털 포용 디자인 ··································· 225

      1. 정보격차와 지능정보화 / 225

      2. 디지털 포용을 위한 입법 디자인 방향 / 230

      3. 디지털 포용을 위한 입법의 주안점 / 233

   Ⅳ. 디지털 전환을 넘어 포용으로 ····································· 237

제10장 코로나 시대와 포용국가_양천수   **241**

Ⅰ. 코로나 사회와 배제 ……………………………………………… 241

Ⅱ. 포용국가 …………………………………………………………… 243
     1. 통합국가 / 243
     2. 포용국가 / 244

Ⅲ. 포용국가 새롭게 이해하기 ……………………………………… 246
     1. 역량이론과 결합된 포용국가 / 246
     2. 포용국가와 보장국가의 연결 가능성 / 247

찾아보기   **250**

제 **1** 장

코로나19 시대, 생명정치, 법철학

코로나 시대의 법과 철학

제1장

코로나19 시대, 생명정치, 법철학

김현철*

Ⅰ. 돌아보다, 일상의 균열

어떤 측면에서 보면, 삶도 관성의 법칙을 따른다. 사람들은 어제에서 오늘로, 오늘에서 내일로 이어지는 일상의 연속 속에서 주어진 규범과 과업에 따라 살아간다. 그런데 끝이 없을 것 같은 일상의 연속에서도 어떤 특별한 사건은 예상하지 못한 채 다가온다. 죽음, 재난, 폭력, 질병과 같은 고통스러운 사건도 있고, 결혼, 출산, 성취와 같은 즐거운 사건도 있다. 그 순간에 이르러 비로소 우리는 따라가기 바빴던 삶의 흔적을 문득 돌아보기도 한다.

이는 개인의 삶에만 적용되는 것은 아니다. 우리 인류의 역사도 이런 맹목적 일상과 그 일상의 특별한 균열을 만드는 사건 속에서 진행되어왔다. 전쟁, 테러, 재난, 학살 등 인류의 어두운 면을 돌아보게 만드는 특별한 사건들은 지속되었고, 그 사건들을 겪으며 인류의 삶은

---

* 이화여자대학교 법학전문대학원 교수.

수정되고 변화하였다. 이런 변화는 특별한 사건에게 새로운 의미를 부여할 수 있는 인류의 어떤 능력의 결과일지도 모른다. 어쨌든 인류는 그렇게 변화해왔다. 인류에게 '호모 사피엔스'라는 자찬의 수식어를 붙이는 것은 사실 부끄러운 일이기는 하지만, 혹시 그런 수식어가 가능하다면 그것은 맹목적 일상 때문이 아니라 그 맹목성을 돌아볼 수 있는 이런 능력 때문일 것이다.

COVID-19, 흔히 코로나19라고 부르는 사건은 이런 의미에서 일상의 균열을 가져오고, 인류의 삶을 돌아보게 하는 하나의 특별한 사건이다. 그리고 그동안 인류가 겪었던 특별한 사건과는 결이 다른 사건이기도 하다. 20세기를 뒤흔든 세계전쟁이나 현재도 지속되는 학살과 테러의 사건과 코로나19 사건은 같으면서도 다른 위기의 사건이다. 전쟁과 테러는 인류의 '목적' 아래에서 자행된 불행한 사건이다. 그러나 코로나19나 기후변화로 인한 위기는 인류의 '일상' 아래에서 일어나는 사건들이다. 인류의 불행은 누군가의 나쁜 판단과 행동으로 일어나는 사건들을 넘어, 인류의 문화 자체에 내재 된 원인에 의해 나타날 수 있다는 것을 새삼 깨닫게 된 것이다.

Ⅱ. 코로나19 시대, New Normal

이제 인류가 돌아봐야 하는 것은 정말 흔한 일상 그 자체가 되었다. 그동안 너무 당연하게 여겼던 우리의 삶의 양식, 문화, 규범과 제도들을 하나하나 재점검해야 하는 시간이 도래하였다. 흔히 코로나19 사건을 겪으면서 그리고 그 이후의 삶에 대해 '뉴노멀'이라는 표현을 사용한다. 코로나19 사건을 뉴노멀의 계기로 보는 사람들은 흔히 뉴노 멀을 코로나19 이후의 변화된 사회로 파악하고 이에 '포스트 코로나' 라는 수식어를 붙인다. 이는 코로나19 사건이 지나가도 코로나19 사 건 동안 인류가 경험했던 삶의 양식은 지속될 것이라는 생각에 기반하 고 있다. 물론 이런 생각은 사실일 것이다. 인류의 경험은 어떤 사건이 종료되었다고 갑자기 사라지지는 않을 것이기 때문이다. 그러나 중요 한 것은 이런 표면적인 측면은 아니다.

우리가 물어야 할 것, 즉 돌아봐야 할 사안은 오히려 다음과 같은 것이다. 즉, 코로나19 사건 동안 인류가 경험하고 있는 것은 과연 코로 나19 사건으로 인한 예외적 경험일까? 아니면 코로나19 사건이 아니 라도 충분히 예측할 수 있는 것들일까? 이 질문은 다음과 같은 숨은 함 의를 가진다. 첫째, 코로나19 사건은 인류의 축적된 삶과 문화에서 비 롯된 '표현형'에 불과하다. 즉, 코로나19 사건은 인류가 그동안 살아온 삶과 문화의 결과이지, 인류의 삶과 문화와 특별한 관계가 없는 천재 지변은 아니다. 둘째, 이런 함의는 다음으로 이어진다. 즉, 인류가 그 동안 '잘 산다'고 생각했던 삶의 양식들이 정말 '잘 사는 것'이었는지 질문하는 순간이 왔다는 것이다. 무엇보다 '잘 사는 것'이라는 것 자체 가 무엇인지에 대해 돌아보게 만든다는 것이다. 셋째, 그렇다면 이른 바 '뉴노멀'은 코로나19 사건 이전에 이미 도래했어야 하는 삶의 양식 이다. 일찍이 인류가 '노멀'을 반성했다면, '뉴노멀'은 벌써 기획되어 지금 실현되고 있을 것이다.

이런 면들을 고려한다면, 코로나19 사건이 지나간 후 다가올 새로 운 세상을 기대하고 이를 '포스트 코로나' 시대의 '뉴노멀'이라고 말하는 것은 정말 중요한 반성의 지점을 놓치고 있다고 할 수 있다. 코로나19 사건은 인류에게 통렬한 반성의 기회를 준다는 점에서 특별한 사건이기는 하지만, 코로나19 사건은 단지 계기일 뿐 반성의 대상은 코로나19 사건 이전 인류의 모든 삶의 궤적이 되어야 할 것이다. 이런 의미에서 코로나19 사건이 등장하기 전의 인류의 삶도, 코로나19에 대해 집단 면역이 생성되어 더이상 코로나19에 감염되지 않는 미래 인류의 삶도 무엇을 돌아봐야 하는지에 대해서는 동일한 처지에 놓여 있다. 그렇다면 '코로나 이후'로서 '포스트 코로나'는 적절한 표현이 아닌 것이다. '코로나19 사건이 계기가 되어 인류의 삶에 대한 새로운 반성을 하게 되었다'라는 맥락을 강조한다면, 그냥 코로나19 시대라는 표현이 더 적절할 것이다. 이런 의미에서 코로나19 시대는 코로나19 사건 이전에도 이후에도 지속되고 있다.

Ⅲ. 거리두기(distancing)와 온택트(on-tact)

그렇다면 인류가 코로나19에 대응하면서 겪고 있는 일상을 한 번 살펴보도록 하자. 많은 사람들이 주목하는 것은 '일상의 디지털화'라는 현상이다. 이는 바이러스에 대한 백신이 개발되기 전 단계에서, 팬데믹에 대처하는 가장 효율적인 방법이 사람과 사람의 물리적 접촉을 줄이는 거리두기이기 때문이다. 그런데 현재 우리 문명은 엄청난 양의 사람들 사이의 상호작용으로 굴러가고 있어서, 물리적 접촉을 줄인다고 해서 상호작용 자체를 줄일 수는 없는 상황에 처해 있다. 또 인류는 그동안 꽤 훌륭한 디지털 기술을 개발해 왔다. 그렇다면 팬데믹 상황에서 문명을 유지하는 대안은 디지털 기술을 활용하여 일상의 상호작용을 하는 것이 될 수밖에 없다.

그런데 이는 다른 맥락에서 보면 모순적인 표현이기도 하다. '거리를 두면서 접촉을 한다'는 것은 과연 가능한 것일까? 풀어서 얘기하자면 다음과 같은 질문으로 구성된다. 즉, 사람들이 물리적으로 만나지 않아도 충분히 상호작용을 할 수 있을까? 물리적인 접촉 없는 온택트는 어떤 의미를 가지는가? 거리두기와 온택트는 같은 위상을 가지고 있을까? 등등

거리두기는 인류의 문명에서 언제나 존재했다. 인종, 민족, 계급, 성별, 장애, 재산 등을 이유로 인류는 계속해서 거리두기를 시행했고 또 인류는 그에 대한 반성으로 거리두기를 재조정하기 위해 노력해 왔다. 거리두기는 많은 경우 물리적 접촉의 거부를 포함하기도 했다. 이른바 '불가촉' 천민은 어느 문화권에서도 있었고, 그들에게 원초적 혐오를 가하는 문화는 현재도 여전히 존재하고 있다. 물론 거리두기 자체가 항상 이런 차별을 전제하고 있는 것은 아니다. 우리가 누군가와 거리를 두려는 것에는 여러 이유가 있을 것이기 때문이다. 하지만 사회적 차원에서 거리두기를 하는 것은 많은 경우 차별과 밀접한 연관이 있다. 그리고 차별은 인간의 권력 욕구의 산물이다. 너보다 내가 우월하다는 생각, 그리고 그 생각을 정당화하는 규범과 문화는 권력과 차별의 근거가 된다. 반대로 사회적 거리두기를 재조정하려는 노력은 '접촉'을 강조해 왔다. 차별받는 사람들도 같은 인류라는 것을 느끼고 그 사람들의 고통을 공감하기 위해서는 거리두기가 철폐되어야 한다. 그리고 그 철폐의 과정은 권력과 차별에 대한 반성을 수반해야 한다.

역사를 돌이켜 보면, 그들은 그 반성을 위해 광장에 모여 '서로의 몸을 부딪치면서' 항의하였던 것이다.

물론 감염병에 대처하기 위한 '지역적 격리'는 어느 시대에나 시행했던 조치인 것은 사실이다. 그러나 현대 사회의 시공간 세계는 이제 고전적 의미의 지역적 격리는 불가능한 시대가 되었다. 코로나19 사건에서 격리는 지역 단위가 아니라 '개인' 단위가 된다. 백신이 개발되기 전, 개인 단위의 격리는 피할 수 없는 조치이기는 하다. 내가 우려하는 것은 거리두기와 그 대안으로 온택트가 권력적으로 담론화될 수 있다는 점이다. 포스트 코로나의 뉴노멀이 강조하는 디지털 세계는 코로나19 사건의 거리두기 경험을 자신의 정당화 기제로 활용하고 있는 것은 아닌가? 온택트 담론들은 '거리두기'를 일회적인 것이 아니라 뉴노멀 세상에서 '지속적'인 것으로 전제하고 있는 것은 아닌가? 즉, 거리를 두어도 괜찮은 세상을 강조하는 담론은 인류가 역사 속에서 여전히 싸우고 있는 차별과 권력의 문제를 희석할 가능성이 있다는 것을 기억해야 한다. 거리두기는 코로나19 사건에서만 의미 있는 일회적 사안일 뿐이다.

온택트 담론도 이런 측면에서 재음미할 필요가 있다. 온택트 담론은 다음과 같은 내용을 전제한다. 즉, 온택트는 온라인으로 접촉하는 것을 의미한다. 물론 물리적 접촉과 같을 수는 없겠지만, 적어도 물리적 접촉을 보조하는 것으로는 의미가 있을 것이다. 그리고 물리적으로 접촉할 것을 요구하는 기존의 사회적 요구, 예를 들어 반드시 출근하거나 등교해야 한다는 요구는 항상 타당한 것은 아니다. 내 삶은 내가 결정하는 것이고 일과 여가는 균형을 이루어야 하며 이를 위해서는 온택트는 아주 유용한 새로운 방식일 수 있다.

나는 이런 온택트 담론이 나름 호소력이 있다는 것을 부정하지는 않는다. 그러나 이런 온택트 담론에는 드러나지 않는 지점이 있다. 우리는 이미 웹과 모바일 세상에 살고 있다. 웹과 모바일 세상에서 인류는 노트북과 핸드폰으로 살고 있다. 이미 SNS 세상에 살고 있으며, 핸드폰을 사용하면서 하루의 많은 시간을 보내고 있다. 이 기기들은 공통의 특징을 가지고 있는데, 그것은 사람들을 계속해서 개별화시킨다는 점이다. 이런 의미의 개별화는 다시 앞서 살펴본 거리두기의 다른 모습이다. 코로나19 시대 이전에 거리두기와 개별화는 웹과 모바일 세상에서 진행되고 있었고, 코로나19 사건은 그 경향에 대해 결정적인 정당성을 부여하는 일상의 경험을 제공할 뿐이다. 그러면 이 경향은 왜 문제가 되는가?

Ⅳ. 바이러스, 자본과 권력, 생명정치[1]

인류의 현 문명을 진단하는 방식은 다양할 것이다. 나는 그중에서 '돈과 힘'이라는 인류 문명의 기본 요소를 진단을 위한 시험지로 사용하는 것이 의미 있다고 생각한다. 인간에게 주어진 생물학적 과업은 자신의 생명을 유지하고 인간종이 지속되도록 노력하는 것일 것이다. 그리고 인류는 그 과업을 해결하기 위해 문명을 발달시켰고, 그 문명은 돈과 힘이라는 가치체계에 근거하고 있다. 현대 문명에서 이 두 가지 기본 요소는 '자본과 권력'의 모습으로 드러난다. 그리고 자본과 권

---

1) 이 부분은 김현철, "생명정치, 생명권력, 생명법", 법과 사회 통권 제51호, 법과사회
이론학회(2016)의 내용 일부를 사용하였으며, 이 글의 취지에 맞게 재구성하였다.

력은 길항 관계로 결합한다. 이를 자본-권력이라고 부르기로 하자. '자본-권력'은 자본이 스스로의 재생산을 위해 권력을 매개로 사용한다는 의미(방법론의 차원)와 자본과 권력이 정당성을 확보하는 과정에서 공동의 이해관계를 확인하고 상호 협력한다는 의미(정당성의 차원)를 가진 개념이다.

현대의 자본-권력은 스스로를 재생산하기 위해 전통적인 물질과 노동력 대신 '지식'이라는 매체를 사용하고 있다는 것은 잘 알려진 사실이다. 그리고 그 지식에 해당하는 대표적인 것이 생명과학기술과 디지털을 활용한 정보통신기술이다. 사실 자본-권력의 출발점을 근원적으로 보면 그것은 앞서 얘기한 인류의 생존 욕망이다. 즉, 사람은 근원적으로 생명력에 근거한 욕망을 가지고 있다. 이미 서양 근대에서 자연상태로부터 시민상태로의 이행을 사유하면서 그 계기로 삼은 '자기보존의 본성'은 그 근원적 욕망의 현상적 차원이다. 자기보존의 욕망은 자유로운 노동과 자유로운 계약의 제도화를 요구하는 근거가 되었고, 근대법의 기초가 된다. 그런데 그 욕망이 제도화와 법의 기초가 된다는 것, 즉 그 욕망을 법의 이름으로 보존하여야 한다는 것은 그 이면에 또 다른 계기가 존재하기 때문이다. 즉, 자기보존의 욕망은 본질적으로 자기보존이 안 될 수 있다는 불안의 다른 표현이라는 것이다. 이런 의미에서 불안은 인간의 존재론적 본질이며, 사회성의 근거이다. 욕망과 불안은 이율배반적으로 존재한다. 그것은 결국 '공존의 조건'의 모색이라는 형태로 그리고 그만큼의 자유라는 형태로 드러난다. 누군가의 생존 욕망이 다른 사람의 생존을 위협할 수 있는만큼, 각자의 생존 욕망은 사회 속에서 한계를 가져야 한다는 것이다. 이런 공존의 조건은 근대법의 제도적 이념이 된다. 그러나 그 공존의 조건은 생존에 대한 불안의 근원이라 할 수 있는 누군가의 생존 욕망을 제어하는 방식이다. 그리고 누군가의 생존 욕망을 실현할 수 있는 사적 권력을 국가가 빼앗고 국가만이 권력을 독점하는 권력집중의 방식으로 제도화한다.

그런데 코로나19라는 바이러스는 근대 이후 제도화된 이런 인류의 삶의 양식에 침투하여 새로운 문제 상황을 만들고 있다. 그것은 생명과학기술의 대상이라 할 수 있는 바이러스라는 매개가 디지털 정보통신기술의 정당성을 증명하는 도구가 되는 현상이다. 요약하자면, 바이러스의 퇴치라는 생명과학기술적 과업이 거리두기라는 권력 방식으로 나타나고 그것이 온택트라는 디지털 정보통신기술적 과업의 정당화로 이어진다는 것이다. 이는 다르게 보자면, 거리두기라는 권력 방식을 토대로 생명과학기술적 과업과 디지털 정보통신기술적 과업이 연계되어 재생산된다는 것을 의미할 수도 있다. 그리고 생명과학기술과 정보통신기술이 새로운 자본주의의 총아라는 점을 고려한다면, 이 현상이야말로 자본-권력이라는 개념의 실익을 잘 보여주고 있다고 할 수 있다.

이런 의미에서 바이러스라는 계기는 자본-권력의 자생적인 재생산 구조가 본격적으로 시작되었음을 의미한다. 그러나 바이러스 퇴치 기술, 즉 생명과학기술은 자본-권력이 쉽게 포섭할 수 있는 성격을 가진 기술은 아니었다. 오히려 생명에 관한 본질적인 욕망을 건드린다는 것은 자본-권력에 대한 강력한 반대로 이어질 가능성도 있었다. 그러나 시험관 아기와 복제양 돌리의 탄생 등과 같은 인간의 근원적 불안을 자극하는 새로운 계기들이 등장하면서 새로운 국면을 맞게 되었다. 그 계기들은 이 기술을 잘 활용하면 인류가 더 오래 살 수 있고 더 건강하게 살 수 있다는 자본–권력의 홍보를 통해 인간의 근원적인 생존 욕망과 결합하게 된 것이다. 어쩌면 가장 큰 불안은 가장 큰 쾌락과 연대하며 가장 큰 가치와 가장 큰 권력을 생산한다는 것은 역사적으로 반복되어 온 경험이 아닌가? 나치 시대 독일인의 불안이 새로운 세계대전으로 전개되었던 과정은 이를 잘 보여준다.

생명과학기술은 사람의 근원적인 욕망을 자극하고 삶과 죽음을 새로운 시선으로 보게 한다는 점에서 새로운 형태의 인간형을 스스로 재생산한다. 현대 사회에서 생명은 더 이상 신의 영역이 아니다. 인간은 생명을 조작하고 관리할 수 있게 되었다. 이것은 오래되었지만 새로운 가능성의 욕망이다. 인간은 과거부터 누구나 오래 살고 싶어 한다. 그러나 그동안 그것은 막연한 바람이었고, 그래서 현세가 아닌 내세에 대한 욕망, 즉 종교적 욕망으로 투영되었다. 하지만 생명과학기술은 내세가 아닌 현세에서 더 오래, 더 행복하게 살 수 있게 될 가능성을 높여 주고 있다. 동시에 생명은 그 가능성 때문에 항상적인 불안을 생성한다. 새로운 생명과학기술은 과거에 없었던 새로운 전염병을 만들고 새로운 질병을 만들 위험을 내포하고 있다. 사람은 새로운 세계가 익숙한 자신의 자리를 빼앗아가지 않을까 두려워한다. 이 지점에서 생명정치는 '욕망과 자본의 접합(욕망–자본)'과 '불안과 권력의 접합(불안–권력)'으로 이어지게 된다. 그리고 이 두 접합은 오래된 자본–권력의 접합 속에서 새로운 형태의 지배양상을 드러낸다. 이런 의미에서 21세기의 생명정치는 생명에 대한 새로운 이해를 매개로, 자본과 권력이 새롭게 접합되는 현상이다.

이제 과학기술은 생활세계와 점점 더 분화되고 전문화된다. 과학기술 지식은 더 이상 개인적 차원의 욕망-불안에 대해 사람들이 이해하고 그 본질에 대해 접근할 수 있는 수단이 아니게 되었다. 자본의 논리 속에서 욕망은 증폭되고 불안은 심화된다. 시험관 아기, 배아줄기세포, 연명의료 중단 등의 논쟁 등에서 한편은 그것이 삶의 질을 향상해 줄 것이라는 주장을 하고 다른 한편은 인간의 존엄과 정체성이 훼손될 것이라는 우려를 한다. 그리고 개인적 차원의 욕망-불안은 개인을 정착하지 못하는 떠돌이로 만들게 된다. 이는 생명과학기술이 생명현상에 적용되는 방식이 근본적으로 개별적이기 때문이다. 의료는 계약 관계에 터 잡게 되고, 개인의 의사는 자율성의 이름으로 추앙된다. 그 반면, 구조적 차원의 자본-권력은 훨씬 공고화된다. 권력은 자율성을 발휘하지 못하는 시민을 보호한다는 명목으로 권력을 재구성하고, 자본은 권력과 이해관계를 교환하면서 자신의 지위를 공고화한다. 즉, 이런 욕망-불안의 심화는 자본의 논리에 따라 개인들을 개별화하도록 만들고 더 이상 집단화하지 못하도록 만들기 때문에, 자본-권력은 그 강력한 견제 세력을 잃게 된다.

생명정치는 생명과학기술에만 관계되는 것은 아니다. 욕망-불안의 새로운 차원은 정보통신기술의 발달에도 근거하고 있다. 욕망-불안의 이율배반은 결국 새로운 생명, 새로운 삶에 대한 오래된 인간의 바람에 근거한다. 과거에는 그 바람이 내세의 삶에 대한 인간의 욕망으로 나타났다. 그러나 지금 새로운 생명정치의 시대에 내세의 삶은 "생명연장"과 "가상생명(삶)"으로 모습을 바꾸어 나타난다. 생명과학기술은 더 오래 살 수 있는 가능성(생명연장)을, 디지털 정보통신기술은 가상의 삶(virtual life)을 누릴 수 있는 가능성을 드라마틱하게 보여주고 있다. 또 인공지능(AI)과 로봇기술의 발달은 "인공생명(artificial life)"의 개념을 실제화시킨다. 그런데 이런 기술들은 과거 어느 시대의 기술보다 더 '중독적으로' 욕망을 구조화한다. 이 구조적인 욕망의 중독 현상에서 '현실의 생명(real life)'은 무기력하게 지배되고 재편된다. 이 욕망의 중독 현상은 연대의 실질적 가능성을 근원에서 차단하려고 하기 때문이다.

코로나19 바이러스는 이제 새로운 생명정치의 모습을 가시화하게 된다. 사람들은 어느 시대보다 더 '거리두기'를 하고, 어느 시대보다 더 백신이 개발되기를 바라며, 어느 시대보다 더 '온택트'하려고 한다. 21세기 생명정치가 자본-권력과 접합되어 새로운 권력을 획득하는 현상은 코로나19 사건으로 인해 더욱 심화될 여지가 있다. 팬데믹이라는 생명에 대한 불안은 쉽게 이를 극복하려는 욕망을 매개로 과학기술에 터 잡은 새로운 자본의 자양분이 되고 동시에 불안의 극복 가능성을 주장하는 새로운 권력의 자양분이 된다. 즉, 팬데믹이라는 불안-욕망은 자본-권력의 접합을 그 자체로 웅변한다.[2]

---

2) 불안-자본은 생명정치 논의에서 생명자본 담론과도 밀접하게 관련되어 있다. 이에 대해서는 카우시크 순데르 라잔(안수진 옮김), 『생명자본-게놈 이후 생명의 구성』, (그린비, 2012) 참조.

V. 위험의 상시화와 일상적 위기국가

결국 생명정치는 욕망과 불안이 근원적으로 뒤틀리는 새로운 인간 생명의 현주소에서 출발해야 한다. 코로나19 시대는 21세기 생명정치의 근원적인 메커니즘을 보여준다. 욕망은 초국적 자본의 형태로 등장하고, 불안은 안전 기술과 함께 권력을 전체화하는데 기여한다. 불안은 위험사회의 형태로 재생산되고, 테러와 전쟁의 위협 속에 확대 생산된다. 기후와 에너지 위기는 또 다른 불안 요소이며, 생태계 교란으로 인한 인류의 미래에 대한 불확실성 역시 새로운 불안 요소이다. 불안-권력은 불확실성을 이유로 점점 더 개인을 개별화시키고, 개별화된 개인은 더 쉽게 욕망-자본에 포획될 것이다.

즉, 코로나19 시대에 권력은 너무 쉽게 생명정치적 정당성을 획득한다. 누구도 거리두기를, 격리를, 개인정보 데이터의 추적에 대해 쉽게 항의하지 못한다. 코로나19 바이러스는 인간의 생명이라는 근원적 욕망에 관한 불안의 문제이기 때문이다. 더 많은 권력의 요구에 대해 사람들은 이를 당연한 것으로 받아들이기 쉽다. 그런데 역사적으로 증명하듯이 권력은 지속적으로 공고화하려는 관성을 가지고 있다. 그렇다면 그 관성은 무엇을 통해 이루어질까? 코로나19 시대에서 그 관성은 또 하나의 매개를 발견하는데, 그것은 '상시적 위험과 위기'라는 개념이다. 쿤슬러(Kunstler)는 석유 없는 세상이라는 계기를 '장기 위기(Long Emergency)'라는 개념으로 표현한 바 있는데, 이는 코로나19 시대에도 마찬가지로 적용될 수 있을 것이다.[3] 쿤슬러는 화석연료 시대

---

3) 제임스 하워드 쿤슬러(이한중 옮김), 『장기비상시대』(갈라파고스) 참조.

의 종말로 인해, 인류 사회에 큰 위기가 찾아올 것이며 그 위기는 오랫동안 지속될 것이라고 경고한다. 그리고 그 위기를 극복하기 위해 새로운 삶을 모색해야 한다고 주장한다.

이런 쿤슬러의 진단은 중요한 시사점을 인류에게 제공하고 있다. 그러나 쿤슬러의 소재를 넘어 선 새로운 걱정들이 연이어 제기될 수 있다. 화석연료 시대의 종말뿐 아니라, 환경오염과 기후변화도 그 이상의 위험 요소이며, 나아가 코로나19로 대표되는 팬데믹 또한 중요한 위험 요소가 아닌가? 그렇다면 앞으로의 시대는 인류의 계속적인 진보를 낙관할 수 있는 것이 아니라, 계속되는 위험에 항거하면서 힘들게 살아가야 할 시간이 될 수도 있을 것이다. 이런 위험이 일상화되고 상시화되는 삶 그것이 우리에게 다가올 미래가 될 수 있다. 이를 '1차적 위험의 상시화'라고 부를 수 있다.

그러나 생명정치적으로 살펴보면 이런 '1차적 위험의 상시화'는 새로운 메타적 위험의 상시화로 쉽게 전이될 수 있다. 그것은 이 위험의 상시화를 위기로 규정하고 그 위기를 극복하기 위해서라면 어떤 권력이라도 동원하는 것을 정당화해 줄 수 있다는 사회적 위험이다. 앞서 언급한 대로, 불안과 이를 극복하려는 욕망은 자본과 권력에 쉽게 포획될 수 있다. 따라서 1차적 위험의 상시화는 잘못하면 위기 극복을 위한 권력 행사의 상시화로 이어질 수 있다. 나아가 위기 극복을 위한 권력 행사는 역사적으로 살펴보면 언제나 '권력의 집중'을 요구해 왔다. 전쟁이라는 위기를 극복하기 위해, 경제파탄이라는 위기를 극복하기 위해 권력은 효율적으로 행사될 것을 요구하였고 이는 위기의 시간 동안에 '잠정적으로' 견제받지 않는 형태로 나타났다. 이른바 슈미트나

아감벤의 예외상태 이론은 이를 잘 보여준다. 그러나 위기의 시간이 '장기화'된다면 어떻게 될 것인가? 장기 위기에서 예외상태는 '예외'가 아닌 '일상'의 모습으로 나타날 수도 있지 않을까? 이렇게 장기 위기에서 예외상태가 일상화되는 권력의 모습을 나는 '일상적 위기 국가'라고 부를 수 있다고 생각한다.

Ⅵ. 법철학의 의미, 다시 돌아보다

그렇다면 '일상적 위기 국가'는 코로나19 시대라면 생명에 대한 불안과 그 불안의 극복이라는 욕망, 즉 불안-욕망을 매개로 자본과 권력이 결합하는 형태로 등장할 것이다. 그러나 자본-권력은 현대 사회에서 스스로 노골적으로 정당화하지는 않는다. 현대 사회의 정당성 메커니즘, 즉 민주적 의사결정 구조를 활용하여 정당화한다. 현대 민주주의 정치 체계는 시민의 자발적 결정을 통한 복종의 형태로 자본-권력과 그를 표현하는 법률을 정당화한다. 시민들은 거리두기가 마땅하다고 주장하고, 확진자 격리와 의심자 개인정보 데이터 추적을 해야 한다고 주장한다. 나아가 그렇게 하지 않는 사람은 사회를 위험에 빠뜨리는 사람이므로 공권력을 행사하여 제지해야 한다고 주장하기도 한다. 물론 그렇게 생각하거나 주장할 수도 있다. 그러나 이런 주장은 위험을 벗어나기 위해서는 효율적인 공권력 행사가 반드시 필요하고 이를 위해서는 공권력의 집중도 양해될 수 있다는 숨은 함의를 가질 수 있다.

법률은 공동 생활의 규칙은 생존을 위한 질서 유지를 위해 반드시

17

필요하다는 생각과 현대 사회에서 법률은 민주적 기관인 의회에서 형성되었다는 생각에 의해 다원적으로 정당화된다. 게다가 법률은 상대적으로 지속적이고 명확한 형태를 가지고 있다. 그래서 현대 자본-권력은 법률을 통해 스스로 지배를 정당화하는 방식을 채택하고 있다. 그러나 법률은 항상 이런 일방향으로만 이용되는 것은 아니다. 서구 역사에서 '법의 지배' 담론은 언제나 존재했으며, 법은 권력의 자의적 행사를 제어하는 '반권력적 기제'로 활용되기도 하였다. 정의와 인권에 근거한 법의 가능성은 자본-권력이 좌우하는 법률의 가능성과 길항 관계를 이루며 양립할 수 있는 것이다.

그러면 이런 반권력적 기제로서 법의 가능성을 모색하기 위해 우리가 할 수 있는 것은 무엇일까? 이 지점에서 다시 법철학의 의미를 음미해 보는 것은 의미 있는 일이 될 것이다.

> 법에 대한 철학인 법철학은 법이라는 규범이 삶의 형식(form of life)으로 적절하게 기능하고 있는가라는 물음에 대한 철학적 해명이고, 그 해명을 위한 사유의 방식이다. 광의로 볼 때 현대 철학의 방법론을 '비판'이라고 할 수 있다면, 법철학은 위 물음에 대해 비판적으로 사유하는 것이며, 이는 궁극적으로 현재의 삶의 기예를 성역 없이 평가하는 작업을 통해 새로운 삶의 기예를 모색하고 제안하는 작업을 의미한다.4)

---

4) 김현철, "법철학의 주제 설정", 법철학연구 제22권 제3호, 한국법철학회(2019), 10면.

법철학은 법에 대한 항시적인 비판의 작업이다. 그리고 법이 권력의 정당화 기능을 수행하기 때문에, 법철학은 권력에 대한 항시적인 비판의 작업이기도 하다. 현대 사회에서 코로나19 시대에 장기 위기를 이유로 일상적 위기국가 체제로 이행하는 것도 법률의 매개가 필요하다면, 법철학은 이 과정을 감시하고 비판하는 역할을 수행하여야 할 것이다. 코로나19 사건에 대한 대응 중의 하나로 흔히 언급되는 생물감시(bio-surveillance) 체제는 실제로는 바이러스 감시 체제가 아니라 사람에 대한 사회적 감시 체제, 즉 하라리의 지적처럼 '피부 아래 감시(under the skin surveillance)'로 이어지기 쉬울 것이다. 법철학은 이런 감시 체제의 권력작용에 대한 항시적 비판을 통해, 감시하는 자에 대한 역감시의 역할을 수행하는데 기여해야 할 것이다. 그것이 일상적 위기 국가라는 위기가 발생하지 않을 수 있도록 하기 위해 법학자가 할 수 있는 과업 중의 하나일 것이다.

결국, 코로나19 시대는 새로운 뉴노멀의 시대가 아니라 이미 진행되고 있는 자본과 권력의 변화방향을 정당화하고 속도를 높이는 것에 불과한 시대로 볼 수도 있다. 정말 뉴노멀이 되기 위해서는 삶의 양식 전반에 대한 비판과 반성이 동반되어야 할 것이며, 자본과 권력의 양상 그리고 생명과 생태의 의미에 대한 성찰의 시간이 주어져야 한다. 실제적으로 우리가 물어야 할 것은 거리두기와 온택트는 정의와 인권에 어떻게 관여하는가, 민주주의를 강화하는데 기여할 수 있는가와 같은 질문일 것이다. 그리고 그것이 '지금 여기 법철학(hic et nunc philosophy of law)'의 사명일 것이다.

제 **2** 장

코로나 사회와 사회적 거리두기

———
코로나 시대의 법과 철학

제 2 장

코로나 사회와 사회적 거리두기*

양천수**

I. 코로나와 일상의 변화

현재 진행되는 '코로나 바이러스 사태'로 우리 일상의 많은 부분이 변화하였다. '사회적 거리두기'에 따른 재택근무나 전면적인 '비대면 강의'처럼 코로나 사태 이전에는 경험하지 못했던 새로운 일상을 지금 여기서 체험하고 있다. 이를 통해 우리 사회가 진정 바뀌고 있다는 것을 실감한다. '비일상'이 어느덧 '일상'으로 자리매김하고 있는 것이다. 이처럼 코로나 사태는 현대사회에 중대한 변화를 야기한다. 코로나 사태는 제4차 산업혁명에서 시작된 사회구조의 변화가 이론에서만 존재하는 것이 아님을 보여준다.[1] 동시에 코로나 사태는 우리에게 새로운

---

* 이 글은 필자가 발표한 논문 "포스트 코로나 시대에서 본 사회구조의 변화와 사회적·인권적·법적 문제", 인권이론과 실천 제27호(2020. 6), 1-30면을 대폭 수정 및 보완한 것이다.
** 영남대학교 법학전문대학원 교수·법학박사.
1) 제4차 산업혁명과 사회구조의 변화에 관해서는 우선 양천수, 『제4차 산업혁명과 법』(박영사, 2017) 참조.

사회적 · 법적 문제를 던진다. 우리에게 '비대면 소통'이라는 새로운 소통 가능성을 보여주었지만 이로 인해 '포함'(inclusion)과 '배제'(exclusion)에 관한 새로운 문제를 제기한다. 이러한 맥락에서 이 글은 '사회적 거리두기'를 중심으로 하여 코로나가 진행되는 오늘날의 '코로나 사회'가 어떤 사회적 · 법적 문제를 유발하는지, 이에는 어떻게 대응하는 것이 바람직한지 살펴본다.[2]

II. 사회적 거리두기란?

우리나라가 다른 나라들에 비해 성공적으로 코로나 사태에 대응하는 과정에서는 '사회적 거리두기'(social distancing)가 중요한 역할을 하였다. 그런데 사회적 거리두기는 꽤 흥미로운 개념이다. 이는 두 가지 의미를 담고 있기 때문이다.

1. 사회적 관계에 거리두기

사회적 거리두기는 사회적으로 형성되는 관계에 거리를 두라는 의미로 새길 수 있다. 쉽게 말해 '사회적 접촉'을 적게 하라는 것이다. 직관적으로 보면 사회적 거리두기는 이러한 의미를 갖는 것처럼 보인다. 그러나 이에는 다음과 같은 의문을 제기할 수 있다. 오늘날 사회적으로 형성되는 관계에 거리를 둔다는 것이 과연 가능한가 하는 점이다. 물론 무인도에서 홀로 사는 것처럼 일체의 사회적 관계를 끊고 살아가

---

2) 이 글은 코로나가 진행되는 현재 사회를 '코로나 사회'로 규정하면서 논의를 진행한다.

는 것도 생각해 볼 수는 있다. 그게 아니면 인적이 없는 산속 등에서 철저하게 '자연인'으로 혼자서 살아가는 것도 상상해 볼 수 있다. 그렇지만 홉스(Thomas Hobbes)가 말한 '자연상태'나 '전쟁 상황'이 아닌 이상 오늘날 사회적 관계를 끊고 살아간다는 것은 거의 불가능에 가깝다. 특히 비대면 소통, 즉 온라인 소통과 접촉이 가능한 오늘날에는 물리적인 대면접촉을 하지 않고도 비교적 손쉽게 사회적 관계를 형성할 수 있다. 그 점에서 사회적 거리두기를 사회적 관계를 끊고 살라는 의미로 새기는 것은 여러모로 적절하지 않다. 오히려 사회적 거리두기는 물리적인 대면접촉을 자제하라는 의미로 이해하는 것이 적절해 보인다.

나아가 사회적 관계에 거리를 두어야 한다는 의미에서 다음과 같은 근원적인 의문도 제기할 수 있다. 사회를 구성하는 것은 무엇인가 하는 의문이 그것이다. 사회를 구성하는 것은 인간인가, 인간에 의해 이루어지는 물리적인 '행위'(action)인가, 그게 아니면 인간과 인간 사이에서 진행되는 '소통'(communication)인가와 같은 의문이 떠오른다.

2. 사회적 차원의 물리적 거리두기

사회적 거리두기는 사회적 차원에서 물리적인 거리를 두라는 의미로 새길 수 있다. 사회 전체적인 차원에서 물리적인 대면접촉을 줄이라는 것이다. 이는 현재 정부가 공식적으로 채택하는 사회적 거리두기의 의미이다. 이는 한때 거리두기를 '사회적 거리두기'와 '생활 속 거리두기'로 구별한 점에서 확인할 수 있다.[3] 요컨대 정부는 사회적 거리

---

3) '거리두기'를 '사회적 거리두기'와 '생활 속 거리두기'로 구별하는 태도에서 독일의 사회철학자 하버마스(Jürgen Habermas)가 제시한 '이원적 사회이론'을 떠올릴 수 있

두기를 사회적 차원의 물리적 거리두기로 파악하지, 사회적 관계에 대한 거리두기로 파악하는 것은 아니다. 이렇게 보면 '거리두기'(distan-cing)라는 개념 자체가 '물리적 거리두기'(physical distancing)를 전제로 하고 있음을 알 수 있다.[4]

Ⅲ. 사회적 거리두기의 문제들

1. 이론적 문제와 실천적 문제

사회적 거리두기 개념이 갖는 두 가지 의미에서 포착할 수 있듯이 사회적 거리두기에 관해서는 다음과 같은 문제를 생각해 볼 수 있다. 이는 이론적 문제와 실천적 문제로 구별할 수 있다. 첫째, 이론적 문제로 사회가 무엇으로 구성되고 작동하는가, 라는 근원적인 문제를 제기할 수 있다. 앞에서 살펴본 것처럼 이는 사회적 관계에 대한 거리두기가 오늘날 과연 가능한가의 문제와 관련을 맺는다. 만약 사회가 인간 및 인간에 의해 수행되는 물리적인 행위로 구성되고 작동한다면 물리적 행위를 차단하는 것만으로도 사회적 관계에 거리를 두는 것이 가능

다. 이원적 사회이론에 따르면 전체 사회는 '사회적 하부체계'와 '생활세계'로 구별된다. 이에 따르면 생활세계는 사회의 부분영역에 해당한다. 이를 보여주는 Jürgen Habermas, *Theorie des kommunikativen Handelns*, Bd. II (Frankfurt/M., 1982) 참조. 다만 현재는 사회적 거리두기 정책을 세분화하여 '생활 속 거리두기/사회적 거리두기'라는 이분법 대신 사회적 거리두기 '1단계/1.5단계/2단계/2.5단계/3단계'라는 '사회적 거리두기 5단계' 정책을 실시한다.

4) 이러한 맥락에서 세계보건기구(WHO)는 '사회적 거리두기' 대신 '물리적 거리두기'라는 용어를 권고한다. 강민경, "WHO '사회적 거리두기가 아니라 물리적 거리두기'", 뉴스1(2020. 3. 21) 참조.

할 수 있다. 그러나 '사회적 패닉 현상'이 보여주는 것처럼 사회는 다수의 사람들이 있다는 것만으로 작동하지는 않는다. 무수히 많은 사람들이 있다고 해도 그들 사이에 소통이 진행되지 않으면 사회가 존속한다고 말하기 어렵다. 또한 우리의 지금 상황이 잘 예증하듯이 물리적 행위가 차단된다고 해서 사회적 관계가 단절되는 것도 아니다. 그 때문에 사회의 존속을 가능하게 하는 근원적인 요소가 무엇인지 의문이 제기된다.

둘째, 실천적 문제로 사회적 거리두기가 야기하는 이분법 문제를 거론할 수 있다. 코로나 사태에 대응하기 위해 사회적 거리두기가 적극 시행되면서 다양한 이분법 문제가 사회적 · 법적 문제로 대두한다. 이러한 예로 안전과 자유의 이분법, 안전과 개인정보의 이분법, 코로나 대응에 따른 ≪포함-배제≫의 이분법, 코로나에 따른 경제적 이분법 또는 경제적 양극화 문제를 언급할 수 있다.

한편 사회적 거리두기에 관해 다음과 같은 의문도 제기할 수 있다. 코로나 사태에 대응하기 위한 사회적 거리두기 정책을 실현하는 과정에서 다른 선진 국가들, 예를 들어 유럽연합이나 미국은 우리와는 다른 태도와 정책을 보여주었다. 가령 우리나라에서는 시민들이 사회적 거리두기에 자발적으로 적극 참여하였을 뿐만 아니라 확진자의 이동경로와 같은 민감한 개인정보를 공개하는 것에도 전반적으로 동의하는 태도를 보였다. 사회적 거리두기 정책도 코로나 초기에는 강압적인 명령이나 행정처분이 아니라 권고와 같은 행정지도 형식으로 실행되었다. 뿐만 아니라 우리나라에서는 일반적 · 획일적인 행위제한 명령은 가급적 실시되지 않았다. 이에 반해 유럽연합이나 미국 같은 경우에는 강압적인 명령이나 행정처분의 형식으로, 그것도 일반적·획일적인 행위제한 방식으로 사회적 거리두기 정책을 실시하였다. 우리나라처럼 확진자의 개인정보를 활용하는 선제적 거리두기 정책은 실시하지 않았다. 어찌 보면 안전이나 행위의 자유보다는 개인정보의 자유를 더 중시했다고 말할 수 있다. 그렇지만 이 같은 사회적 거리두기 정책도 원활하게 수용되지는 않았다. 유럽연합이나 미국에서는 이에 저항하는 시위나 법적 투쟁이 강렬하게 전개되기 때문이다. 여기서 이러한 차이를 어떻게 설명할 수 있을지 의문이 제기된다. 이를 수준 높은 시민의식의 발로로 볼 것인지 아니면 지나친 안전 지향이 초래한 안전국가의 통제결과로 볼 것인지 문제를 던질 수 있다. 동시에 민감한 개인정보를 통제하는 대가로 시민들의 일반적인 행위 자유를 보장하는 우리나라의 사회적 거리두기 정책과 개인정보를 보장하는 대가로 시민들의 안전과 일반적인 행위 자유를 희생시키는 유럽연합이나 미국의 사회적 거리두기 정책 중에서 무엇이 더 바람직한 것인가, 라는 근본적인 의문도 제기할 수 있다.

이처럼 코로나 사회에서 사회적 거리두기는 다양한 문제를 야기한다. 그중에서 사회적 거리두기, 특히 비대면 소통과 직접 관련을 맺는 몇 가지 실천적인 문제를 살펴본다.

2. 사회적 소통에 관한 문제

우선 사회적 소통에 관한 문제를 거론할 수 있다. 이는 소통매체 문제, 소통 왜곡 문제, 소통의 수직적 구조 심화 문제, 소통플랫폼 문제로 나누어 볼 수 있다.

(1) 소통매체 문제

사회적 거리두기로 물리적 접촉이 억제되고 온라인 소통이 활성화
되면서 소통매체 문제가 새롭게 등장한다. 다시 말해 새로운 소통매체가
필요한 것이 아닌가의 문제가 제기된다. 여기서 '소통매체'(Kommuni-
kationsmedium)란 사회 안에서 소통을 가능하게 하는, 달리 말해 소
통이 지속적으로 연결되도록 하는 매체를 말한다.5) 이러한 소통매
체 개념은 독일의 사회학자 루만(Niklas Luhmann)이 제시한 ≪매체-
형식≫ 구별을 원용한 것이다. 루만에 따르면 '매체'(Medium)란 "느슨
하게 결합된 요소들"을, '형식'(Form)은 "엄격하게 결합된 요소들"을
뜻한다.6) 이러한 소통매체로서 의미(Sinn), 언어, 친밀성, 권력, 자본,
진리, 믿음 등을 들 수 있다. 여기서 의미는 생각과 소통을 가능하게
하는 기본적인 매체이다. 의미라는 매체가 없으면 우리는 사고도 소통
도 할 수 없다.7) 언어는 소통이 사회적인 차원에서 확산될 수 있도록
한다. 또한 언어를 통해 의미는 더욱 복잡하게 구별될 수 있다. 나아가
친밀성, 권력, 자본, 진리, 믿음이라는 소통매체에 힘입어 사랑이나 정
치, 경제, 학문, 종교와 같은 사회적 체계에서 소통이 성공적으로 이루

---

5) 소통매체에 관해서는 니클라스 루만, 윤재왕 (옮김),『체계이론 입문』(새물결, 2014),
   293면 아래 참조.
6) 니클라스 루만, 장춘익 (옮김),『사회의 사회』(새물결, 2014), 236면. 이를 소개하는
   정성훈, "루만의 사회이론에서 체계이론의 상대화",『철학연구』제127집(2019. 겨
   울), 220면 참조.
7) 이에 관해서는 Niklas Luhmann, "Sinn als Grundbegriff der Soziologie", in: J.
   Habermas/N. Luhmann, *Theorie der Gesellschaft oder Sozialtechnologie: was
   leistet die Systemforschung?* (Frankfurt/Main, 1972), 25-100면 참조.

어질 수 있다.

 그런데 코로나 사태에 대응하기 위해 사회적 거리두기가 적극 시행되면서 소통매체에 새로운 변화가 나타난다. 무엇보다도 '친밀성'이라는 아주 인간적인 소통매체가 위기를 맞고 있다.[8] 친밀성은 연인이나 가족처럼 우리 인간 존재에게 매우 친숙한 소규모 공동체를 구성하는 데 필수적인 소통매체가 된다. 독일의 사회학자 퇴니스(Ferdinand Tönnies)가 강조한 '공동사회(Gemeinschaft)'도 친밀성을 기초로 한다. 연대성 역시 친밀성이 사라지면 형성되기 어렵다. 그런데 이러한 친밀성은 사회적 거리두기 상황에서 진행되는 온라인 소통만으로는 형성되기 어렵다. 친밀성은 물리적 접촉을 수반하는 대면 소통을 통해 비로소 만들어질 수 있기 때문이다. 그렇지만 코로나 사태에 대응하기 위해 사회적 거리두기가 시행되면서 물리적 접촉은 엄격하게 제한된다. 친밀성이 형성될 계기가 사라지고 있는 것이다.

 '진리'라는 소통매체의 힘 역시 약해진다. 오늘날 소통이 주로 온라인으로 이루어지는 한편 소통량이 비약적으로 증가하고 빨라지면서 소통으로 전달되는 정보가 과연 진실인지 여부를 체크할 수 있는 시간적 여유나 관심이 적어진다. 이에 대한 반작용으로 '가짜뉴스'가 사회전체적으로 늘어나고 손쉽게 수용된다. 덩달아 이른바 '팩트 체크'가 언론의 중요한 역할로 부각된다. 이는 그만큼 소통에 참여하는 이들이 정보의 진리성에 무관심해지고 있음을 보여준다. 소통에 참여하는 이들은 자신이 진실이라고 믿는 것만을 찾고 이를 맹신하는 것이다. 이

---

8) 친밀성이라는 소통매체에 관해서는 니클라스 루만, 정성훈 외 (옮김), 『열정으로서의 사랑: 친밀성의 코드화』(새물결, 2009) 참조.

에 대해서는 크게 세 가지 이유를 제시할 수 있다.

첫째, 진리라는 매체보다 믿음이라는 매체가 더욱 강력한 힘을 발휘한다. 종교개혁과 시민혁명 이후 우리는 이성이 지배하는 세속화된 사회에 살고 있다고 생각하지만 우리의 실제 삶을 들여다보면 여전히 진리보다는 믿음이, 객관성보다는 주관적 편향성이 더욱 큰 영향력을 행사한다. 이러한 현상을 접하면 과연 우리가 근대인이었던 적이 있었을까 의문이 든다.9)

둘째, 정치적인 진영논리가 사회적 소통을 식민지화한다. 적과 동지를 구별하는 정치적 논리가 소통에 영향을 미치면서 진리라는 매체보다 ≪적-동지≫라는 구별이 정보를 판단하는 지배적인 기준이 된다. 우리 편이 주장하는 바는 무조건적으로 믿고 적이 주장하는 바는 배척한다. 정치적인 진영논리에 따라 진리보다 믿음이 더욱 강력한 소통매체가 된다.

셋째, 현대 자본주의 사회가 그런 것처럼 자본이라는 강력한 소통매체가 오늘날 사회에서 진행되는 소통, 특히 온라인 소통에 강력한 영향을 미친다. "유튜브"(Youtube)가 이를 잘 예증한다. 조회수가 자본과 비례적인 관계를 형성하면서 유튜브 소통에 참여하는 이들은 조회수를 높이기 위해 '자극적인' 정보를 생산하고 전달한다. 이러한 정보들은 진리보다는 많은 사람들이 갖고 있는 믿음이나 편견에 바탕을 두는 경우가 더 많다. 객관적이고 건조한 진리보다는 믿음과 편견에 기반을 둔 정보가 더 자극적인 경우가 많아 조회수를 높이는 데 유용

---

9) 이러한 문제 제기로는 브뤼노 라투르, 홍철기 (역),『우리는 결코 근대인이었던 적이 없다』(갈무리, 2009) 참조.

하기 때문이다. 이로 인해 진리라는 매체의 영향력은 점점 더 감소한다.

이처럼 코로나 사태로 온라인 소통이 강화되면서 친밀성과 진리와 같이 연대성과 객관성을 쌓는 데 중요한 소통매체는 그 힘이 약해진다. 반면 자본 및 믿음과 같은 소통매체의 힘은 점점 더 강해진다. '비합리성과 목적 합리성의 결합'이라는 역설적인 현상이 온라인 소통을 지배한다.

따뜻하고 건강한 사회를 만드는 데 중요한 친밀성과 진리가 약화되면서 이를 대신할 수 있는 새로운 소통매체가 필요해진다. 무엇이 친밀성을 대신할 수 있을까? 외모와 같은 '이미지'가 이를 대신할 수 있을까? 아니면 '상징적 권력'과 같은 새로운 상징적인 매체가 출현할 것인가? 소통매체에 관해 현재 우리가 당면한 문제이다.

(2) 소통의 왜곡 문제

소통의 왜곡 문제 역시 현대사회가 당면한 사회적·법적 문제이다. 소통매체에 관한 문제가 소통을 지속적으로 연결하는 매체에 관한 문제라면, 소통의 왜곡 문제는 소통으로 전달되는 정보의 진실 여부에 관한 문제이다. 물론 앞에서 살펴본 것처럼 소통의 왜곡 문제는 소통매체 문제와 무관하지 않다. 진리라는 소통매체의 힘이 약해지고 그 자리를 믿음이나 정치적 논리, 자본이 대신하면서 소통의 왜곡 역시 심화되고 있기 때문이다.

소통의 왜곡 문제로 크게 세 가지를 언급할 수 있다. 가짜뉴스와 혐오표현 및 이미지 왜곡이 그것이다. 방법이원론에서 연원하는 ≪존재-당위≫라는 구별을 원용하면 가짜뉴스는 존재, 혐오표현은 당위와 연결된다. 이 점에서 가짜뉴스와 혐오표현은 우리 형법이 규율하는 명예훼손(제307조)이나 모욕(제311조)과 관련을 맺는다. 다만 가짜뉴스와 혐오표현은 특정한 개인과 관련을 맺지 않는 경우가 많아 명예훼손이나 모욕으로 규율하는 데 한계가 있다. 이 점에서 일종의 법적 공백이 존재한다. 물론 표현의 자유라는 인권이자 기본권을 강조하는 진영에서는 가짜뉴스나 혐오표현을 굳이 규제할 필요가 있는지에 의문을 표한다. 그렇지만 현대 초연결사회에서는 의도적으로 생산된 가짜뉴스가 주식시장과 같은 사회적 체계에 큰 혼란을 야기할 수 있다는 점, 혐오표현이 사회적 약자에 대한 집단적 차별을 야기할 수 있다는 점을 고려할 때 이를 어떻게 법으로 규제할 것인지가 중요한 문제로 부각된다. 더군다나 가짜뉴스나 혐오표현은 '유튜브'의 경우가 보여주는 것처럼 자본이라는 소통매체와 밀접하게 연결되면서 그 빈도가 더욱 증가한다.

이미지 왜곡 역시 중요한 소통 왜곡 문제로 거론할 수 있다. 물리적 접촉을 필요로 하는 친밀성이 약화되면서 시각적 접촉만으로 충분한 이미지, 프랑스의 철학자 레비나스(Immauel Levinas)의 개념으로 바꾸어 말하면 '얼굴'이 중요한 소통매체로 부각된다.[10] 이로 인해 이미지가 중요한 구별 및 판단기준으로 작용한다. 더불어 이미지 왜곡 역시 새로운 문제로 대두한다. 최근 논란이 되는 '딥페이크'(deepfake)가 이를 예증한다.

---

10) 레비나스에 관해서는 양천수·최샘, "타자에 대한 책임의 근거: 레비나스의 철학을 예로 하여", 법철학연구 제23권 제1호(2020. 4), 169–208면 참조.

(3) 강화되는 소통의 수직적 · 차별적 구조

인터넷이 구현되면서 '정보 민주주의'가 실현될 것이라는 기대가 많았다. 실제로 인터넷 덕분에 많은 이들이 다양하고 엄청난 양의 정보에 자유롭고 평등하게 접근할 수 있게 되었다. 온라인 소통이 일상화되면서 소통방식 역시 민주화, 즉 '탈권위화'될 것이라는 기대가 많았다. 그러나 역설적으로 소통플랫폼을 이용하는 온라인 소통은 소통의 수직적 · 차별적 구조를 강화하는 문제를 야기한다. 예를 들어 '카카오 단톡방'이나 '줌회의'가 이를 잘 보여준다. 최근 단톡방은 새로운 집단적 차별과 혐오표현, 성범죄의 온상이 되고 있다. '줌'(Zoom) 플랫폼을 이용한 온라인 회의는 회의의 효율성을 높여 주었지만 반대로 회의 참여자들을 효과적으로 '감시'(?)할 수 있는 기술적 환경 역시 제공한다. 실제로 줌회의에 참여해 보면 모든 참여자들이 자신을 지켜본다는 느낌을 지우기 어렵다. 특히 코로나 사태로 '줌'을 이용한 '줌회식' 등이 실현되면서 회식의 수직적 구조가 강화된다. 조직 구성원들 사이의 벽을 허물기 위해 마련되는 회식이 또 다른 업무 회의로 전락해 버리는 것이다.

(4) 소통플랫폼 문제

소통플랫폼 문제도 코로나 사회가 던지는 중요한 사회적 · 법적 문제이다. 그중 가장 중요한 문제는 소통플랫폼의 독점 문제이다. '시장'이라는 예가 시사하는 것처럼 '플랫폼'(platform) 문제는 이미 오래 전부터 우리 인류가 고민해 온 문제에 해당한다. 이를테면 시장을 장악하고 독점하기 위해 다양한 경제주체들이 경쟁을 하고 갈등을 유발하였다. 그런데 사회가 초연결사회로 변모하면서 플랫폼이 사회에서 차지하는 비중 및 기능이 비약적으로 증대하였고, 이로 인해 플랫폼을 선점 또는 독점하기 위한 경쟁과 싸움이 사회 전 영역에서 치열하게 전개된다. 플랫폼을 지배하는 것은 시장을 지배하는 것에 그치지 않고 사회 전체를 지배할 수 있는 계기가 될 수 있기 때문이다.[11]

소통플랫폼을 독점하면 구체적으로 다음과 같은 문제가 유발된다. 첫째, 소통플랫폼을 독점하면 이러한 플랫폼을 기반으로 하여 진행되는 온라인 소통을 장악할 수 있고 이를 통해 다양한 빅데이터를 축적할 수 있다. 특히 엄청난 양의 개인 데이터가 플랫폼 기업에 집중된다. 구글이 이를 잘 보여준다. 이에 이렇게 데이터가 집중되는 상황에서 소통에 참여하는 이들의 데이터를 어떻게 보호할지, 어떻게 이를 공정하게 이용하게 할 것인지가 중요한 문제로 대두한다.

둘째, '데이터 경제'(data economy)라는 용어가 보여주듯이 오늘날 데이터는 경제가 성장하는 데 중요한 자원이 된다. 구글이나 아마존의 사례가 예증하는 것처럼 빅데이터를 확보하면 이를 활용해 막대한 경제적 부를 획득할 수 있다. 데이터 집중이 경제력 집중으로 이어지는 것이다. 오늘날 많은 영역에서 우리가 경험하듯이 '온라인화'는 '빈익빈 부익부'를 강화한다. 이러한 상황에서 소통플랫폼을 독점하면서 소통에 관한 데이터뿐만 아니라 데이터가 창출하는 경제를 장악하면 경제적 집중, 빈익빈 부익부를 심화시킬 수 있다. 이에 따라 부의 재분배

---

11) 이에 관해서는 이즈미다 료스케, 이수형 (옮김), 『구글은 왜 자동차를 만드는가: 구글 vs 도요타, 자동차의 미래를 선점하기 위한 전쟁의 시작』(미래의창, 2015) 참조.

나 기본소득 문제가 새로운 현실적인 문제로 제기된다.

셋째, 소통플랫폼에 대한 자유롭고 평등한 접근 문제가 등장한다. 소통플랫폼을 독점하면 플랫폼 참여에 관해 자연스럽게 ≪포함-배제≫ 문제가 불거진다. 그런데 코로나 사회에서 온라인 소통에 참여하지 못하면 이는 결국 사회적 소통에 참여할 수 없는 결과로 이어지기에 소통플랫폼에 대한 자유롭고 평등한 참여 문제는 그 무엇보다 중요한 문제가 된다. 따라서 소통플랫폼이 독점되는 상황에서도 모든 이들이 자유롭고 평등하게 소통플랫폼에 접근할 수 있도록 규범적·기술적 차원에서 이를 보장해야 할 필요가 있다. 더불어 최근에 진행되는 온라인 학교교육이 잘 예증하듯이 온라인 소통플랫폼에 성공적으로 참여하기 위해서는 이에 적합한 '역량'이 필요하다. 소통플랫폼에 자유롭고 평등하게 참여하는 데 필요한 역량을 갖추고 있어야만 비로소 자율적인 참여자로서 온라인 소통에 참여할 수 있다. 여기서 어떻게 하면 참여자의 '소통참여 역량'을 키울 수 있는지가 중요한 사회적·법적 문제로 대두한다.

3. 친밀성의 위기와 생활세계의 변화

사회적 거리두기가 지속되면서 물리적 대면접촉을 필요로 하는 친밀성이 위기를 맞고 있다. 이로 인해 친밀성에 기반을 두는 윤리적 감정이나 연대의식 역시 위기에 처하고 있다. 친밀성을 바탕으로 하는 각종 공동체 역시 문제에 직면한다. 무엇보다도 연인관계나 가족관계가 문제에 봉착한다. 사랑은 친밀성을 필요로 한다. 친밀성이 없으면 사랑도 성립할 수 없고 연인관계도 형성될 수 없다. 연인관계가 전제되지 않으면 가족관계 역시 형성될 수 없다. 그리고 가족이 없으면 사회가 존속하는 데 필수적인 기반이 되는 '생물학적 재생산'도 이루어질 수 없다.

물론 현재 진행 중인 코로나 사태가 모든 친밀성을 위기로 몰아넣는 것은 아니다. 코로나 사태는 친밀성에 대해서도 빈익빈 부익부를 야기한다. 사회적 거리두기가 진행되면서 이미 친밀성을 획득한 가족들의 경우에는 친밀성이 더욱 깊어지는 순기능이 나타난다. 반대로 친밀한 관계를 확보하지 못한 이들은 사회적 거리두기 상황에서 친밀성을 획득할 수 있는 가능성을 차단당한다. 이렇게 볼 때 강력한 사회적 거리두기가 종료된 직후 발생한 이태원 클럽 사건을 과연 부정적으로만 볼 수 있을지 의문이 든다. 친밀성을 향한 욕망은 우리 인간이 생물학적인 몸을 가지고 있는 이상 피할 수 없는 그 무엇이기 때문이다.

이처럼 친밀성이 약화되는 상황에서 어떻게 하면 사랑을 유지할 수 있을지, 어떻게 하면 연인관계와 가족관계를 형성할 수 있을지, 어떻게 하면 생물학적 재생산을 유지할 수 있을지 문제된다. 이는 코로나 사회에서 친밀성을 필요로 하는 생활세계를 어떻게 존속시킬 수 있을지의 문제로 귀결된다. 이에 관해서는 두 가지 대응방안을 모색할 수 있다. 첫째는 생활세계 자체를 새롭게 진화시키는 것이다. 예를 들어 가족관계를 새롭게 설계하거나 재생산 구조 및 방식을 재설계하는 것을 고려할 수 있다. 반려 인공지능 로봇이나 성 인공지능 로봇을 도입 및 활용하는 것을 적극 검토할 수 있다. 둘째는 생물학적 몸으로 구성된 인간 존재 자체를 새롭게 진화시키는 것이다. 생물학적 인간이 진화되지 않고는 새로운 생활세계, 새로운 사회를 구축하는 것도 어렵기에 인간 존재의 미래를 새롭게 설계하는 것도 모색할 필요가 있다. 가령 물리적 접촉을 하지 않아도 친밀성이나 연대성을 형성할 수 있는 인간 존재의 출현을 상상해 볼 수 있을 것이다.

4. 그 밖의 문제

이외에도 사회적 거리두기가 진행되는 상황에서 학교와 대학을 포함하는 교육체계를 어떻게 구현할 것인지, 현재 논란을 빚는 원격의료 문제를 어떻게 판단할 것인지 등이 문제로 제기된다. 다만 이러한 문제들은 이 글에서는 다루지 않기로 한다.

Ⅳ. 사회적 거리두기의 문제들에 어떻게 대응할 것인가?

마지막 논의로 사회적 거리두기가 유발하는 사회적 · 법적 문제에 어떻게 대응해야 하는지 그 방향을 간략하게 제시한다.

1. 사회를 새롭게 이해하기

먼저 이론적 기초로 '사회(society: Gesellschaft)' 개념을 새롭게 이해할 필요가 있다. 종래의 지배적인 견해는 사회를 '인간중심적'으로 파악한다. 이에 따르면 사회는 인간들로 구성되는 물리적 공간이다. 그러나 현재 진행되는 코로나 사태와 사회적 거리두기 운동은 이러한 전통적인 사회 개념이 설득력이 없다는 점을 보여준다. 이를테면 사회는 물리적 공간이 아니다. 물리적 공간과 물리적 접촉을 필수적으로 전제하지 않아도 사회는 충분히 존속 및 작동할 수 있다. 더불어 다수의 인간이 존재한다는 것만으로 사회가 존속하는 것도 아니다. 다수의 인간이 존재하기만 할 뿐 이들 사이에 소통과 연결이 이루어지지 않으면 사회는 온전하게 존속 및 작동할 수 없다. 홉스가 말한 자연상태만이 있을 뿐이다.

이러한 견지에서 볼 때 우리는 코로나 사태가 진행 중인 현 상황을 설득력 있게 설명할 수 있는 새로운 사회 개념을 모색할 필요가 있다. 그 예로 루만이 제시한 사회 개념을 언급할 수 있다. 독자적인 체계이론에 바탕을 두는 루만의 사회이론은 사회를 인간으로 구성되는 물리적 공간으로 파악하지 않는다. 그 대신 루만은 사회는 사회적 체계와 환경의 구별로 구성된다고 본다.[12] 더불어 이러한 구별을 가능하게 하고 사회적 체계가 존속 및 작동하도록 하는 것은 인간이 아니라 '소통'(Kommunikation) 그 자체라고 본다.[13] 물론 소통은 인간이 생물학적으로 존재해야만 이루어질 수 있다. 그 점에서 인간은 사회적 체계가 작동하는 데 필수적인 환경이 된다. 이렇게 보면 사회가 사회로서 작동하는 데 가장 중요한 것은 소통이다. 소통이 이루어져야 비로소 사회가 존속할 수 있다. 이러한 사회 개념은 사회적 차원에서 진행되는 물리적 거리두기 상황에서도 사회가 존속 및 작동하는 작금의 현실을 설득력 있게 설명한다. 말을 바꾸면 이러한 사회 개념을 동원함으로써 우리는 코로나가 진행 중인 지금의 사회를 적절하게 관찰할 수 있는 것이다.

---

12) Niklas Luhmann, *Einführung in die Theorie der Gesellschaft*, 2. Aufl. (Heidelberg, 2009), 61면.
13) Niklas Luhmann, 위의 책, 17면.

이러한 사회 개념은 우리가 사회를 파악할 때 '인간중심적 사고'와 거리를 두어야 함을 시사한다. 인간이 아닌 소통을 중심으로 하여 사회를 이해하는 사고, 즉 '탈인간중심적 사고'를 수용할 필요가 있음을 보여준다.[14] 물론 이때 주의해야 할 점은 이렇게 탈인간중심적 사고로 사회를 파악한다고 해서 인간의 규범적 지위가 약화되는 것은 아니라는 점이다. 사회를 관찰할 때 사용하는 탈인간중심적 사고는 분석적 차원, 즉 존재적 차원의 것으로 이해해야 한다. 이는 규범적 차원의 사고와는 구별해야 한다. 분석적 차원에서 볼 때 인간은 사회적 체계가 아닌 환경에 속하지만, 규범적 차원에서 보면 인간 존재의 규범적 지위는 불가침의 것으로 보장된다.

이와 더불어 생각해 보아야 할 문제가 있다. 코로나 이후의 사회에서도 여전히 규범적 차원에서 인간을 가장 우선적인 존재로 파악해야 하는가의 문제가 그것이다. 최근 규범적 차원에서도 탈인간중심적 사고가 힘을 얻고 있는 점을 고려할 때 인간만이 유일하게 존엄한 존재라는 사고를 여전히 유지해야 하는지 의문을 제기할 수 있기 때문이다.[15]

이렇게 인간중심적으로 사회를 파악하는 것을 반성하는 일과 함께 재검토해야 하는 문제가 있다. 인간중심적 사회 개념을 지탱하는 모델인 ≪주체-객체-행위 모델≫을 재검토하는 것이 그것이다. 그중에서도 유체물을 중심으로 객체를 파악하는 '유체물 중심주의'를 극복해야 할 필요가 있다. 현행 법체계는 권리의 객체를 물건으로 파악하고

---

14) 이에 관해서는 양천수, "탈인간중심적 법학의 가능성: 과학기술의 도전에 대한 행정법학의 대응", 행정법연구 제46호(2016. 8), 1–24면 참조.
15) 이를 보여주는 김환석 외, 『21세기 사상의 최전선』(이성과감성, 2020) 참조.

이때 물건을 유체물로 규정한다. 그렇지만 이러한 이해방식은 데이터나 정보를 물건으로 파악하는 데 장애가 된다는 점에서 이를 새롭게 규정해야 할 필요가 있다. 유체물이라는 한계를 넘어서는 것으로 물건을 다시 규정해야 할 필요가 있다.

2. 온라인 소통을 강화하고 보호하기

지금까지 살펴본 것처럼 사회적 거리두기가 강력하게 시행되는 코로나 사회에서는 오프라인 소통보다는 온라인 소통, 즉 대면 소통보다는 비대면 소통이 더욱 강화될 것이다. 따라서 이렇게 강화되는 온라인 소통에 대비하고 이를 보호하는 데 관심을 기울여야 한다. 크게 세 가지 방안을 고려해야 한다. 첫째, 우리의 독자적인 온라인 소통플랫폼을 개발해야 한다. 현재는 '줌'이나 '구글클래스'와 같은 외국의 소통플랫폼을 주로 활용하는데 우리 사회에 적합한 소통플랫폼을 개발하여 이용할 필요가 있다. 둘째, 소통 왜곡에 대한 규제를 강화할 필요가 있다. 가짜뉴스나 혐오표현을 새롭게 처벌하거나 온라인 범죄에 대한 처벌을 강화하는 것도 적극 고려해야 한다. 셋째, 소통플랫폼 독점에 대한 규제를 강화해야 한다. 소통플랫폼 독점에 대항하여 이용자들이 자유롭고 평등하게 소통플랫폼에 참여할 수 있도록 보장해야 한다.

3. 혁신적 포용국가와 포용경제

코로나 사회에서는 소통플랫폼 등을 장악한 플랫폼 기업에 경제력이 집중될 것이다. 이로 인해 빈익빈 부익부 현상이 심화될 것이다. 이에 대응할 수 있는 경제정책적 방안을 모색해야 한다. 이에 대해 정부는 '혁신적 포용국가(innovative, inclusive state)'라는 비전을 제시한 바 있다.16) 혁신적 포용국가는 두 가지 방향을 추구한다. 첫째는 혁신을 추구하는 국가이다. 둘째는 사회적 약자를 포용하는 국가이다. 이러한 두 가지 방향은 때로는 서로 충돌할 수 있다. 혁신을 너무 강조하면 혁신을 하는 과정에서 사회적 약자들이 국가나 사회에서 배제될 수 있다. 반면 이들을 모두 포용하고자 하면 국가와 사회를 혁신하는 것이 저해될 수도 있다. 현 정부는 이렇게 때로 모순되는 두 가지 방향을 동시에 추구하는 비전, 즉 혁신적 포용국가 비전을 내놓은 것이다. 제4차 산업혁명과 사회적 거리두기가 진행되는 코로나 사회에서는 경제적 불평등이 심화될 수 있다는 점을 고려할 때 이러한 비전은 상당히 이상적이기는 하지만 정책적으로는 바람직하다고 평가할 수 있다. 다만 이를 어떻게 구체화할 것인지가 관건이 된다.

혁신적 포용국가를 경제 영역에서 실현하는 방안으로 '혁신적 포용경제'를 생각해 볼 수 있다. 그러나 혁신적 포용국가를 구체화하는 방안이 어려움을 겪는 것처럼 혁신적 포용경제를 구체화하는 방안 역시 어려움에 직면한다. 이를 구체화하는 방안으로 크게 두 가지를 생각할 수 있다. 첫째는 최근 실시된 재난지원금 정책이나 현재 논의가 진행되는 기본소득 정책처럼 사회 구성원들에게 일률적으로 경제적 지원을 하는 방안이다. 이는 시민들에게 물고기를 직접 잡아 주는 방안에 해당한다. 둘째는 사회 구성원들이 사회 각 영역에서 이루어지는 소통에 자유롭고 평등하게 참여할 수 있는 역량을 키워주는 방안이다.

16) 포용국가에 관해서는 Anis A. Dani/Arjan de Haan, *Inclusive States: Social Policy and Structural Inequalities* (World Bank, 2008) 참조.

이는 시민들에게 물고기를 잡는 법을 가르쳐 주는 방안에 해당한다. 두 방안 중에서 무엇이 더 나은 것인지에 관해 현재 논란이 진행되고 있지만, 장기적인 측면에서 보면 후자가 더욱 적절하다는 점을 부정하기 어렵다. 자율적인 역량 강화야말로 오늘날 국가가 장기적인 안목을 갖고 추진해야 할 포용정책이지 않을까? 왜 우리나라에서 자발적인 사회적 거리두기가 성공을 거두었는지 생각해 볼 필요가 있다.

4. 새로운 규제형식 모색하기

마지막으로 코로나 시대에 적합한 새로운 규제형식을 모색해야 한다. 최근 논의되었던 '포괄적 네거티브 규제'나 '규제 샌드박스'(regu-latory sandbox)를 넘어서는 새로운 규제형식을 고민할 필요가 있다. 더불어 왜 포괄적 네거티브 규제가 좀처럼 실현되지 않는지 그 구조적 이유를 면밀하게 따져 보아야 한다. '아키텍처 규제(architectural regulation)'를 좀 더 광범위하게 사용하는 것도 고려해야 한다.[17]

Ⅴ. 맺음말

지금까지 사회적 거리두기가 진행되는 코로나 사회가 어떤 사회적·법적 문제를 유발하는지, 이에 어떻게 대응해야 하는지 조감해 보았다. 코로나 바이러스 사태는 지금까지 우리가 경험하지 못했던 새로운 현실을 던져 준다. 코로나 덕분에 지금까지 실현되지 못했던 새로운

---

17) 새로운 규제형식에 관해서는 양천수, 『인공지능 혁명과 법』(박영사, 2021), 제8장 및 제11장 참조.

변화가 진행된다. 코로나 사태는 분명 우리 인류에게 커다란 위협일 수 있다. 그렇지만 동시에 인류가 새롭게 진화하는 데 필요한 진화의 계기가 될 수도 있다. 코로나 사태는 분명 우리에게 여러 문제를 야기하지만 우리가 새롭게 도약하는 데 필요한 도전이 될 수도 있다. 언제나 그렇듯이 위기는 동시에 기회가 되기 때문이다.

제 **3** 장

현대 안전사회로서 코로나 사회

코로나 시대의 법과 철학

제 3 장

현대 안전사회로서 코로나 사회*

양천수**

Ⅰ. 코로나와 안전

코로나 19 바이러스 사태는 우리의 많은 것을 바꾸었다. 코로나로 인해 우리의 삶이, 우리가 몸담고 있는 사회 전체가 급격하게 변모하였다. 마치 혁명이 일어난 것처럼 코로나 이전과 코로나 이후의 사회는 질적·구조적 차이를 보인다.[1] 이에 따라 다양한 사회적·법적 문제가 사회의 거의 모든 영역에서 출현한다. 가장 대표적인 예로 이제는 꽤 익숙해진 '사회적 거리두기'가 낳은 문제들이라 할 수 있다. 이를테면 사회적 거리두기가 진행되면서 나와 타자의 사회적 거리 문제, 확진자와 비확진자 사이의 포함과 배제 문제가 즉각적으로 등장한다. 이외에도 다양하고 복합적인 문제들이 우리를 엄습한다.

---

* 이 글은 필자가 발표한 논문 "현대 안전사회와 법적 통제: 형사법을 예로 하여", 안암법학 제49호(2016. 1), 81-127면을 대폭 수정 및 보완한 것이다.
** 영남대학교 법학전문대학원 교수·법학박사.
1) 이를 흥미롭게 분석하는 대중서로는 김용섭, 『언컨택트』(퍼블리온, 2020) 참조.

코로나가 유발한 새로운 현상과 문제는 우리 법학 및 법체계에도 중대한 이론적·실천적 도전이 된다. 어쩔 수 없이 진행된 사회적 변혁은 법학 및 법체계가 풀어야 하는 여러 난제를 던진다. 19세기에 활동했던 프로이센의 법률가 키르히만(Julius Hermann von Kirchmann)이 적절하게 언급한 것처럼 사회적 현실은 언제나 이론 및 실정법보다 앞서 나간다.[2] 그 때문에 법학은 급변하는 현실에서 당장은 만족스러운 답을 제공하기 어렵다. 그러나 코로나가 낳은 변혁의 시대에서 우리가 지속 가능한 사회구조를 만들고 유지하기 위해서는 코로나가 유발한 여러 문제들을 이론적인 차원에서 심도 깊게 다룰 필요가 있다. 이에 이 글은 코로나 사회가 유발하는 여러 문제들을 점검하는 데 필요한 출발점을 확보한다는 점에서 '안전사회' 개념을 끌어들여 코로나 사회를 분석하고자 한다. 이를 통해 이 글은 다음과 같은 테제를 제시한다. 현대 코로나 사회는 안전사회의 모습을 보여준다는 것이다.

Ⅱ. 위험사회로서 현대사회

지난 2015년 1월 1일에 타계한 독일의 사회학자 울리히 벡(U. Beck)이 1986년에 제시한 '위험사회(Risikogesellschaft)'는 최근까지 현대사회의 특징을 정확하게 규정하는 개념으로 사용되었다.[3] 현대사회는 위험으로 가득 찬 사회로 묘사되고 법체계가 이러한 위험에 어

---

2) 이를 지적하는 율리우스 헤르만 폰 키르히만, 윤재왕 (옮김), 『법학의 학문으로서의 무가치성』(박영사, 2019), 30면 아래 참조.
3) U. Beck, *Risikogesellschaft* (Frankfurt/M., 1986).

떻게 대응해야 하는지가 오랫동안 학문체계에서 논의되었다. 그런데 최근에는 위험사회를 대신하는 새로운 경향 및 개념이 우리 사회를 포함한 현대사회를 규정하기 시작하였다. '안전사회(Sicherheitsgesellschaft)'가 그것이다.[4] '세월호 참사'나 '메르스 사태', '파리 테러'와 같은 각종 재난, 범죄, 테러 등과 같은 위험이 늘어나면서 이러한 위험으로부터 안전해지고 싶은 사회적 요청이 가장 중요한 규범적 목표로 제시된다. 이로 인해 위험사회로 대표되던 현대사회의 패러다임이 안전사회로 변모하고 있다. 이에 따라 사회 전체를 규율하고 통제하는 사회통제 시스템의 패러다임도 변화를 맞고 있다. 아래에서는 논의의 시작으로 이러한 현대사회의 패러다임 변화를 개관한다. 우선 위험사회란 무엇인지 살펴본다.

1. 위험사회

현대사회는 위험사회로 규정되기도 한다. 이미 언급한 것처럼 울리히 벡이 제시한 이 개념은 최근까지도 현대사회의 특징을 정확하게 지적하는 개념으로 애용되었다. 이는 현대사회가 위험과 공존하는 사회라는 점을 보여준다. 그런데 여기서 중요한 점은 현대사회를 위협하는 위험은 현대사회와 별개로 존재하는 것이 아니라 오히려 현대사회

---

4) 안전사회에 관해서는 우선 Peter-Alexis Albrecht, *Der Weg in die Sicherheits-gesellschaft: Auf der Suche nach staatskritischen Absolutheitsregeln* (Berlin, 2010); T. Singelnstein/P. Stolle, *Die Sicherheitsgesellschaft: Soziale Kontrolle im 21. Jahrhundert*, 3., vollständig überarbeitete Aufl. (Wiesbaden, 2012); 토비아스 징엘슈타인·피어 슈톨레, 윤재왕 (역), 『안전사회: 21세기의 사회통제』(한국형사정책연구원, 2012) 등 참조.

와 구조적으로 결합되어 있다는 점이다.5) 왜냐하면 위험은 현대사회가 구조적으로 낳은 산물이기 때문이다. 그 때문에 현대 위험사회에서 위험을 근원적으로 없애고자 하는 것은 거의 불가능하다. 현대사회의 구조를 근본적으로 바꾸거나 폐기하지 않는 한 위험 역시 근원적으로 없앨 수 없다. 오직 위험을 적절하게 관리할 수 있을 뿐이다.

2. 위해와 위험

현대 위험사회와 관련하여 흔히 문제가 되는 점은 현대적인 '위험(Risiko)'과 전통적인 '위해(Gefahr)'를 어떻게 구별할 것인가 하는 것이다. 이에 관해서는 그동안 다양한 이론적 논의가 진행되었다.6) 다만 이 문제는 이 글이 다루고자 하는 중심적인 문제가 아니므로 아래에서는 필자의 견해만을 요약해서 제시하도록 한다.

(1) 위해와 위험의 특성

위험과 위해 개념을 비교하기 전에 두 개념이 공유하는 특성을 간략하게 언급한다.

---

5) U. Beck, 앞의 책, 28-29면.
6) 이에 관해서는 많은 문헌을 대신해서 A. Reich, *Gefahr-Risiko-Restrisiko: das Vorsorgeprinzip am Beispiel des Immissionsschutzrechts* (Düsseldorf, 1989), 75면 아래; M. Kloepfer/E. Rehbinder/E. Schmidt-Aßmann/P. Kunig, *Umweltgesetzbuch: Allgemeiner Teil* (Berlin, 1990), § 2 Abs. 6; C. Prittwitz, Strafrecht und Risiko (Frankfurt/M., 1992); 이부하, "위험사회에서 국민의 안전 보호의무를 지는 보장국가의 역할: 현행 안전법제에 관한 고찰을 겸하며", 서울대학교 법학 제56권 제1호(2015. 3), 141면 아래; 양천수, "위험·재난 및 안전 개념에 대한 법이론적 고찰", 공법학연구 제16권 제2호(2015. 5), 187-216면 등 참조.

1) 사회적·자연적 사태의 잠재적 힘으로서 위해와 위험

가장 먼저 지적해야 할 점은 위해와 위험은 우리 사회공동체 안에 존재하는 각종 사회적 사태나 사회공동체를 둘러싼 자연적 사태가 안고 있는 잠재적 힘이라는 것이다. 우리 사회, 더 나아가 지구를 포함하는 세계사회 속에 존재하는 모든 '사태(Sache)'는 특정한 힘을 갖고 있다. 이러한 힘은 크게 '잠재적 힘'과 '현실적 힘'으로 구별할 수 있다. '잠재적 힘'은 사태 안에 잠재되어 있는 힘을 말한다. 이에 대해 '현실적 힘'은 이러한 잠재적 힘이 현실화된 힘을 말한다. 모든 사태는 이러한 잠재적 힘과 현실적 힘을 모두 갖고 있다.

이러한 힘은 다시 '본래적 힘'과 '부수적 힘'으로 구별할 수 있다. '본래적 힘'은 특정한 사태가 본래 발휘해야 하는 힘을 뜻한다. 예를 들어 원자력발전이 생산하는 원자력이 본래적 힘에 해당한다. 이와 달리 '부수적 힘'은 사태가 본래 의도하지 않은 힘을 말한다. 쉽게 말해 부작용이 부수적 힘에 해당한다. 원자력발전이 제대로 작동하지 못해 폭발하거나 파손되어 방사능이 누출되는 경우가 이러한 부수적 힘에 해당한다.

매우 복잡하게 구조화된 현대사회에서 사회적 사태는 대부분의 경우 본래적 힘을 현실화하면서 작동한다. 예를 들어 원자력발전은 대개의 경우 본래적으로 작동함으로써 매우 유용한 전기에너지를 생산한다. 항공기나 선박, 자동차와 같은 교통수단들은 원래 목적한 바대로 작동함으로써 우리를 신속하게 특정한 지점에서 다른 지점으로 이동시켜 준다. 자연적 사태 역시 대부분 우리 인간이 의도하는 것처럼 현실적 힘을 발휘한다. 많은 경우 우리는 자연적 사태의 유용함을 누리며 생활한다. 그러나 모든 사태들은 잠재적으로 부수적 힘도 갖고 있다. 이러한 잠재적인 부수적 힘이 바로 위험이나 위해에 해당한다. 모든 사태는 잠재적인 부수적 힘으로서 위험이나 위해를 지닌다. 이는 구조적이고 필연적인 현상으로 우리가 원천적으로 제거할 수는 없다. 위험이나 위해 개념과 마주할 때는 바로 이러한 측면을 염두에 둘 필요가 있다.

2) 사회적 소통의 산물로서 위해와 위험

다음으로 언급해야 할 것은 위해와 위험은 특정한 물질적인 대상을 갖는 '실체 개념'은 아니라는 점이다.[7] 위해와 위험은 생명이나 신체, 재산과 같은 법익처럼 특정한 지시대상을 갖는 것은 아니다. 달리 말해 위해와 위험 개념은 물질적인 실체가 아니다. 그렇다면 위해와 위험은 허구적이고 가상적인 개념인가? 이는 전적으로 허구에 불과한 것일까? 그렇지는 않다. 위해와 위험은 한편으로는 전통적인 실체 개념은 아니지만 다른 한편으로는 분명 우리 현실 속에서 '실재'한다. 그러면 과연 어떤 방식으로 위해와 위험은 우리 사회에서 '실재'하는가? 이는 다음과 같이 말할 수 있다.

위해와 위험은 일종의 사회적 소통의 산물이다. 위해와 위험은 우리 사회 속에서 이루어지는 사회적 소통 안에서 실재한다. 이는 '소통적 개념'이다.[8] 물론 위험과 위해 개념이 전적으로 사회적 소통을 통

---

7) '실체 개념'의 철학적 의미에 관해서는 아르투어 카우프만, 김영환 (옮김), 『법철학』 (나남, 2007), 95-98면 참조.
8) 형법상 법인 개념을 이러한 소통적 개념으로 파악하는 경우로는 양천수, "법인의 범

해서만 실재하는 것은 아니다. 위에서 언급한 것처럼 위험과 위해는 사태의 잠재적 힘으로서 사태 안에서도 실재하기 때문이다. 그러나 위험과 위해는 잠재적 힘으로서 실체적인 것은 아니다. 또한 특정한 사태 안에서 위험과 위해가 어느 정도로 존재하는가를 판단하는 것도 사회적 소통을 통해 이루어지므로, 궁극적으로 모든 위험과 위해는 사회적 소통의 산물이라고 말할 수 있다.

위험과 위해가 사회적 소통을 통해 실재하는 '소통적 개념'이라는 점은 두 가지 의미 있는 주장을 내포한다. 첫째, 위험과 위해는 모두 실체 개념이 아니라 '구성 개념'이라는 것이다. 위험과 위해는 실체 개념이 아니기에 물질적 대상을 갖지 않는다. 그 대신 사회적 소통을 통해 구성되는 구성 개념이다. 둘째, 이렇게 위험과 위해는 사회적 소통을 통해 구성되는 개념이기에 사회적 소통에 의존할 수밖에 없다. 이는 사회적 소통이 어떤 방식으로 어떻게 이루어지는가에 따라 위험과 위해의 개념적 내용이 달라질 수 있다는 점을 보여준다. 또한 이는 위험과 위해를 관리하고자 하는 측면에서도 중요한 의미를 갖는다. 왜냐하면 위험과 위해에 경직된 사고를 갖고 있거나 이에 관해 경직된 사회적 소통을 진행시키는 경우에는 자칫 위험과 위해의 개념적 범위가 자의적으로 확장될 수 있고 이로 인해 사회 전체가 경직되거나 억압될 수도 있기 때문이다. 이는 악순환으로 이어질 수 있다. 사회적 소통이 경직되어 위험과 위해의 개념적 범위가 확장되면 다시 이로 인해 사회적 소통이 경직되고 이는 다시 위험과 위해의 자의적 확장으로 이어질

죄능력: 법 이론과 형법정책의 측면에서", 형사정책연구 제18권 제2호(2007. 여름), 161-194면 참조.

수 있기 때문이다.

3) 미래지향적 개념으로서 위해와 위험

더 나아가 눈여겨보아야 할 점은 위험과 위해는 시간적인 차원에서 볼 때 현재적 개념이 아니라 미래지향적 개념이라는 것이다. 위에서 지적한 것처럼 위험과 위해는 특정한 사태가 안고 있는 잠재적 힘이다. 그것은 아직 현실화된 힘이 아니다. 그런데 위험과 위해가 현실화된 힘이 아니라는 것은 위험과 위해가 현재적 개념이 아니라 미래를 지향하는 개념이라는 점을 보여준다. 위험을 "미래의 무엇인가에 대한 결정"이라고 개념화하는 것도 같은 맥락이다. 이 같은 이유에서 위험과 위해를 개념화할 때는 '가능성'이나 '개연성'이 전면에 등장한다. 가능성이나 개연성과 같은 기준 자체가 미래지향적인 기준이기 때문이다. 이처럼 위험과 위해는 미래지향적인 개념이어서 그만큼 사회적 소통에 의존할 수밖에 없다. 위험과 위해를 파악하는 것은 현재 있는 것을 확인하는 것이 아니라 미래에 현실화될지 모르는 힘을 예측하는 것이기 때문이다. 그런데 예측 자체는 불확실한 것인 만큼 이는 사회에서 이루어지는 소통의 방식이나 상황에 밀접하게 관련을 맺을 수밖에 없다.

(2) 위해와 위험 개념

이러한 토대에서 볼 때 위해는 다음과 같이 정의내릴 수 있다. 위해나 위험 모두 잠재적이고 소통적이며 미래지향적인 개념이지만, 울리히 벡이 정확하게 지적한 것처럼, 위해는 개인적이며 지역적인 성격을 지닌다.9) 위해는 대규모의 피해를 야기할 수 있는 잠재적 힘은 아니다. 또한 위해는 위험에 비해 발생가능성이 더 높다. 이를 확률적으로 표현하면 위해가 위험보다 발생확률이 더욱 높다고 말할 수 있다. 나아가 위해는 위험에 비해 자연발생적인 속성을 띤다. 이는 위해가 사회구조와 밀접한 관련을 맺는 것은 아니라는 점을 보여준다. 이러한 점을 종합적으로 고려하면 위해는 위험과는 구별되는 다음과 같은 특징을 지닌다. 위험보다 발생개연성은 높지만 자연발생적이고 사회구조적인 것은 아니기에 오히려 예측하기는 어렵다는 점이다. 사회구조적인 것이 아니라는 점은 그만큼 소통적으로 예측하기 어렵다는 것을 보여주기 때문이다.

위험은 이러한 위해와는 상반된다. 위해와는 달리 위험은 초개인적이고 초지역적이다.10) 쉽게 말해 위험은 대규모의 피해, 경우에 따라서는 전지구적인 피해를 야기할 수 있는 잠재적 힘이다. 그 때문에 위험은 위해에 비해 발생가능성이 낮다. 그렇지만 위험은 사회구조와 밀접하게 얽혀있다. 벡이 지적한 것처럼 위험은 근대화가 낳은 산물이기 때문이다. 이처럼 위험은 위해보다 발생가능성은 낮지만 사회구조적인 것이어서 오히려 이를 예측하는 것은 더욱 쉽다.11)

---

9) U. Beck, 앞의 책, 28면.

10) U. Beck, 앞의 책, 28면.

11) 이처럼 위해와 위험은 개념적으로 구분된다. 그렇지만 오늘날 이러한 구분이 확연하게 이루어질 수 있는 것은 아니다. 왜냐하면 현대사회에서 위해와 위험은 점차 서로 혼융되고 있기 때문이다. 이렇게 되면서 위해와 위험의 경계를 명확하게 설정하는 것이 점점 어려워지고 있다. 이에 관해서는 양천수, 앞의 논문, 198-199면 참조.

3. 위험사회에서 안전사회로

이러한 현대 위험사회가 최근 들어 점차 안전사회로 변모한다. 독일의 형법학자 징엘른슈타인(T. Singelnstein)과 슈톨레(P. Stolle)에 따르면 안전사회란 "불안정(Verunsicherung)이 핵심적인 지위를 차지하며, 포괄적인 범위의 안전을 향한 노력이 다른 어떠한 목표보다 우선하며, 그러한 노력 자체가 가치를 갖는" 사회를 뜻한다.[12] 물론 안전사회가 위험사회와 완전히 구별되는 별개의 사회적 현상 또는 패러다임인 것은 아니다. 안전사회는 위험사회가 낳은 구조적 결과물이라고 말할 수 있기 때문이다. 안전은 위험을 전제로 하는 개념이다. 각종 위험으로부터 자유로운 상태가 바로 안전이기 때문이다. 따라서 안전사회란 위험사회가 구조적으로 위험을 생산하고 이에 대한 반작용으로 이러한 위험으로부터 안전해지고 싶은 욕구가 사회 전체적으로 확산되면서 출현한 패러다임이라고 말할 수 있다.

Ⅲ. 새로운 사회통제 패러다임으로서 안전사회

현대사회의 새로운 패러다임으로 등장하는 안전사회의 구체적인 내용은 무엇인가? 이러한 안전사회는 위험사회와 비교할 때 본질적으로 차이가 있는 개념인가? 안전사회가 사회통제 시스템, 특히 법체계와 관련하여 갖는 특별한 의미는 무엇인가? 아래에서는 이 문제를 집

---

12) 토비아스 징엘슈타인 · 피어 슈톨레, 윤재왕 (역), 『안전사회: 21세기의 사회통제』 (한국형사정책연구원, 2012), 5면.

중적으로 다룬다. 이를 위해 아래에서는 안전사회를 본격적으로 제안한 징엘른슈타인과 슈톨레의 저작을 분석한다.

1. 사회적 조건에 의존하는 사회통제

(1) 사회통제의 개념

징엘른슈타인과 슈톨레가 말하는 안전사회는 현대사회에서 이루어지는 사회통제와 관련을 맺는 개념이다. 말하자면 안전사회는 새로운 사회통제 패러다임인 셈이다. 그러면 사회통제란 무엇인가? 징엘른슈타인과 슈톨레는 사회통제를 다음과 같이 정의한다.[13] "개념으로서의 사회통제는 한 사회 또는 사회집단이 그 구성원들로 하여금 이 사회 또는 사회집단이 수립한 규범으로서의 행위요구에 지속적으로 복종하도록 만들기 위해 사용하는 국가적 및 개인적 메커니즘과 기술을 모두 포괄한다."

이러한 개념정의를 분석하면 다음과 같은 개념요소들을 추출할 수 있다. 사회 또는 사회집단, 사회구성원, 규범, 국가적 및 개인적 메커니즘과 기술이 그것이다. 첫째, 사회통제는 사회통제가 이루어지는 공간이자 사회통제의 주체인 사회 또는 사회집단을 필요로 한다. 체계이론적으로 말하면 사회통제는 '사회체계(Gesellschaftssystem)'를 포함하는 '사회적 체계(soziales System)'를 필요로 한다. 둘째, 사회통제는 사회통제의 대상인 사회구성원을 필요로 한다. 이러한 사회구성원은

---

13) 토비아스 징엘슈타인·피어 슈톨레, 앞의 책, 1면.

각각의 개인일 수도 있고 조직이나 법인 혹은 사회의 부분체계와 같은 사회적 체계일 수도 있다. 셋째, 사회통제는 사회통제의 기준이 되는 규범을 요청한다. 이러한 규범은 법과 같은 공식적 규범과 도덕이나 관습과 같은 비공식적 규범으로 구별할 수 있다.14) 이 같은 규범은 사회통제의 대상인 사회구성원들에 대해 사회통제의 주체인 사회 혹은 사회집단이 원하는 행위요구를 담고 있다. 넷째, 사회통제는 사회구성원들이 사회의 규범에 복종할 수 있도록 이를 관철하는 사회통제 메커니즘과 기술을 필요로 한다. 이러한 사회통제 메커니즘과 기술은 국가가 중심이 되는 공적 사회통제 메커니즘 및 기술과 경비회사와 같은 사적 주체가 중심이 되는 사적 사회통제 메커니즘 및 기술로 구분할 수 있다.15)

(2) 사회통제의 사회적 조건 의존성

그런데 사회통제와 관련해 중요한 것은 사회통제가 사회적 조건에 의존한다는 점이다. 징엘른슈타인과 슈톨레에 따르면 사회통제는 각각의 지배적인 사회적 조건을 표현해낸 것이다.16) 그러면서 징엘른슈타인과 슈톨레는 이러한 주장은 아주 자명한 것이라고 말한다.17)

---

14) 토비아스 징엘른슈타인 · 피어 슈톨레, 앞의 책, 2면.
15) 징엘른슈타인과 슈톨레는 사적 사회통제 메커니즘 및 기술을 "상업적인 사회통제 메커니즘 및 기술"과 "사적인 사회통제 메커니즘 및 기술"로 구분한다. 토비아스 징엘른슈타인 · 피어 슈톨레, 앞의 책, 2면.
16) 토비아스 징엘른슈타인 · 피어 슈톨레, 앞의 책, 3면.
17) 토비아스 징엘른슈타인 · 피어 슈톨레, 앞의 책, 3면.

"사회통제가 사회적 조건에 의존한다는 점은 다른 시대나 다른 문화에서도 얼마든지 입증할 수 있다. 즉, 각 시대와 문화에 따라 일탈 및 그에 대한 사회통제뿐만 아니라, 안전 및 제도화된 형태의 권력인 지배에 대해서도 상이한 사회적 조건과 상이한 사고방식이 존재하게 된다."

사실 사회통제가 사회적 조건에 의존한다는 주장에 대한 예는 오늘날에도 쉽게 찾아볼 수 있다. 동성애, 간통, 성매매, 과도한 선물제공행위 등이 좋은 예가 된다. 이를테면 사회적 조건이 변하면서 동성애나 간통은 과거에는 범죄로서 통제대상이 되었다가 최근에는 비범죄화된 경우이다. 반대로 성매매나 과도한 선물제공행위 등은 과거에는 통제대상에서 벗어나 있었지만 사회적 조건이 변하면서 점점 강력한 사회통제의 대상으로 변모하고 있다. 성매매에 대해서는 '성매매특별법'이 그리고 과도한 선물제공행위에 대해서는 이른바 '김영란법'이 이를 범죄로 통제한다.

이처럼 사회적 조건은 사회통제에 영향을 미친다. 그러면 이러한 주장이 갖는 의미는 무엇인가? 징엘른슈타인과 슈톨레가 사회통제가 사회적 조건에 의존하다는 점을 강조하는 것은 일차적으로는 현대사회의 사회적 조건이 변하면서 사회통제 시스템 역시 이에 발맞추어 변모하고 있다는 점을 논증하고자 하기 때문이다. 그러나 필자는 이러한 주장에는 사회철학적으로 볼 때 좀 더 심중한 의미가 있다고 생각한다. '구성주의적 관점'이 그것이다. 사회통제가 사회적 조건에 의존한다는 주장이 구성주의적 관점을 내포하고 있다는 해석은 어떻게 사회적 조건의 변화가 사회통제의 변화에 영향을 미치는지를 구체적으로 분석함으로써 확인할 수 있다. 앞에서 언급한 것처럼 사회통제가 성립하기 위해서는 사회통제의 기준이 되는 규범이 필요하다. 이러한 규범에는 사회통제의 주체가 되는 사회 또는 사회적 집단이 원하는 행위요구가 담겨 있다. 사회가 원하는 행위요구는 규범을 매개로 하여 사회구성원에게 전달된다. 요컨대 규범은 사회통제의 방향을 결정하는 척도이자 기준점이다. 따라서 사회적 조건의 변화가 사회통제의 변화에 영향을 끼치기 위해서는 사회적 조건의 변화가 사회통제의 기준점이 되는 규범에도 영향을 미쳐야 한다. 사회적 조건에 맞게 규범이 변해야만 사회통제의 방향 역시 변하기 때문이다. 이는 사회통제의 기준이 되는 규범이 고정불변하는 것이 아니라 변화하는, 달리 말해 사회적 상황이나 조건에 따라 그때그때 구성되는 것임을 시사한다. 규범이란 사회적 조건이 그때그때 만들어내는 '구성적 산물'이라는 것이다. 이 같은 주장은 아래에서 살펴보는 것처럼 현대사회의 사회통제 패러다임을 설명하는 데 중요한 역할을 한다.

2. 사회적 조건의 변화

그러면 현대사회에서 사회적 조건은 어떻게 변하고 있는가? 징엘른슈타인과 슈톨레는 이를 세 가지 측면에서 분석한다. 경제적 측면, 정치적 측면, 사회문화적 측면이 그것이다.

(1) 경제적 조건의 변화

경제적 조건이 변하고 있다.[18] 이를 한 마디로 표현하면 '포디즘

---

18) 토비아스 징엘슈타인 · 피어 슈톨레, 앞의 책, 8-10면.

(fordism)에서 탈포디즘(postfordism)으로 변화'라고 말할 수 있다. 징엘른슈타인과 슈톨레에 따르면 사회복지국가 시스템을 경제적으로 지탱하던 포디즘이 붕괴되면서 중산층이 와해되기 시작한다. 적절한 규제와 연대로 지탱되던 포디즘이 무너지고 그 자리를 무한경쟁을 강조하는 탈포디즘이 대신하면서 중산층의 상당수가 무한경쟁에서 패배해 빈곤층으로 전락하게 되었다. 중산층이 붕괴하자 사회복지국가 시스템도 붕괴되었다. 이렇게 사회복지국가 시스템이 무너지고 무한경쟁이 경제체계 전체를 지배하면서 사회적 연대성이 사라지고 이를 대신해 철저한 개인주의가 경제체계, 즉 시장의 미덕으로 자리 잡게 되었다. 달리 말해 '상호연대적 자아' 대신에 "개인기업가적 자아"가 시장의 새로운 자아상으로 자리매김하게 된 것이다.[19] 이와 동시에 사회영역의 경제화도 가속화된다. 이제 경제체계의 논리, 즉 시장논리에서 자유로운 영역이 거의 없다시피 하게 되었다.

(2) 정치적 조건의 변화

정치적 조건도 변하고 있다.[20] 징엘른슈타인과 슈톨레에 따르면 제2차 세계대전 이후 유럽은 상당 기간 동안 정치적으로 사회복지국가 이념이 지배하고 있었고 또 실제로 그렇게 제도화되어 운영되었다. 그렇지만 사회복지국가 체제가 필연적으로 수반하는 국가적 규제가 이른바 '규제의 실패', 달리 말해 '정부의 실패'를 유발하면서 사회복지국가 체제는 새로운 정치이념인 신자유주의의 도전을 맞게 되었다.

---

19) 토비아스 징엘른슈타인 · 피어 슈톨레, 앞의 책, 14면.
20) 토비아스 징엘른슈타인 · 피어 슈톨레, 앞의 책, 10–12면.

"개인의 자율", "시장은 가장 효율적이고 가장 이상적인 형태의 재화 분배 형태이자 사회적 문제해결 방법이라는 전제", "국가란 개인의 자유와 시장의 효율성을 가로막는 잠재적인 장애요소라는 국가이해"에 바탕을 두는 신자유주의는 사회복지국가 체제가 전제로 하는 테제, 즉 법적 규제를 통해 전체 사회를 특정한 방향으로 조종할 수 있다는 테제를 비판한다. 국가 혹은 정부가 주도하는 규제는 역설에 처할 수밖에 없다고 주장한다. 그러면서 신자유주의는 과감한 규제완화 또는 탈규제를 강조한다. 이때 말하는 규제는 시장에 대한 규제를 말한다. 시장에 대한 규제를 철폐하면 오히려 시장의 자율성이 회복되어 사회의 각종 문제를 시장이 자율적으로 해소할 수 있다고 한다.

(3) 사회문화적 조건의 변화

징엘른슈타인과 슈톨레는 사회문화적 조건의 변화를 언급한다. 그런데 흥미롭게도 사회문화적 영역에서 이루어지는 변화는 정치적 영역이나 경제적 영역에서 이루어지는 변화와는 정반대 방향을 취한다. 왜냐하면 정치적 영역이나 경제적 영역에서는 일관되게 자유주의, 더욱 정확하게 말하면 신자유주의(자유지상주의)를 지향하는 방향으로 변화가 이루어졌다면, 사회문화적 영역에서는 오히려 그 반대로 국가 및 사회공동체의 개입 및 규제를 강조하는 보수주의를 지향하는 방향으로 변화가 진행되었기 때문이다.[21] 이는 미국의 보수정당인 공화당

---

21) 영국의 범죄학자 갈랜드(David Garland)는 이를 "경제적 통제와 사회적 해방으로부터 경제적 자유와 사회적 통제로 변화"라고 표현한다. 토비아스 징엘슈타인 · 피어 슈톨레, 앞의 책, 36면.

의 정치적 방향에서 그 예를 쉽게 찾을 수 있다. 공화당은 경제적인 측면에서는 신자유주의를 강조하는 반면 사회문화적인 측면에서는 미국의 전통적인 미덕을 보존하고자 하는 규제주의를 지향하기 때문이다.

여하간 국가에 의한 시장규제와 사회적 연대를 강조하는 쪽에서 개인의 자율을 강조하는 쪽으로 진행되는 정치적·경제적 변화와는 정반대로 개인의 자유에서 공동체의 미덕을 강조하는 쪽으로 진행되는 사회문화적 변화는 상당히 흥미로운 사회현상이다. 필자는 이를 다음과 같이 해석할 수 있다고 생각한다. 포디즘에서 탈포디즘으로 경제적 조건이 변하면서 중산층이 무너지고 정치적으로 사회복지국가 체제가 와해되면서 경제적·국가적 연대의식이 무너지고 있다. 이로 인해 개인의 불안감은 점점 더 증대한다. 그동안 의지했던 경제적·국가적 안정망이 사라지고 있기 때문이다. 바로 이러한 근거에서 각 개인들은 공동체적 미덕을 강조하는 도덕적·종교적 보수주의에 의지함으로써 경제적·국가적 불안으로부터 벗어나고자 하는 것이라고 말할 수 있다. 사회복지 시스템이 확충되어 경제적인 불안함이 없었을 때는 도덕적·종교적인 측면에서 자유주의를 지향했던 반면, "개인적 고립과 사회적 관계의 경제화"로 경제적인 자신감이 사라지자 이번에는 정반대로 도덕적·종교적인 측면에서 공동체적 보수주의를 추구하는 것이다.[22]

---

22) "개인적 고립과 사회적 관계의 경제화"는 토비아스 징엘슈타인·피어 슈톨레, 앞의 책, 20면에서 인용한 것이다.

3. 위험과 안전욕구의 증대

(1) 사회적 조건의 변화 결과

이렇게 경제적 · 정치적 · 사회문화적 측면에서 사회적 조건이 변하면서 현대사회는 새로운 현상과 만나게 된다. 위험과 안전욕구가 그 어느 때보다 증대하고 있는 것이다. 이러한 새로운 현상은 위에서 언급한 사회적 조건의 변화와 무관하지 않다. 이는 다음과 같이 설명할 수 있다. 앞에서 분석한 것처럼 현대사회는 사회 전체적으로 규제완화와 자율성이 증가하는 쪽으로 변하고 있다. 규제완화 또는 탈규제는 사회 각 영역의 자율성을 증가시킨다. 사회 각 영역의 자율성이 증대하면 이에 발맞추어 사회 각 영역의 다원화와 전문화가 더욱 촉진된다. 이는 자연스럽게 사회의 복잡성을 증가시킨다. 이렇게 전체 사회의 복잡성이 증가하면서 사회구조와 밀접하게 관련되어 있는 위험 역시 증대한다. 이렇게 위험이 증대하면서 이러한 위험으로부터 자유롭고 싶은 욕구, 즉 안전에 대한 욕구 역시 늘어난다. 특히 탈포디즘과 신자유주의 등으로 사회적 연대성이 무너지고 개인의 자기책임이 강조되면서 각 개인들이 느끼는 주관적 불안감은 더욱 커지게 되었다. 이는 자연스럽게 안전에 대한 욕구증대로 이어진다.

(2) 위험과 안전의 탈실질화

그런데 문제는 현대사회에서 점점 중요시 되는 위험과 안전이 개념적으로 명확한 실체를 갖고 있지 않다는 점이다. 인식론적으로 말하면 위험과 안전은 실체 개념이 아닌 구성적 · 유동적 개념이다. 징엘른슈타인과 슈톨레도 이 점을 명확히 인식하고 있다. 가령 징엘른슈타인과 슈톨레는 "위험이란 구체적으로 손해가 발생한 상황이 아니라, 단순히 통계학적 개연성일 뿐"이라고 한다.[23] 이는 위험 개념이 명확한 실체적 대상을 갖기보다는 통계학이라는 과학적 소통을 통해 만들어지는 구성적 산물이라는 점을 보여준다. 나아가 징엘른슈타인과 슈톨레는 '통상적인 위험', 즉 '위해'(Gefahr)와 '현대적 위험', 즉 '위험'(Risiko)을 구별하면서 위험의 구성적 속성을 다시 한 번 지적한다.[24]

> "그렇기 때문에 위험은 구체적 위험 또는 손해발생 직전의 상태가 아니라, 위험을 완전히 다른 방식으로 고찰하고 구성하는 것이다. 통상적인 위험(위해)은 비록 계측할 수는 없지만, 비교적 구체적으로 확인할 수 있는데 반해, 여기서 말하는 위험은 사전에 계측할 수는 있지만, 그것이 실제로 손해발생으로 실현될 것인지는 확실하지 않고 막연할 따름이다. 그러므로 위험은 객관적 표지나 주관적 생각이 아니라, 구체적 요소들을 현실에 귀속시키는 특정한 방식일 뿐이고, 이를 통해 현실을 파악하고 계산하며 이에 대해 영향을 미칠 수 있도록 하려는 것이다."(괄호는 인용자가 추가한 것이다)

이와 마찬가지 맥락에서 징엘른슈타인과 슈톨레는 안전욕구의 원인이 되는 불안 역시 실체가 없는 것이라고 지적한다.[25]

---

23) 토비아스 징엘슈타인 · 피어 슈톨레, 앞의 책, 27면.
24) 토비아스 징엘슈타인 · 피어 슈톨레, 앞의 책, 28면.
25) 토비아스 징엘슈타인 · 피어 슈톨레, 앞의 책, 33면.

"이렇게 볼 때, 범죄에 대한 공포는 심각한 사회적 불안정성의 표현, 다시 말해 사회적 전환과정에서 등장하는 사회적 및 실존적 불안이 투영된 것으로 해석할 수 있다. 즉, 범죄에 대한 공포는 이 과정으로부터 유발된 '막연한 불안이 응축된 것'이라 할 수 있다."

이러한 지적에서 확인할 수 있듯이 징엘른슈타인과 슈톨레는 불안이 구체적인 대상을 갖고 있는 개념이 아니라 사회적 조건이 바뀌고 이를 통해 사회적 연대성과 안정망이 붕괴되면서 유발된 실존적 불안이 감정적으로 투영된 것이라고 한다. 이렇게 불안이 실체적인 대상을 상실하고 막연한 주관적 감정으로 전락하면서 안전 역시 주관적인 개념으로 전락한다.

(3) 자기증식적인 위험과 안전

그런데 이처럼 위험과 안전 개념이 '탈실질화'(Entmaterialisierung)되면서 다음과 같은 문제가 발생한다. 위험과 안전 그 자체가 새로운 위험과 안전을 재생산하는 악순환이 현대사회에서 반복되는 것이다. 위험은 그 스스로가 새로운 위험을 생산한다.[26]

"즉, 위험의 논리 스스로 끝없이 새로운 위험을 생산한다. 왜냐하면 이러한 접근방식은 근본적으로 최대한 정확한 예측을 추구하는데, 그로 인해 끝없이 새로운 위험요인을 '발견'하고, 이렇게 해서 새로운 위험을 부각시키기 때문이다."

---

26) 토비아스 징엘슈타인 · 피어 슈톨레, 앞의 책, 28면.

이렇게 위험이 스스로 재생산되면서 이러한 위험과 필연적으로 결부된 안전 역시 끊임없이 재생산된다. 더군다나 더 나은 안전을 추구하면 할수록 역설적으로 불안과 안전욕구가 증대한다. 이를 통해 더 나은 안전에 대한 욕구가 출현한다. 왜냐하면 "안전에 대한 추구는 오히려 끝없이 새로운 위협을 생산하기 때문"이다.[27]

(4) 도달할 수 없는 완벽한 안전

징엘른슈타인과 슈톨레는 바로 이러한 근거에서 완벽한 안전을 실현하고자 하는 것은 우리가 도달할 수 없는 이상이라고 말한다. 완벽하게 위험을 포착하고 이를 예방하고자 하는 노력 때문에 오히려 새로운 위험이 포착된다. 이렇게 위험이 증식되면서 불안 역시 늘어난다. 이는 다시 끊임없는 안전욕구로 이어진다. 그러나 이러한 안전욕구는 절대 충족될 수 없다. 왜냐하면 "거의 영원히 지속되는 것 같은 불안전은 우리가 가장 안전하고, 안전을 중시하는 사회에 살고 있음에도 불구하고 증가하는 것이 아니라, 오히려 바로 그러한 사회에 살고 있기 때문에 증가"하기 때문이다.[28] 안전욕구는 새로운 위험과 불안을 생산하고 이렇게 생산된 위험과 불안은 다시 더 나은 안전욕구를 만들어낸다. 이러한 악순환 속에서 "안전은 계속 추구하는 대상이지만 결코 도달할 수 없는 이상"으로 전락한다.[29]

---

27) 토비아스 징엘슈타인 · 피어 슈톨레, 앞의 책, 37면.
28) 토비아스 징엘슈타인 · 피어 슈톨레, 앞의 책, 35면 강조는 원문.
29) 토비아스 징엘슈타인 · 피어 슈톨레, 앞의 책, 35면.

4. 사회통제 패러다임의 변화

(1) 개관

징엘른슈타인과 슈톨레에 따르면 이렇게 사회적 조건이 변하고 사회 전체적으로 위험과 안전욕구가 증대하면서 사회통제 패러다임 역시 변화를 맞고 있다. 무엇보다도 사회통제의 목표가 바뀌고 있다. 이를 핵심적으로 요약해서 말하면 훈육을 목표로 하는 '적극적 특별예방'이 쇠퇴하고 이를 대신해 ≪포함과 배제≫에 바탕을 둔 '적극적 일반예방'(포함)과 '소극적 특별예방'(배제)이 전면에 등장한다. 바꿔 말해 사회통제 주체는 사회적 일탈행위자를 훈육함으로써 사회에 다시 복귀시키는 것을 포기하고 사회의 안전을 위해 사회구성원을 '시민'과 '적'으로 구분하여 시민에 대해서는 적극적인 사회포함정책을, 사회의 적에 대해서는 사회배제정책을 실행하고 있다는 것이다.

(2) 훈육의 포기

사회통제 패러다임의 변화로 가장 먼저 언급할 점은 사회통제 주체가 사회통제 목표로서 훈육을 포기했다는 점이다.[30] 적극적 특별예방 또는 재사회화로 대변되는 훈육은 특정한 행위자가 사회적 일탈행위를 저지르는 것은 본성적으로 행위자에게 문제가 있는 것이 아니라 이러한 행위자가 잘못된 사회적 환경에서 잘못된 사회화를 거쳤기 때문이라고 파악한다. 따라서 행위자에게 적절한 사회적 환경을 제공하

---

30) 토비아스 징엘른슈타인 · 피어 슈톨레, 앞의 책, 57-59면.

여 사회가 요구하는 훈육을 하면 행위자가 다시 바람직한 사회구성원으로 되돌아 올 수 있다고 주장한다. 이러한 구상은 사회적 일탈행위자를 사회에서 배제하지 않고 다시 사회로 포함시키고자 하는 노력을 전제로 한다. 달리 말해 사회구성원에 대한 사회적 연대의식이 제대로 작동해야만 비로소 훈육구상이 실현될 수 있는 것이다.

그러나 현대사회가 구조변동을 겪으면서 이러한 훈육구상은 포기된다. 크게 세 가지 이유를 제시할 수 있다.[31] 첫째, 사회통제의 목표로서 훈육이라는 구상을 실현하기 위해서는 훈육의 기준이 되는 보편적인 사회적 규범이 존재해야 하는데 오늘날 사회의 다원화가 심화되면서 보편적인 사회적 규범을 인정하는 것이 어렵게 되었다는 점이다. 자연법적 확실성이 지배하던 시대에는 보편적인 규범이 사회적 실체로서 실재한다고 생각되었지만, 자연법적 확실성이 사라지고 다원주의가 시대적 흐름으로 자리매김하면서 규범 역시 각각의 사회적 상황이 낳은 산물이라는 점이 지배적인 관념이 되었다. 이처럼 보편적인 규범이 사라지면서 보편적인 규범에 기반을 둔 훈육 역시 위기를 맞게 된 것이다. 둘째, 위에서도 언급한 것처럼 훈육은 사회적 일탈행위자라 할지라도 사회에서 배제하지 않고자 하는 사회적 연대의식을 전제로 하는데 사회적 조건의 변화로 이러한 사회적 연대의식이 해체되면서 훈육구상 역시 포기되었다는 것이다. 셋째, 경험적으로 볼 때 훈육에 바탕을 둔 행형정책이 실패했다는 점이다. 1970년대 이후 서유럽 국가들은 훈육을 행형정책의 중요한 목표로 설정하여 추구하였지만

---

31) 토비아스 징엘슈타인 · 피어 슈톨레, 앞의 책, 57-59면.

현재 우리가 얻고 있는 경험적 결과는 대부분 훈육이 성공하지 못하고 있다는 점을 보여준다는 것이다.

(3) 새로운 사회통제 목표로서 안전관리

징엘른슈타인과 슈톨레는 현대사회에서 훈육이 사회통제의 목표로서 성과를 거두지 못하면서 이를 대신해 안전관리가 새로운 목표로 등장하고 있다고 지적한다. 징엘른슈타인과 슈톨레는 이를 "경험적으로 정상적인 것에 대한 관리"라고 한다. 이를 다음과 같이 말한다.[32]

> "새로운 사회통제 기술들은 그 대신 경험적으로 볼 때 정상적인 것, 즉 주어져 있는 현실을 대상으로 하며, 이를 최대한 효율적으로 규율하고자 한다. 여기서 정상적인 것이란 규범적으로 고정되어 있는 것이 아니라, 일반적인 것, 즉 사회적 평균에 해당하는 것을 뜻한다."

필자는 이렇게 '경험적으로 정상적인 것에 대한 관리'를 새로운 사회통제의 목표로 설정한다는 것은 다음과 같은 의미를 갖는다고 생각한다. 경험적으로 정상적인 것을 관리한다는 것은 현재 존재하는 사회체제, 즉 기존의 사회체제를 유지하겠다는 것을 뜻한다. 그 점에서 이러한 사회통제 목표는 보수적이다. 또한 이 같은 구상은 기존의 사회체제에서 작동하는 사회규범이 '내용적'으로 정당한 규범인지 여부를 묻지 않는다. 단지 이미 존재하면서 작동하고 있다는 이유만으로 기존

---

32) 토비아스 징엘른슈타인·피어 슈톨레, 앞의 책, 59-60면.

의 사회규범을 '형식적으로' 정당한 것으로 승인할 뿐이다. 그리고 더욱 중요한 의미는 바로 이러한 사회통제 목표가 기존 사회체제의 안전을 유지하겠다는 것을 뜻한다는 점이다. 안전이란 위험으로부터 자유로운 상태라고 정의할 수 있는데 여기서 말하는 '위험으로부터 자유로운 상태'는 바로 현재 존재하는 사회체제를 위험으로부터 보존하겠다는 의미로 새길 수 있기 때문이다. 바로 이러한 근거에서 경험적으로 정상적인 것을 관리하겠다는 것은 사회의 안전을 관리하겠다는 의미로 바꿔 말할 수 있다.[33] 이를 통해 안전관리가 사회통제의 새로운 목표로 자리 잡는다.

(4) 새로운 사회통제 메커니즘으로서 포함과 배제

1) ≪포함-배제≫ 도식

이처럼 안전사회는 '경험적으로 정상적인 것에 대한 관리', 즉 '사회의 안전관리'를 가장 우선적인 사회통제 목표로 설정한다. 그리고 이러한 사회통제 목표를 실행하기 위해 안전사회는 독특한 사회통제 메커니즘을 수용한다. ≪포함(Inklusion)-배제(Exklusion)≫ 메커니즘이 그것이다.

물론 ≪포함-배제≫ 메커니즘은 현대 안전사회에서만 찾아볼 수 있는 것은 아니다. ≪포함-배제≫는 우리가 그 무엇인가를 인식할 때 반드시 필요로 하는 구별도식이기 때문이다. 이를테면 우리가 그 무엇

---

33) 물론 징엘른슈타인과 슈톨레가 이 점을 명확하게 주장하는 것은 아니다.

인가를 인식하기 위해서는 일정한 개념을 필요로 한다. 그런데 일정한 개념이 언어적으로 성립하기 위해서는 필연적으로 ≪포함-배제≫ 도식을 갖추어야 한다. 왜냐하면 일정한 개념의 경계선을 기준으로 하여 이러한 경계선 안에 포함되는 것은 개념에 속하는 것으로, 경계선 밖으로 배제되는 것은 개념에 속하지 않는 것으로 파악되기 때문이다. 이러한 점에서 볼 때 ≪포함-배제≫ 도식은 우리가 언어적인 개념을 사용하는 한 불가결하게 필요할 수밖에 없는 그 무엇이다.

이러한 ≪포함-배제≫ 도식은 루만의 체계이론에서도 찾아볼 수 있다.[34] 왜냐하면 루만의 체계이론에 따르면 사회를 구성하는 사회적 체계들은 체계의 경계선을 기준으로 하여 체계 안에 포함되는 것과 체계 밖으로 배제되는 것을 구별하기 때문이다. 각각의 사회적 체계는 자신의 독자적인 기준에 따라 이에 합치하는 사회적 소통은 포함하고 이에 맞지 않는 것은 사회적 체계 밖으로 배제한다. 이때 중요한 것은 각 사회적 체계에서 작동하는 ≪포함-배제≫ 메커니즘은 전적으로 정치적인 것은 아니라는 점이다. 사회적 체계에서 작동하는 ≪포함-배제≫ 메커니즘은 각각의 사회적 체계가 자신의 기능에 맞게 독자적으로 마련한 것이다. 따라서 각각의 사회적 체계가 적용하는 ≪포함-배제≫ 메커니즘은 그 성격이 모두 같지는 않다. 예를 들어 사회의 부분체계인 정치체계, 경제체계, 법체계, 학문체계 등이 적용하는 ≪포함-배제≫ 메커니즘의 성격은 모두 다르다. 물론 정치체계에서 사용하는 ≪포함-배제≫는 당연히 정치체계의 성격상 정치적인 성격을

---

34) 이에 관해서는 윤재왕, "'포섭/배제' - 새로운 법개념?: 아감벤 읽기", 고려법학 제 56호(2010. 3), 261면 아래 참조.

가질 수밖에 없다. 그렇지만 경제체계나 법체계 또는 학문체계가 사용하는 ≪포함-배제≫는 정치적 성격을 갖지 않는다. 이러한 체계들은 각각 경제적, 법적, 학문적 성격을 갖는 ≪포함-배제≫ 메커니즘을 적용해 사회적 소통을 구별한다.

2) 적과 동지의 구별

그러나 현대 안전사회에서 사용하는 ≪포함-배제≫ 메커니즘은 체계이론이 전제로 하는 기능적·다원적인 ≪포함-배제≫와는 차이가 있다. 왜냐하면 안전사회에서 원용하는 ≪포함-배제≫에는 정치적 성격이 강하게 배어 있기 때문이다.

현대 안전사회는 ≪포함-배제≫ 메커니즘을 적용하기 위한 전제로 '시민'과 '적'을 구별한다. 여기서 '시민'은 기존에 존재하는 사회규범을 준수하는 행위자를 말한다. 이에 대해 '적'은 시민에 반대되는 개념으로 기존의 사회규범을 따르지 않고 오히려 사회의 안전을 위협하는 사회적 일탈행위자들을 말한다. 그런데 이러한 구별은 독일의 공법학자 칼 슈미트(C. Schmitt)가 제시했던 그 유명한 '적과 동지의 구별'과 유사하다. '동지'는 '시민'을, '적'은 '시민 혹은 안전의 적'과 대응하기 때문이다. 칼 슈미트는 이러한 적과 동지의 구별을 정치적인 것의 본질을 규명하기 위해 제시하였다.[35] 칼 슈미트에 따르면 정치적인 것이란 적과 동지로 구별될 수 있는 것이다. 이렇게 보면 현대 안전사회가 ≪포함-배제≫의 전제로 수용하는 '시민'과 '적'이라는 구별 역

---

35) 카를 슈미트, 김효전·정태호 (옮김),『정치적인 것의 개념: 서문과 세 개의 계론을 수록한 1932년 판』(살림출판사, 2012).

시 정치적인 색깔이 강한 것이라고 말할 수 있다. 그러므로 이에 기반을 둔 안전사회의 ≪포함-배제≫ 역시 정치적인 것이라고 규정할 수 있다. 이러한 맥락에서 보면 현대 안전사회는 전체적으로 정치적 성격이 강한, 체계이론적으로 말하면 정치체계가 사회의 다른 부분체계들을 압도하는 사회이다. 달리 말해 현대 안전사회는 '사회의 재정치화'가 급격하게 진행되는 사회인 셈이다.

3) 시민과 적을 구별하는 사회통제

이처럼 현대 안전사회는 시민과 적을 구별하면서 시민은 안전사회 안으로 포함시키고 적은 사회 밖으로 배제한다. 이렇게 시민이 사회 안으로 포함된다는 것은 사회구성원인 시민에게 적용되는 각종 법적 원리나 권리 등이 사회 안으로 포함되는 행위자에게 적용된다는 것을 뜻한다. 반대로 사회 밖으로 배제되는 자에게는 이러한 법적 원리나 권리 등이 적용되지 않는다. 이는 사회통제의 목표나 기술이 시민과 적에 대해 각각 차별적으로 적용된다는 것을 시사한다. 영국의 사회학자 갈랜드(David Garland)가 제안한 개념을 빌어 말하면 안전사회에 포함되는 시민에 대해서는 '나 자신의 범죄학'(criminology of the self)이, 사회에서 배제되는 적에 대해서는 '타자의 범죄학'(criminology of the other)이 적용된다.[36] 형벌이론의 측면에서 말하면 시민에 대해서는 '적극적 일반예방'이, 적에 대해서는 '소극적 특별예방'이 적용된다. 이를 사회통제 기술이라는 측면에서 바꿔 말하면 시민에 대해서는 '자

---

36) David Garland, *The Culture of Control: Crime and Social Order in Contemporary Society* (Oxford: Oxford University Press, 2001), 127면 아래.

기수행기술'이, 적에 대해서는 '배제기술'이 적용된다.

(5) 새로운 사회통제 기술

≪포함-배제≫ 도식 그리고 '시민과 적의 구별'을 핵심적인 사회
통제 메커니즘으로 사용하는 현대 안전사회는 이를 실행하기 위해 새
로운 사회통제 기술을 사용한다. '자기수행기술', '통제기술', '배제기
술'이 그것이다.[37] 이 가운데 통제기술은 시민과 적을 모두 규율대상
으로 삼지만 자기수행기술은 기본적으로 시민을, 배제기술은 시민의
적을 그 규율대상으로 한다.

1) 자기수행기술

징엘른슈타인과 슈톨레에 의하면 자기수행기술이란 "명시적이고
지속적인 위협이나 구체적인 이익의 약속이 필요 없는 상태에서 개인
이 혼자서 그리고 스스로 의도하여 사회적으로 기대되는 기준에 자신
의 행위를 맞추도록 삶을 수행하는 기술"을 뜻한다.[38] 이러한 자기수
행기술에서는 사회통제 주체가 직접적으로 전면에 등장하지는 않는
다. 그 대신 각 수범자를 '1인 기업가'로 취급하면서 수범자가 자율적
으로 사회규범을 준수하도록 유도한다. 이 때문에 자기수행기술은 '자
유에 대한 통치', '원격통치', '자기책임화'로 불리기도 한다. 예를 들어
각종 자기계발서를 통해 이루어지는 우회적 통치가 바로 대표적인 자
기수행기술에 해당한다. 몇 년 전부터 새로운 규제방안으로 언급되는

---

37) 토비아스 징엘른슈타인·피어 슈톨레, 앞의 책, 71면 아래.
38) 토비아스 징엘른슈타인·피어 슈톨레, 앞의 책, 72면.

'자율규제' 역시 대표적인 자기수행기술이라고 말할 수 있다. 이러한 자기수행기술은 안전사회에 포함되는 시민을 대상으로 한다.

2) 통제기술

통제기술은 수범자를 타율적으로 규율하는 기술을 말한다. 이 점에서 통제기술은 안전사회에서 새롭게 등장한 사회통제 기술이라고 말하기는 어렵다. 왜냐하면 이러한 통제기술은 사회통제 기술의 가장 원형으로 이미 오래 전부터 사용되었기 때문이다. 다만 현대 안전사회에서 사용하는 통제기술에서는 그 이전의 통제기술과는 구별되는 두 가지 특징적인 모습을 발견할 수 있다.

① 감시와 위험탐지

안전사회의 통제기술에서는 감시와 위험탐지가 두드러진다. 징엘른슈타인과 슈톨레에 따르면 안전사회에서 통제는 "구체적 위험이나 손해에 훨씬 앞서 있는 사전단계에서 이미 투입되지, 규범위반이나 위험상황"이 발생하는 것을 기다리지 않는다.[39] 특히 위험탐지는 "손해나 규범위반이 실현될 수 있기 전에 개입할 수 있도록 해야 한다."[40] 사회통제 주체는 이러한 감시와 위험탐지 기술을 활용하여 포함의 대상이 되는 시민과 배제의 대상이 되는 적을 구별한다. 이러한 점에서 감시와 위험탐지는 현대 안전사회의 특징적인 메커니즘인 ≪포함-배제≫ 메커니즘이 작동하는 데 필요한 기술적 전제가 된다. 그러나 이

---

39) 토비아스 징엘슈타인·피어 슈톨레, 앞의 책, 77면.
40) 토비아스 징엘슈타인·피어 슈톨레, 앞의 책, 77면.

렇게 감시와 위험탐지를 중시하는 쪽으로 사회통제가 이루어지게 되면 사회통제가 전체적으로 앞당겨지는, 달리 말해 사회통제가 '사전단계화'되는 문제가 발생한다. 징엘른슈타인과 슈톨레는 이를 다음과 같이 말한다.

> "이와 같이 위험탐지를 중시하는 쪽으로 사회통제가 전개되면 필연적으로 사회통제가 사전영역으로 옮겨 가게 되고, 이와 함께 통제의 확대를 낳는다. 사회통제에 대한 이런 식의 이해에 따른 논리필연적 목표는 통제기술의 전면적이고 포괄적인 투입이다."41)

② 직접 안전을 확보하기 위한 통제

현대사회의 안전을 직접 확보하기 위한 통제기술이 두드러지게 사용된다. 이른바 '아키텍처 규제'(architectural regulation)로 알려진 기술적·물리적 규제가 증가하고 있다는 점이 좋은 예가 된다. 이러한 기술적·물리적 규제는 현대사회의 새로운 규제수단으로 각광을 받고 있다. 전통적인 규제는 수범자에게 규제를 준수할 것인지 말 것인지에 대한 선택의 자유를 부여한다. 사회에 존재하는 다양한 규제일탈행위가 이에 대한 좋은 근거가 된다. 전통적인 규제 메커니즘에 의하면 수범자가 해당 규제를 완벽하게 준수하도록 할 수는 없다. 오직 각종 제재장치를 사용함으로써 수범자가 규제를 준수하도록 위협할 수 있을

---

41) 토비아스 징엘른슈타인·피어 슈톨레, 앞의 책, 78면.

뿐이다. 이에 반해 기술적·물리적 규제는 규제준수에 대한 선택의 자유를 수범자에게 부여하지 않는다. 기술적·물리적 규제에 대해 수범자는 이를 따를 수밖에 없다. 이에 대한 좋은 예로 '과속방지턱 규제'를 들 수 있다. 도로주행 중에 과속방지턱을 발견한 운전자는 과속방지턱 규제가 요구하는 것처럼 속도를 줄일 수밖에 없다. 물론 극히 예외적인 경우에는 차의 내구성이나 성능이 정말 좋아서 또는 운전자가 차가 훼손되는 것을 개의치 않아 과속방지턱에서도 속도를 줄이지 않는 경우도 있다. 그렇다 하더라도 과속방지턱 규제와 같은 기술적·물리적 규제는 과속단속카메라 규제보다 속도제한규제에 대한 준수를 더욱 효율적으로 실현할 수 있다. 이러한 기술적·물리적 규제는 크게 두 영역에서 사용된다. 공간규제 영역과 정보통신규제 영역이 그것이다. 공간규제 영역에서 기술적·물리적 규제는 시민과 적을 구별하면서 적을 사회 밖으로 배제하는 배제기술로도 활용된다. 또한 정보통신규제 영역에서는 감시 및 위험탐지의 기술로도 사용된다.

3) 배제기술

배제기술은 "'위험한 자들'을 공간적으로 격리하고 '무용한 자들'을 사회적으로 추방하는 것"을 목적으로 하는 기술을 말한다.[42] 이러한 배제기술은 주로 시민의 적을 그 대상으로 한다. 징엘른슈타인과 슈톨레에 의하면 배제기술은 "다른 통제기술과 마찬가지로 1차적으로 개인의 태도나 행동방식을 변경하는 것을 목표로 삼지 않는다. 배

---

42) 토비아스 징엘슈타인·피어 슈톨레, 앞의 책, 85-86면.

제는 오히려 위험차단과 응보에 기여한다." 이러한 배제기술이 사용하는 배제는 "영속적으로 이루어질 수도 있고 시간과 지역을 한정해서 이루어질 수도 있다." 이러한 배제를 통해 배제대상자, 즉 시민의 적은 여러 측면에서 사회에 참여할 수 있는 가능성을 박탈당한다.[43]

그러나 사실 이러한 배제기술은 현대 안전사회에서만 특징적으로 발견할 수 있는 것은 아니다. 배제기술은 이미 오래 전부터 효과적인 사회통제 기술로서 우리 인류와 함께 해왔다. 하지만 사회 전체가 근대화되고 이를 통해 계급적 사회질서가 무너지면서 배제기술은 합리적인 사회통제 기술의 지위를 점차 상실하게 되었다. 배제기술 자체가 아주 차별적인 사회통제 기술이라고 할 수 있는데 이는 근대 이후 법원리로 정착된 인간의 존엄이나 평등원칙에 위반되기 때문이다. 특히 훈육이 사회통제 이념으로 정착하면서 배제기술은 훈육에 적합하지 않는 사회통제 기술로 취급되었다. 그러나 현대 안전사회에서 ≪포함-배제≫가 지배적인 사회통제 메커니즘으로 대두하면서 배제기술은 다시 지배적인 사회통제 기술로 부활하고 있는 것이다.

5. 위험사회와 안전사회의 구별

이처럼 현대사회는 이제 위험사회를 넘어 안전사회로 이행하고 있다. 현대사회가 안전사회로 변모하고 있다는 점은 현대사회의 여러 영역에서 확인할 수 있다. 이를테면 위에서 언급한 통제기술이나 배제기술이 새로운 사회통제 기술로서 이미 사회의 각 영역에서 활용되고 있

---

43) 토비아스 징엘슈타인 · 피어 슈톨레, 앞의 책, 85-86면.

다. 그런데 여기서 다음과 같은 의문을 던질 수 있다. 과연 안전사회가 위험사회와는 구별되는 독자적인 특징을 지니고 있는가 하는 점이다. 사실 위험사회와 안전사회는 동일한 현상을 각기 다른 각도에서 바라본 것일 수도 있다. 위험으로부터 자유로운 상태가 바로 안전인 것처럼 안전은 필연적으로 위험을 전제로 하는 개념이기 때문이다. 말하자면 현대사회가 위험사회이기 때문에 바로 안전사회일 수 있는 것이다. 이렇게 보면 위험사회와 안전사회는 실질적으로 동일한 현상일 수 있다.

그런데도 필자는 안전사회는 위험사회와는 구별되는 독자적인 개념이자 현상이라고 생각한다. 그 이유를 두 가지로 말할 수 있다. 첫째, 현대사회를 바라보는 관점 면에서 양자는 차이가 있다. 필자는 위험사회는 주로 '관찰자 관점'에서 현대사회를 관찰한 것이라고 생각한다. 그런 점에서 위험사회는 서술적인 성격을 갖는다. 이에 대해 안전사회는 주로 '참여자 관점'에서 현대사회를 분석하고 이에 대한 방향성을 제시한 것이다.[44] 그 점에서 안전사회는 상당히 규범적인 성격이 강하다. 요컨대 위험사회는 현대사회가 처한 상황을 보여준다면 안전사회는 현대사회가 지향하는 목표를 보여준다.

그러나 이보다 더욱 중요하면서 본질적인 이유는 바로 다음과 같은 두 번째 이유이다. 현대 체계이론이 주장하는 것처럼 현대사회는 다양한 영역, 즉 각기 다른 부분체계들로 분화된다. 이에 발맞추어 위험과 안전 개념 역시 각 영역에 맞게 다원적으로 분화된다. 마치 현대

---

44) '참여자 관점'과 '관찰자 관점'에 관해서는 양천수, "법영역에서 바라본 참여자 관점과 관찰자 관점", 안암법학 제23호(2006. 11), 89-120면 참조.

사회가 정치, 경제, 법, 학문, 종교 영역으로 분화되는 것처럼 위험 및 안전 개념 역시 정치적 위험·안전, 경제적 위험·안전, 법적 위험·안전, 학문적 위험·안전, 종교적 위험·안전 등으로 분화된다. 그런데 여기서 짚고 넘어가야 할 점은 위험사회에서는 이러한 위험 및 안전이 다원적으로 병존할 뿐, 어느 한 쪽의 위험이나 안전이 전면에 등장하는 것은 아니라는 점이다. 각각의 다원적인 위험이나 안전이 동등한 지위에서 병존할 뿐이다. 이와 달리 안전사회에서는 정치적 위험과 안전이 그 무엇보다도 중요한 지위를 차지한다. 이는 특히 현대 안전사회가 사회통제 메커니즘으로 사용하는 ≪포함-배제≫ 도식에서 그 근거를 찾을 수 있다. 앞에서도 살펴본 것처럼 ≪포함-배제≫ 도식은 사회통제의 규율대상을 '시민과 적'으로 구분할 것을 전제로 한다. 그런데 이러한 이분법은 칼 슈미트가 제시한 '적과 동지'의 구분에 상응한다. 슈미트는 정치적인 것의 본질을 밝히는 과정에서 '적과 동지'의 구분을 제시하였다. 슈미트에 따르면 정치적인 것이란 적과 동지로 구분될 수 있는 것을 말한다. 이러한 슈미트의 논리를 ≪포함-배제≫ 도식에도 적용하면 이는 본질적으로 정치적인 것이라는 점을 확인할 수 있다. 그러면 왜 안전사회는 정치적인 성격이 강한 ≪포함-배제≫ 도식을 사용하는 것일까? 그 이유는 바로 안전사회가 정치적 안전을 가장 중요한 안전으로 파악하기 때문이다. 이는 동시에 다른 그 어떤 위험보다도 정치적 위험이 현대 안전사회에서 가장 위협적인 것으로 취급되고 있음을 시사한다. 이 같은 까닭에서 안전사회는 사회통제를 정치화하면서 시민에 대해서는 '나 자신의 범죄학'을, 적에 대해서는 '타자의 범죄학'을 적용하는 것이다. 이렇게 볼 때 현대 안전사회에서는 위험사회와는 달리 정치적 위험과 안전이 전면에 대두하고 있다고 진단할 수 있다. 그 점에서 안전사회는 위험사회와 개념적·내용적으로 구분된다.

Ⅳ. 코로나 사회는 안전사회인가?

코로나가 진행 중인 지금 사회를 코로나 사회로 명명한다면 이러한 코로나 사회를 안전사회로 규정할 수 있을까?[45] 이에는 긍정적으로 대답할 수 있다. 코로나 사회 또는 포스트 코로나 사회는 안전사회로 규정할 수 있다. 그 이유를 다음과 같이 말할 수 있다. 첫째, 코로나 사회는 코로나 감염으로부터 안전해지는 것을 가장 중요한 정책적 목표로 설정한다. 둘째, 이를 위해 코로나 사회에서는 강력한 사회적 거리두기 정책을 실시한다. 셋째, 이로 인해 사회 전체적으로 포함과 배제가 선명하게 드러난다. 이 중에서 사회적 거리두기와 ≪포함-배제≫ 문제를 아래에서 다루도록 한다.

1. 사회적 거리두기의 두 가지 의미

유럽이나 미국 등과 비교할 때 우리나라가 코로나 사태에 비교적 성공적으로 대응하는 과정에서는 '사회적 거리두기'(social distancing)가 중요한 역할을 하였다. 그런데 사회적 거리두기는 흥미로운 개념이다. 이는 두 가지 의미를 지니기 때문이다.

---

45) 필자는 코로나가 진행 중인 지금 사회를 코로나 사회로 규정하지만, 달리 이를 '포스트 코로나 사회'로 규정하기도 한다.

첫째, 사회적 거리두기는 사회적으로 형성되는 관계에 거리를 두라는 의미를 지닐 수 있다. 바꿔 말해 '사회적 접촉'을 적게 하라는 것이다. 언뜻 보면 사회적 거리두기는 이러한 의미를 갖는 것처럼 보인다. 다만 이에는 다음과 같은 의문을 제기할 수 있다. 대면접촉을 하지 않고도 인터넷을 통해 손쉽게 다른 사람들과 소통을 할 수 있는 현대 초연결사회에서 사회적 접촉을 적게 하라는 의미의 사회적 거리두기가 실제로 가능한가의 의문이 그것이다.

둘째, 사회적 거리두기는 사회 전체적인 차원에서 '물리적인 거리'를 두라는 의미로 규정할 수 있다. 바꾸어 말하면 사회적인 차원에서 물리적인 대면접촉을 줄이라는 것이다. 이는 현재 정부가 공식적으로 채택하는 사회적 거리두기의 의미이다. 정부는 사회적 거리두기를 사회적 관계에 대한 거리두기가 아닌 사회적 차원의 물리적 거리두기로 파악한다.[46]

2. 사회적 거리두기와 ≪포함-배제≫

사회적 거리두기에 관해서는 크게 두 가지 문제를 제기할 수 있다. 이론적 문제와 실천적 문제가 그것이다. 먼저 이론적 문제로 사회는 무엇으로 구성되고 작동하는가의 근원적인 문제를 던질 수 있다. 인간의 행위로 이루어지는 물리적 접촉을 하지 않고도 사회가 충분히 존속할 수 있다면 사회는 인간의 '행위(action)'로 구성되는지, 그게 아니면

---

46) 이러한 맥락에서 세계보건기구(WHO)는 '사회적 거리두기' 대신 '물리적 거리두기'라는 용어를 권고한다. 강민경, WHO '사회적 거리두기가 아니라 물리적 거리두기', 뉴스1(2020. 3. 21) 참조.

인간에 의해 촉발되는 '소통(communication)'으로 구성되는지 의문을 던질 수 있다. 이는 오늘날 사회적 관계에 대한 거리두기가 과연 가능한지와 관련을 맺는다. 이는 루만이 정립한 체계이론에서 중요하게 다루는 문제이기도 하다.[47]

이보다 더욱 중요한 문제는 실천적인 문제이다. 사회적 거리두기가 야기하는 이분법 문제가 그것이다. 코로나 사태에 대응하기 위해 사회적 거리두기가 적극 시행되면서 다양한 이분법 문제가 사회적·법적 문제로 대두한다. 이러한 예로 안전과 자유의 이분법, 안전과 개인정보의 이분법, 코로나 대응에 따른 ≪포함─배제≫의 이분법, 코로나에 따른 경제적 이분법 또는 경제적 양극화 문제를 들 수 있다. 그중에서 특히 주목할 만한 것은 ≪포함─배제≫의 이분법이다. 코로나에 대응하기 위해 강력한 사회적 거리두기가 시행되면서 본의 아니게 포함과 배제가 부작용으로 나타난다. 정부는 사회적 거리두기를 실시하면서 물리적으로는 거리를 두면서도 사회적으로는 더욱 가까워지라고 강조하지만, 사회적 거리두기가 사회적 관계에 대한 포함과 배제로 작동하는 것이다. 이로 인해 지금의 코로나 사회는 전형적인 안전사회의 구조로 접어들고 있다.

---

47) N. Luhmann, *Einführung in die Theorie der Gesellschaft*, 2. Aufl. (Heidelberg, 2009), S. 61 참조.

제 **4**장

코로나19 방역과 프라이버시

코로나 시대의 법과 철학

제**4**장

코로나19 방역과 프라이버시

이동진*

I. 들어가며

코로나바이러스감염증-19(약칭 코로나19)가 우리 삶에 미친 여러 영향 중에서도 적용범위가 가장 넓은 것이 사회적 거리두기와 프라이버시(privacy)일 것이다. 전염성이 높고 치명률도 어느 정도 높은데 아직까지 예방과 치료를 확보할 확실한 의학적 수단이 없는 경우 감염병에 대한 대응은 우선은 감염매개체와의 접촉을 줄이고 접촉 위험에 노출될 수밖에 없을 때에는 추적을 용이하게 하는 것일 수밖에 없기 때문이다. 그런 만큼, 또 그와는 다소 구별되는 다른 이유로, 사회적 거리두기와 프라이버시를 침해하는 감시·추적은 코로나19가 종식된 이후에도 지속적으로 영향을 미칠 가능성이 있기도 하다. 이 글에서는 그중 특히 논란이 된 프라이버시 문제를 중심으로 감염병통제 또는 코로나19와 법에 관하여 생각해보고자 한다.

* 서울대학교 법학전문대학원 교수.

본격적인 논의에 앞서 프라이버시라는 용어에 대하여 설명할 필요가 있겠다. 당초 이 책이 기획되었을 때 제시된 주제어는 개인정보 자유였다. 방역을 위하여 개인정보를 수집하고 분석하는 것 자체가 문제되고 있고, 또 오늘날 개인정보가 워낙 광범위하게 보호되다 보니 문제 된 대부분의 쟁점이 개인정보 보호에 포섭될 수 있었던 것이다. 그러나 개인정보 보호는 더 실체적인 권리와 법익을 보호하기 위한 도구일 뿐이고,[1] 개인정보 보호법도 그 자체 하나의 법률에 불과하므로,[2] 방역 관련법에서 명문 규정을 둔 이상 개인정보 보호법 문제가 제기되는 것이 아니라 헌법 문제가 제기되는 것인데, 이때에는 개인정보자기결정권보다 실체적 기본권으로 작업하는 것이 더 적절하다.[3] 사생활도 생각할 수 있겠으나, 내포가 다소 좁아 보인다.

글의 구성은 다음과 같다. 먼저, 방역 및 방역 관련 법이 프라이버시에 어떻게 관계하는지, 구체적 실행은 어떻게 이루어졌는지 정리, 소개한다(아래 Ⅱ). 이어서 프라이버시 침해에 관한 여러 논란을 다루고 약간의 평가와 제안을 덧붙인 다음(아래 Ⅲ), 글을 맺는다(아래 Ⅳ).

---

1) 이동진, "개인정보 보호법 제18조 제2항 제4호, 비식별화, 비재산적 손해 – 이른바 약학정보원 사건을 계기로 – ", 정보법학 제21권 제3호(2017), 272면 이하.
2) 이 점에서 유럽의 개인정보보호법인 1995년 정보보호지침(Data Protection Directive)이나 2016년 일반정보보호규정(General Data Protection Regulation)과 다르다.
3) 전상현, "개인정보자기결정권의 헌법상 근거와 보호영역", 저스티스 통권 제169호(2018), 5면 이하.

Ⅱ. 방역 관련 법과 프라이버시

1. 감염병예방과 프라이버시, 법

방역(防疫)은 감염병의 발생과 유행을 방지하고 이를 예방하거나 관리하는 것을 가리킨다. 공중보건의 주요 영역 중 하나이다.

우리나라에서 방역을 규율하는 기본법은 「감염병의 예방 및 관리에 관한 법률」(약칭 감염병예방법)이다. 감염병예방법은 감염병을 여러 형태로 분류한 다음 그에 대한 대응을 규율한다. 이들 규율은 감염병의 발생을 조기에 확인하고(감염병예방법 제11조 내지 제20조의2),[4] 진단 및 치료법 연구 등의 목적으로 분리된 고위험병원체를 이동, 검사, 관리하는 과정에서 그것이 누출될 위험을 적절히 통제하며(제21조 내지 제23조의5), 예방접종이 가능한 경우 예방접종을 실시하고(제24조 내지 제33조의4), 감염병을 예방하기 위하여 교통, 집회, 시설이용 등을 차단하고 소독을 실시하며(제49조 내지 제59조), 감염병환자, 감염병의사(疑似)환자, 병원체보유자(이하 감염병환자등, 제2조 제13호 내지 제15호의2 참조)가 발생한 경우 이들에 대하여 격리, 분리, 진단 및 치료를 확보하는 것(제34조 내지 제48조)을 그 내용으로 한다. 대별하면 감염병 유행 위험을 조기에 발견하는 것, 전파를 차단하기 위한 처분권한을 부여하는 것, 대유행 때 필요한 자원을 재조직하기 위한 처분권한을 부여하는 것으로 나뉜다.

---

4) 감염병예방법상 감염병의 분류는 주로 감염병 감시와 보고에 관계되어 있다. 감염병예방법 제24조는 필수예방접종의 대상을 따로 열거하는데, 이는 감염병의 분류와 관계가 없다. 감염병의 분류가 예방접종이 효과적인지 여부와 무관하기 때문이다.

감염병예방법이 규율하는 방역조치가 프라이버시와 관계하는 지점은 매우 많지만, 그중에서도 두 가지 국면이 특히 중요하다. 감염병환자등과 감염병의심자(제2조 제15호의2)를 조기에 추적, 확정하고 격리 또는 진단하는 것이 그 하나이고, 그들의 동선(動線) 등을 공개하는 것이 다른 하나이다. 그중 앞의 것은 다시 추적 및 확정과 격리의 집행으로 나뉜다. 차례로 본다.

먼저, 감염병환자등과 감염병의심자의 확인이다. 감염병예방법은 감염병환자등을 확인하기 위하여 여러 장치를 도입하고 있는데, 그중 매우 중요한 하나가 역학(疫學)조사이다. 감염병이 발생하여 유행할 우려가 있거나, 감염병 여부가 불분명하거나 발병원인을 조사할 필요가 있는 경우 질병관리청장이나 지방자치단체의 장은 역학조사를 하여야 한다. 이러한 역학조사는 감염병이 맞는지, 그렇다면 그 원인은 어디에 있는지, 어떤 감염병인지 등을 확인하는 데도 쓰이지만, 코로나19와 같이 접촉을 통하여 신속하게 전파되는 감염병의 경우 어느 범위에서 전파되었는지를 추적하는 데도 쓰인다. 이를 위하여 역학조사관은 관계자에게 질문을 하거나 CCTV 영상, 출입기록 등을 확인하여[5] 한편으로는 감염병환자등이 어떻게 이환되었을지 추정하고, 다른 한편으로는 감염병환자등과 사이의 접촉의 강도에 비추어[6] 다음

---

5) 감염병예방법 시행령 제14조, 별표1의3은 설문과 면접, 검체채취, 의료기록 조사 및 의사 면접 등을 규정한다.
6) 이 글이 쓰이는 시점을 기준으로 코로나19와 관련하여 정부에서 제시하는 기준은 감염병환자 등과 2m 이내 15분 이상 접촉이다. 감염병예방법 제2조 제15호의2 가목은 "접촉"이라고 할 뿐이고 구체적인 기준은 법집행기관, 가령 질병관리본부가 그때그때 정하여야 한다.

으로 확인이 필요한 사람을 특정하여 이들을 추적, 조사하는 절차를 반복한다.[7] 이는 개인이 특정 시점에 특정 장소에 특정인과 있었다는 사정을 확인하고 기록하는 것을 포함할 수밖에 없다. 조사와 관련하여 허위 또는 누락은 법으로 금지된다(제18조). 그 밖에 질병관리청장은 역학조사 등을 위하여 관계 중앙행정기관의 장, 대통령령으로 정하는 기관·단체 등에 대하여 필요한 자료의 제출을 요구할 수 있는데(제18조의4), 여기에서 대통령령이 정하는 기관에는 의료기관과 국민건강보험공단, 건강보험심사평가원이 포함된다(감염병예방법 시행령 제16조의2).

다음, 감염병환자등 및 감염병의심자에 대한 자가격리 이행 여부 확인이다. 질병관리청장 또는 지방자치단체의 장은 감염병환자등이 있다고 인정되는 시설 기타 장소에 들어가 조사를 하고 진찰을 하게 할 수 있고, 진찰 결과 감염병환자등으로 인정될 때에는 동행하여 치료받게 하거나 입원시킬 수 있다(제42조 제1항). 제1급감염병이 발생한 경우에는 감염병의심자에 대하여도 자가 또는 시설 격리를 명할 수 있고, 증상 유무를 확인할 수 있으며(제42조 제2항), 제1급감염병이 아니어도 감염병환자등이 있다고 인정되는 시설 등에 해당하여 조사를 하는데 이를 거부한 경우에는 그 점을 이유로 자가 또는 시설에 격리할 수 있다(제42조 제7항). 그 이외에 감염병의심자에 대하여는 감염병의 전파차단 또는 예방을 위하여 적당한 장소에 일정 기간 입원 또는 격리시킬 수 있다(제47조 제3호, 제49조 제1항 제14호).[8] 이들은 기본적으

---

[7] 감염병예방법 시행령 제12조 제1항 제1호, 제4호는 감염병환자등의 인적 사항과 진료기록을 역학조사에 포함되어야 하는 내용으로 규정한다.

로 인신구속의 성격을 가지고 있고, 때문에 인신보호법을 준용하는 등 관련 규율도, 부족하나마, 두고 있으며(제42조 제10항, 제43조, 제43조의 2), 그 위반에 대하여 1년 이하의 징역 또는 1천만원 이하의 벌금에 처하고 있기도 하다(제79조의3 제4호, 제5호). 법 집행을 확보할 필요가 있는 것이다. 그중 입원이나 시설 격리가 이루어지는 경우에는 수용과 시설관리를 통하여 법 집행이 확보될 수 있다. 그러나 자가격리의 경우에는 그러하지 아니하다. 관할 보건소장이 자가격리가 필요한 감염병의심자를 정하여 본인과 그 보호자에게 통지하면 본인에게 자가격리 장소를 이탈하거나 이동하지 아니하고 조사나 진찰 등으로 이탈이 불가피한 경우 미리 보건소에 연락하여 그 지시에 따를 의무가 발생하고, 보건소장에게 정기적으로 상태를 확인할 책무가 있을 뿐이다(감염병예방법 시행령 제23조, 별표2). 실제로 관할 보건소는 가령 위치를 추적할 수 있는 안심밴드를 착용시키고 전화를 하는 등의 방법으로 상태를 확인함과 동시에 자가격리 이행 여부를 확인하고 있다.

끝으로, 질병관리청장은 감염병 확산으로 인하여 재난 및 안전관리 기본법 제38조 제2항에 따른 주의 이상의 위기경보가 발령되면 감염병환자의 이동경로, 이동수단, 진료의료기관 및 접촉자 현황 등 국민들이 감염병 예방을 위하여 알아야 하는 정보를 정보통신망 게재 또는 보도자료 배포 등의 방법으로 신속히 공개하여야 한다(제34조의2 제1항). 이는 다른 국민이 동선(動線)이 겹치는 경우 스스로 진단을 받게 하거나 동선이 겹치지 아니하도록 주의하게 하는 이외에 동선이 겹

---

8) 조문의 체계와 구성이 다소 어지럽다는 점을 감안하고 읽어야 한다.

치지 아니하는 경우 불필요하거나 과도하게 불안해하지 아니하도록 하기 위한 조치이다.

그 밖에 감염병 예방과 전파의 차단을 위하여 포괄적으로 쓸 수 있는 규정으로 감염병예방법 제76조의2가 있다. 질병관리청장이 관계 중앙행정기관, 지방자치단체의 장, 공공기관, 의료기관, 약국, 법인·단체·개인에 대하여 감염병환자등 및 감염병의심자에 관한 성명, 주민등록번호, 주소 및 전화번호 등 인적사항, 진료기록부, 출입국관리기록 및 (휴대전화) 위치정보와 신용카드 등 및 교통카드 사용명세, CCTV 영상정보의[9] 제공을 요청할 수 있고, 이 정보를 다른 중앙행정기관의 장, 지방자치단체의 장, 국민건강보험공단 이사장, 건강보험심사평가원 원장, 보건의료기관, 그 밖의 단체에 제공할 수 있으며, 필요한 경우 국민건강보험 및 건강보험심사평가원의 정보시스템에 제공할 의무도 인정하고 있다.

2. K-방역, 3T, 투명성

2020년 전세계적인 코로나19 대유행에서 아직까지 우리나라가 선전(善戰)하고 있다는 점은 의심하기 어렵다. 우리나라의 코로나19 방역 대응 전략은 언론기사나 광고에서 K-방역이라고 불리었고, 이제는 정부에서도 쓰는 용어가 되었다. K-방역의 핵심요소는 3T로 요약되어왔다. Test, Trace, Treat가 그것이다. 즉, 감염병의심자를 가급적 신속하게 검사하여 감염 여부를 확인하고 감염원과 그로부터 감염되

---

9) 이들은 감염병예방법 제76조의2 제1항 제4호, 같은 법 시행령 제32조의2에 규정된 것으로 이동경로를 파악하기 위한 장보로 규정되어 있다.

었을 수 있는 그 다음 감염병의심자를 신속하게 추적하여 검사하는 것을 반복하며, 확인된 감염병환자등은 가급적 신속하게 격리, 치료하는 것이다. 이는 전염병 확산을 차단하기 위한 과정 중 첫 단계인 봉쇄(containment)를 가급적 신속하고 철저하게, 그러나 선별적으로 시행하여 전면적 봉쇄(lock-down)에 이르지 않고도 봉쇄상태를 유지함과 동시에 다음 단계(완화, mitigation)로의 이행을 막는 전략이다.

우리나라는 코로나19 발생 이후 상당 기간 이러한 전략을 매우 잘 수행하여 감염병환자등의 대부분의 감염원을 확인하고 접촉자(제2조 제15호의2 가목)를 추적, 진단하였다. 확인되지 아니한 감염병환자등이 있었을 것이나, 감염병환자등이 존재한다고 늘 전파되는 것은 아니고, 추가로 마스크 착용(제49조 제1항 제2호의2 내지 4) 등 일반적 예방조치가 보태어졌으므로, 대부분의 감염병환자등을 철저히 검사, 추적, 치료하는 것으로도 국내 대유행을 사실상 막을 수 있었다. 그 결과 임계전이(critical transition)의 문턱을 넘지 아니할 수 있었다.

한편, 3T와 별개로 강조되어야 할 것으로, 투명성(Transparency)이 있다. 코로나19 방역과 현행 감염병예방법에는 2015년 유행한 중동호흡기증후군(약칭 MERS)의 경험 또는 대응실패가 상당한 영향을 주었다. 2015년 메르스는[10] 확산을 막지 못하였고 코로나19보다 치명률도 높아 큰 피해를 주었다. 당시 실패에는 여러 원인이 있었으나, 그중 하나로 꼽힌 것이 폐쇄적인 커뮤니케이션이었고, 그중에는 감염병환자등의 방문 여부 등을 정확히 알려주지 아니하여 추가 감염이 일어나거

---

10) 신종 코로나바이러스 중 하나이다.

나 괴담이 퍼지는 것도 포함되어 있었다. 이는 앞서 본 일련의 법 개정으로 이어져, 법률상 감염병환자등의 동선을 공개하도록 의무화되었고, 정부도 코로나19 방역과 관련하여 기본적으로 정보를 조기에 공개·공유함으로써 국민의 위험인식이 실제와 크게 괴리되지 아니하도록 함과 동시에 국민의 정책순응도를 높이고 있다.

이러한 전략 중 많은 부분은 광범위한 정보의 신속하고 정확한 수집 및 이용, 공개를 전제한다. 감염병은 중대할 뿐 아니라 근래 점점 잦은 빈도로 도래하고 있는 위험이지만, 대부분 작은 규모의 국지적 위험으로 관리되다가 그중 극히 일부가 임계전이의 문턱을 넘으면 통제할 수 없는 큰 규모의 위험으로 바뀐다. 초기 단계에서 철저하게 봉쇄하는 데 성공한다면 상대적으로 적은 자원으로 적은 피해만을 감수하고도 감염병 위험을 관리할 수 있을 것이고, 그것이 최선책이라는데는 의문이 없다. 그런데 감염병은 시간이 지나면서 전파범위가 점차, 때로는 기하급수적으로, 넓어지게 마련이므로, 초기 단계의 철저한 봉쇄는 시간의 문제이기도 하다. 역학조사도 정보수집을 내용으로하고 그러한 정보에는 프라이버시에 해당하는 것이 포함되게 마련이지만, 제한된 자원으로 신속하고 효율적으로 필요한 정보를 수집하기위하여 K-방역은 신용카드 및 교통카드 이용정보, 위치정보 등 한국의 발달된 IT-기술과 IT-인프라를 활용하고 있다.11) 또한, 그러한 정

---

11) 평시에는 프라이버시 위협을 증가시키는 요인 중 하나로 논란이 없지 않았던 주민등록제도, 다수의 CCTV와 발달한 IT-인프라가 코로나19를 맞이하여 효과적인 대응의 기초가 되었다는 점이 주목된다. 이 글의 주제는 아니나, 평시에는 과도한 의료서비스 수요를 유발한다는 비판을 받아온 3차 의료기관 집중과 병상 위주 운영도 그러하다. 다른 나라에 비하여 성공적인 대응에는 이러한, 평시에는 반드시 긍정적

보를 관심을 가질만한, 그리고 가질 필요가 있는 사람들에게 공개, 전달하기 위하여 역시 IT-기술과 IT-인프라를 이용한다. 가령 감염병 환자등의 거주지나 동선 인근 주민이나 감염병이 대규모로 확산되었다고 여겨지는 시간과 장소에 있었던 사람들에게 개별적으로 관련 정보를 휴대전화 문자 등을 통하여 전달하는 것이다. 그 결과 오늘날 개인정보보호법 발전의 계기가 된 문제가 다시 나타난다. 역학조사관들이 확인한 정보가, 프라이버시 침해의 위험을 갖고 있다 하더라도, 어느 정도 파편화되고 선별되며 범위에 있어 제한되게 마련인 것과 달리, 이러한 방식의 정보수집은 집적되고 포괄적·망라적이기 쉽다는 점이 그것이다.

이미 몇몇 논란이 있었다. 2020년 4월 30일부터 5월 5일까지 연휴 기간 중 이태원 클럽에서 코로나19 집단 감염이 발생하였다. 문제는 이들 클럽 중에는 성소수자 클럽이 포함되어 있어 이들에 대한 광범위한 추적이 성적 지향을 노출시키는 결과를 초래할 수 있다는 점이었다.12) 이와 같은 우려는 현실적인 것이었다. 당시 실제로 인터넷 등에서는 성소수자에 대한 편견이 여과 없이 노출되곤 하였기 때문이다. 이러한 점을 고려하여서인지, 아니면 제한된 법 집행력 때문인지, 정부와 지방자치단체는 본인에게 문자 등으로 통지하여 자발적으로 선별진료소에 오면 비밀로 검사를 받을 수 있도록 하였고, 검사대상 대부분이 검사를 받았다. 이 과정에서 유명 연예인이 이 기간 중 클럽을

인 평가만 받지는 못하였던, 여건이 상당부분 기여하고 있는 것이다.

12) 그 이외에 불법체류외국인들이 출입하곤 하였는데, 이들에 대한 정부의 추적이 결과적으로 불법체류외국인에 대한 추방 등 제재로 이어지리라는 우려도 있었다.

방문하였다는 사실이 드러나 대중의 비난을 사기도 하였다. 2020년 7월 말에는 서울 성북구 사랑제일교회에 감염병환자가 다녀간 사실이 드러났고 2020년 8월 15일에는 반정부 집회가 광화문 등 각지에서 열렸는데 여기에도 다수의 감염병환자가 참가하였다. 이들에 대하여도 휴대전화 위치정보, 교통카드 이용내역, CCTV 영상 등을 통한 추적이 이루어졌는데, 이는 추적 대상의 종교활동이나 정치성향 등에 대한 프라이버시 침해를 수반하게 마련이다. 코로나19로 감염병환자등의 동선이 공개되는데, 그 안에 숙박업소, 유흥업소 등이 포함되어 있다면 불륜관계나 유흥업종사 사실 등의 프라이버시가 드러나게 된다는 지적이 있어,[13) 국가인권위원회가 정보 공개의 범위에 대하여 우려를 표명하기도 하였다.

Ⅲ. 논란과 평가

1. 예방원칙과 동적 진화, 프라이버시

방역을 위한 프라이버시 침해는 어디까지 허용되는가? 방역은 프라이버시를 침해당한 사람 본인 또는 다른 시민의 생명과 건강을 보호하는 데 기여한다. 방역에 실패하여 감염병이 유행하면 본인 또는 다른 시민들의 경제·사회적 활동이 크게 제한될 수도 있다. 추적과 공개는 전면적 봉쇄(lock-down)보다는 자유의 관점에서도, 평등의 관

---

13) 가령 노정동 기자, "업소女아냐?"·"불륜男이네"…인권위 "코로나 확진자 동선 공개 지나쳐", 한국경제 2020. 3. 9.자(https://www.hankyung.com/life/article/2020030971617, 최종방문 2020. 11. 28.) 참조.

점에서도, 일반적으로 덜 침해적이기도 하다.[14] 그러나 구체적인 조치가 적절하였는지는 따져보아야 한다. 문제는 감염병의 위험과 통제수단의 효과, 특히 그중에서도 감염병의 위험의 크기가 가늠하기 어려운 경우가 있다는 것이다. 코로나19 대유행의 경우에도, 어느 정도는, 그러하였다.

코로나19는 2019년 12월 중순 발견되었다. 2020년 1월 13일 중국 국가위생건강위원회는 이를 신종 코로나바이러스 감염 폐렴(新型冠状病毒感染的肺炎)으로 명명하였고, 2월 12일 WHO가 이를 Coronavirus disease-2019, 약칭 COVID-19으로 명명하였다. 이 병의 증상과 전파력, 치료법 및 예방법에 대하여는 상당 기간 불분명한 점이 많았다. 지금은 상당한 경험과 자료가 축적되어 기저질환이 있는 고령자가 이 환된 경우, 가령 60대부터는 상당한 치명률을 보이나 그렇지 아니한 경우의 치명률은 그다지 높지 아니하다는 것이 알려졌으나, 초기에는 그렇지 않았다. 또, 지금은 이 병의 이른바 무증상잠복기가 며칠 정도이고, 몇 미터 정도의 거리 내에서 감염되는 것이 보통이며, 감염력이 1~2주 정도 유지된다는 사실이 알려졌지만, 초기에는 이러한 정보가 모두가 궁금해하는 사항이었다.

어떤 위기가 현실화될 확률과 그로 인한 피해의 규모가 다 알려져

---

14) 가령 선별적이기는 하나, 종교시설이나 유흥시설에 대하여 내려진 집합금지, 운영 금지 등의 조치에 대한 논란을 생각해보라. 전면적 봉쇄조치가 더 타당하다는 주장은, 프라이버시 침해가 갖는 장기적인 위험에 대한 경계와 경고로서는 의미가 있을지 몰라도, 현실적인 대안으로는 거의 의미가 없다. 방역 목적의 프라이버시 침해는 어차피 외부적 행동에 수반하여 산출되는 정보에 관계하고, HIV 등 성매개감염병 통제에서와 달리, 내밀한 영역에서 생성되는 정보나 그 영역의 활동에 직접 관계하지 아니한다.

있는 경우 우리는 이를 위험(risk)이라고 한다. 위험은 계산가능하고, 따라서 그 차단 또는 차단실패에 수반하는 비용과 비교할 수 있다. 그러므로 위험에 비례한 대응조치도, 여러 문제에도 불구하고, 형량될 수 있다. 반면 피해의 규모는 어느 정도 알지만 위기가 현실화될 확률을 알지 못하는 경우 이를 불확실성(uncertainty)이라고 한다. 불확실한 해악의 기대비용은 계산될 수 없다. 특정 조치가 방역에 얼마나 효과가 있을지도, 해악의 크기만큼은 아닐지라도, 거의 계산될 수 없다. 이러한 경우 엄밀한 이익형량은 불가능하다. 그럼에도 불구하고 우리는 어떤 조치를 취할지 여부를 결정하여야 한다. 결국 의심스러울 때 예방을 우선할지 아니면 자유를 우선할지 정하는 수밖에 없다. 불확실성이 크고 피해가 비가역적이라면 이른바 예방원칙(precautionary principle)이 고려된다.15) 이익형량 과정에서 불확실성을 상대적으로 높은 확률로 대치하는 것을 허용할 수 있다는 것이다. 사후적으로 과도한 법익침해였다 하더라도 불확실성이 높을 때에는 일응 허용함이 옳고, 이른바 좁은 의미의 비례성을 충족하지 못한다고 보아서는 안 된다.

나아가 이러한 고려는 법률유보와 과잉금지의 원칙 중 다른 두 요건, 즉 필요성 및 적합성에도 일정한 함의를 가진다. 비교법적으로 우리 감염병예방법의 한 특징은 방역 조치를 비교적 세세하게 특정하였

---

15) 프라이버시에 관한 것은 아니지만, 유기훈·김도균·김옥주, "코로나19 공중보건 위기 상황에서의 자유권 제한에 대한 '해악의 원리'의 적용과 확장 – 2020년 3월 개정 「감염병의 예방 및 관리에 관한 법률」을 중심으로 –", 의료법학 제21권 제2호 (2020) 113면 이하.

다는 점이다. 다른 나라의 경우 감염병예방법에 상당히 포괄적인 수권
(授權)조항을 두는 예가 많다. 이들은, 규정형식과 내용상으로도, 긴급
사태, 가령 계엄 시의 법을 보는 듯한 인상마저 준다. 1999년 미국 질
병관리본부(CDC)가, 고스틴(Gostin) 교수의 주도로, 주 정부에 광범위
한 권한을 부여한 The Model State Emergency Health Powers Act를
성안, 발표하였을 때 인권 침해 논란이 제기된 이유이기도 하다. 그러
나 2020년 코로나19로 각국은 이러한 법을 더욱 강화하는 개정을 수
차례 단행하였다. 다양한 양상으로 나타나는 감염병의 대유행에 그때
그때 대응하기 위하여 매번 법률을 개정하기 어려운 점이 있음을 고려
한 것이다. 우리 감염병예방법의 경우 기본적으로 코로나바이러스의
일종인 메르스 대응실패에 대한 반성으로 도입된 개별 조치 규정을 여
럿 두고 있었다. 그럼에도 불구하고 코로나19에 대응하여 2020년 몇
몇 조항을 개정하였고, 현재도 국회에 여러 후속 개정안이 계류 중이
다. 이들 중에는 이미 조치가 취해지고 있으나 법률적 근거가 불분명
하다고 여겨져 이를 나중에 보완한 것도 있다. 이를 문제 삼기는 어려
울 것이다. 방역 조치의 선택과 집행이 불확실성과 시간 및 기타 자원
의 압박 하에서 행해진다는 점은, 필요하고 적합한 조치를 도출하는
데에도 제약으로 작용한다. 어떤 조치의 위험과 효과를 충분히 따져
필요하고 적합한 범위로 조치를 설계하는 데도 시간과 자원이 소요된
다. 예방원칙은 처음부터 완벽한 전략을 채택하기 위하여 그로 인한
지연을 감수하기보다는, 조기 대응을 위하여 일단 다소 거칠게 형량
된, 그리하여 사후적으로는 주효하지 아니하였거나 놓친 부분이 있는
조치를 취하는 것을 허용한다.

주의할 점은 이러한 상황이 감염병에 대하여 더 많은 정보가 수집되거나 방역 대응의 상황이 변화하면서 함께 변화한다는 사실이다. 감염병에 대하여 더 많은 정보가 수집되면서 부분적으로 불확실성이 위험으로 전화(轉化)한다. 어떤 불확실성은 실은 매우 낮은 위험인 것으로 드러나고, 어떤 불확실성은 당초 예상보다도 더 높은 위험으로 드러난다. 그에 따라 적절한 조치의 내용과 범위도 바뀐다. 안면 마스크 착용은 낮은 비용으로 어느 정도 활동을 가능하게 하면서도 철저하게 적용되는 경우 매우 높은 전파 차단 효과를 가지는 것으로 드러났고, 문화적으로 마스크 착용 강제에 적대적이었던 곳에서도 결국 수용되고 관철되었다. 봉쇄 전략이 효과가 있을 때에는 프라이버시를 침해하는 추적이 큰 의미가 있으나 완화 전략으로 이행한 뒤에는 프라이버시를 침해하는 조치의 가치가 줄어든다. 또, 시간이 지남에 따라 어떤 조치의 위험이나 부수적인 해악이 드러나거나 이를 검토하여 보완할 여유가 생긴다. 가령 법적 근거가 미약했던 조치에 대하여는 사후적으로라도 법적 근거를 확보할 수 있고, 감염병환자등의 동선을 개인 단위로 공개하거나 전국에 지나치게 장기간 공개하다가 시간이 지나면서 그 결과 다른 정보와 결합하여 누구에 관한 정보인지 식별될 가능성이 있음을 알게 된다. 이는 종전에 허용되었던 기본권, 예컨대 프라이버시 침해가 더는 허용되지 않음을 의미한다. 엄격한 법률유보, 필요성, 적합성, 비례성 심사가 이루어짐에 따라 허용되는 방역 조치의 범위가 바뀐다.

예방원칙이 적용되는 기간과 범위가 지나치게 넓어서는 안 된다. 위기대응인 만큼 예방원칙과 긴급성으로 정당화되었던 조치는 좀 더 섬세한 형량에 터 잡은 조치로 대체되어야 한다. 일종의 동적 진화가 있어야 하는 것이다. 이태원 클럽 집단감염과 관련하여 성소수자의 인권에 대한 우려의 목소리가 나오고, 개인의 동선 공개와 관련하여 국가인권위원회의 의견, 개인정보보호위원회의 권고가 나오면서 조치가 점차 다듬어진 것, 업소 등을 방문할 때 작성하게 하는 문진표에 이름과 주소는 적지 아니하게 하며 모바일 문진표가 발전된 것이 그 예이다.16)

현재의 대응이 최선이라고 할 수 있는지에 대하여는 여러 의문이 제기된다. 가장 큰 문제는 아마도 매우 넓은 범위의 정보가 보건복지부 또는 질병관리청에 집중되고 어떤 용도로 어느 범위에서 이용된 뒤 어떻게 삭제 또는 보관되는지도 분명하지 아니하다는 점일 것이다. 이미 우리는 이태원 클럽 집단감염이나 광화문 집회와 같은 일이 생기는 경우 그 무렵 그 부근에 있었던 불특정 다수의 위치정보 등이 어느 한 정부기관에 집중될 수 있음을 안다. 방역 이외의 목적에 이용될지 모른다는 불안이 생기는 것이 당연한 일이거니와, 해킹 위험도 높아진

---

16) 중앙방역대책본부의 2020. 10. 7.자 확진환자의 이동경로 등 정보공개 지침은 감염병환자에 대하여 재난 및 안전관리 기본법 제38조 제2항에 따른 주의 이상의 위기경보 발령 시, 마지막 접촉자와 접촉한 날부터 14일 경과할 때까지, 감염병 예방에 필요한 정보에 한하여 공개하되, 감염병환자의 성별, 연령, 국적, 거주지 및 직장명 등과 읍·면·동 단위 이하 정보는 (원칙적으로) 공개하지 아니하고, 시간도 증상발생 2일 전부터 격리일까지만 공개하며, 접촉자가 발생한 장소 및 이동수단을 공개하되 소독조치가 완료된 장소는 "소독 완료함"을 같이 공지하고, 해당 공간 내 모든 접촉자가 파악된 경우에는 공개하지 아니하는 것으로 한다. 한편, 프라이버시와는 직접 관계가 없으나, 입원조치된 환자의 입원해제기준이 당초 매우 엄격하였다가 이후 완화된 것, 동선공개로 인한 영업피해(경제적 손실)에 대응하기 위하여 동선 공개의 방법과 정도를 바꾼 것도 그러한 예에 해당한다.

다. 많은 영업소가 역학조사 대상이 되는 경우 신속성을 확보할 목적으로, 물론 방역조치에 따라, 고객의 휴대전화번호 등을 수집하였고, 그중 일부는 무단으로 대가를 받고 거래되었다. 미국과 유럽에서는 휴대전화의 블루투스(Bluetooth) 통신기능을 이용하여 각 기기가 2m 이내에 일정 시간 이상 있었던 경우 그 정보를 기록해두고, 감염병환자가 나오는 경우 그의 기기의 코드를 업로드(upload)하여 그와 접촉한 기기들이 순차로 알게 함으로써 자발적으로 진단을 받거나 격리에 들어가도록 유도하는 기술이 개발되었고, 이들은 개인정보가 정보주체의 기기 밖으로 전송되지 않는다는 점을 강조하며, 그와 같은 특성이 프라이버시 보호에 필수적이라고 주장한다.[17] 지금의 접근보다 프라이버시를 더 잘 보호하면서도 비슷하거나 크게 뒤지지 않는 방역효과를 거둘 만한 대안을 계속 발전시킬 수 있을 것임은 분명하다.

그러나 방역을 위하여 선의로 성실하게 조치를 취하고 이를 경험과 지식의 축적에 따라 업데이트(update)해왔다면, 지금 와서 볼 때 더 나은 조치가 가능하다 하여 그 조치가 그 당시에 이미 잘못된 것이었다고 할 수는 없다. 다른 나라의 접근과 비교할 때에는 통약할 수 없는 (incommensurable) 가치들 사이의 형량에는 각 나라의 문화적 측면이 일정한 영향을 줄 수 있고, 각 나라의 서로 다른 여건, 가령 신용카드와 휴대전화 보급률, 교통카드 사용 등에 따라 프라이버시를 침해하는 조치의 효과에도 큰 차이가 있다는 점도 생각해야 한다.

---

17) 가령 Gillmor, Principles for Technology-Assisted Contact-Tracing, 2020.

2. 감시 · 통제의 일반화 · 영속화에 대한 우려

동선 정보 등 개인정보는, 정보주체 본인으로서는 자신에 관한 정보임을 알게 마련이므로, 익명처리 또는 가명처리하여 공개한다 하더라도 프라이버시 침해라고 볼 만한 측면이 있다.[18] 그러나 단순한 개인정보의 방역 목적의 수집, 처리는, 그 자체로 중대한 프라이버시 침해라고 할 수 있을지 의문이다. 그로부터 방역 목적에 필요한 이상의 정보를 재구성해내지 아니하는 한 외부에서 관찰 가능한 행동 중 특정 측면을 보는 것에 불과하기 때문이다.

이탈리아의 미학자 조르지오 아감벤(Giorgio Agamben)은 2020년 2월 자국 상황에 대하여 "근거 없는 긴급상황에 의하여 촉발된 예외상태"라는 글에서[19] 더는 테러리즘을 국가의 제약 없는 예외적 조치를 정당화하는 근거로 쓸 수 없게 되자 감염병을 이에 활용하는 것이라면서 집단적 공포를 이용하여 또는 조작하여 자유제한을 꾀하는 경향을 비판하였다. 그의 비판은 특히 이탈리아의 상황이 이후 심각해짐에 따라 대체로 지나친 것으로 드러났지만, 장기적으로 감염병 통제가 공중이 인식한 위험을 근거로 광범위한 통제의 근거로 쓰일 수 있다는 지

---

18) 대법원 2012. 6. 18. 선고 2011두2361 전원합의체 판결 참조. 물론, 이 판결의 사안에 대하여 이 판결의 결론에 찬성하는지는 별개의 문제이다.

19) Giorgio Agamben, "L'unica emergenza dimenticata è quella della sanità pubblica", il manifesto 28 feb 2020 = "The state of exception provoked by an unmotivated emergency" (http://positionspolitics.org/giorgio−agamben−the−state−of−exception−provoked−by−an−unmotivated−emergency/최종 방문 2020. 11. 28.). 제3자가 검증할 수 있는 충분한 근거를 제시하여야 조치가 가능한가 하는 점은 부분적으로는 앞서 본 예방원칙의 문제이다.

적에는 무시할 수 없는 통찰 또는 경고가 포함되어 있다. 대유행할 위험이 있는 감염병은 공중의 위험인식을 매개로 고도의 정치적 문제가 되게 마련이고, 방역에는 정치가 개입하거나 그렇지 아니하다 하더라도 정치적 의미 내지 효과가 수반하게 마련이다. 코로나19의 대유행은 지구촌 대부분의 국가에서 정치적으로 집권자·집권당에 대한 지지를 강화하였고, 코로나19 대응에 심각하게 실패한 몇몇 나라에서는 집권세력 교체의 계기 중 하나로 작용하였다. 우리나라에서도 2020년 상반기 중 여야 모두 각기 다른 방향에서, 성패를 떠나, 코로나19를 중요한 정치적 소재로 썼거나 쓰려고 시도하였다.

코로나19 방역을 둘러싼 프라이버시 논쟁의 또 다른 차원은 주로 이러한 측면과 관계되어 있다. 개개인을 효과적으로 추적하고 통제함으로써 위험을 성공적으로 막은 경험은 그 자체 문제라기보다는 그것이 위험이 종식된 뒤에도 집요한 감시·통제가 이루어지는 계기가 될 수 있어 경계의 대상이 된다. 서로 조밀하게 연결되어 어느 한 곳의 위험이 다른 곳으로 걷잡을 수 없이 전파·확산될 수 있는 현대 국가·사회에서는, 위험의 현실화 가능성은 낮다 하더라도 현실화되는 경우 그로 인한 피해는 상상할 수 없을 정도로 파괴적이다. 이러한 상황에서 오늘날 국가의 위험대응은 그 위험이 구체적으로 나타난 뒤에 이를 소극적으로 제거하는 형태로만 이루어지는 것이 아니라 오히려 아직 위험이 추상적으로만 존재하는 단계에서 구체화를 조기에 발견하거나 구체화 가능성을 제거하기 위하여 적극적으로 감시하고 여건을 조성하는 형태를 띠곤 한다. 국가는 위기대응을 상시화하는 데 충분히 합리적인 명분을 갖고 있는 것이다. 2020년 코로나19로 인한 위험이 전

세계를 괴롭히고 있는 것은 분명하다. 이에 대한 대응은 넓은 범위에서 지지받고 있다. 그러나 이러한 경험은 코로나19 종식 이후에도 광범위한 국가의 통제를 허용하는 계기가 될 가능성이 있다. 이는 민주주의와 법치주의에 대한 잠재적 위협이다. 특히 테러리즘의 위협이 민주주의와 법치주의에 어떤 영향을 주는지 경험한 미국, 유럽의 입장에서는, 이러한 후속 기제의 도래를 극도로 경계할 만한 상당한 이유가 있어 보인다.

그러므로 과제는 방역 목적의 감시와 통제를 어떻게 그 범위로 한정할 것인가, 그리고 긴급사태를 어떻게 종식시키고 정상적인 상태로 전환하는 것을 보장할 것인가 하는 점이다. 이러한 측면에서는 2020년 3월 개정 감염병예방법이 가장 침해적인 조치인 정보공개(제34조의2 제1항), 거짓 진술 및 자료의 제출과 고의의 사실 누락 및 은폐의 금지(제35조의2) 등을 재난 및 안전관리 기본법 제38조 제2항에 따른 주의 이상 위기경보 발령을 조건으로 한 것이 주목된다. 감염병예방은 어느 정도까지는 일상적인 보건경찰행정의 영역에 머무르다가 어느 정도를 넘으면 긴급조치법으로 바뀌는 특성이 있다. 그중 긴급사태가 된 경우에 대하여는 정치적 책임성과 적절한 거버넌스(governance)가 확보되어야 한다. 재난 및 안전관리 기본법상 경보와 연동시킨 것은 그러한 사태 규정의 계기를 마련하였다는 점에서 의미가 있다. 다만 이러한 접근은 위 두 규정뿐 아니라 좀 더 넓은 범위에서 관철될 필요가 있을 것이다. 세세한 규정을 둘 수는 없다 하더라도 위기의 규모와 정도를 규정하고 그에 따라 조치의 강도와 범위를 달리 정하는 것이 바람직하다. 몇몇 외국에서도 채택되어 있는 해결이다. 그 밖에 높은 정도의 조치가 허용되는 긴급상황을 규정하고 유지하기 위한 기준과 절차도 보다 투명하고 통제 가능한 형태로 정비할 필요가 있겠다. 다른 한편, 감시와 통제에 대한 우려와 관련하여서는 이른바 정보적 권력분립을 법제화할 필요가 있을 것이다. 즉, 방역 목적의 정보수집과 이용을 다른 목적의 정보수집 및 이용과 분리하여 방역 측면의 권한강화가 다른 목적으로 노골적으로 이용되는 것을 막도록, 그리고 가급적 정보가 한 곳에 모여있어 누군가가 다른 목적으로 사용하는 것을 사실상 막기 어려운 상황을 피하고 전달과 이용이 결국 투명하게 공개될 수밖에 없도록 제도를 갖추어야 한다.

Ⅳ. 나가며

코로나19 대유행은 진지한 대규모의 긴급사태, 특히 생명과 건강을 위협하는 긴급사태가 법적으로도 어느 정도 예외적인 상황을 구성한다는 점을 보여준다. 법은 궁극적으로 그 수범자의 지지와 동조에 의하여 실효성을 유지한다. 긴급사태에 대한 공중의 위험인식과 대응이 법의 해석, 운용에 영향을 주는 것도 당연한 일이다. 중대한 불확실성과 위기 앞에서 공중이 원하는 것은, 당장은, 법과 절차가 아니라 불안의 해소일 수 있다. 법이 이를 진지하게 다루지 않는다면 법의 실효성 상실이 그 결과가 될 가능성이 높다. 이 점은 특히 광범위하고 침투적인 방역 목적 프라이버시 침해와 관련하여서도 타당하다. 프라이버시 침해가 공동체의 유지, 존속과 구성원의 생명, 건강, 안전에 효과적이었던 이상 법도 어느 정도 이를 받아들이는 수밖에 없다. 위기상황은 위기 시의 법을, 경우에 따라서는 위기 시의 법만을 허용한다.

오히려 집중해야 할 지점은 그러한 위기 시의 법에서 가급적 빨리 평시의 법으로 돌아오게 하기 위한 장치이다. 이는 입법자와 집행자가 선의로, 성실하게, 끊임없이 불확실성에 직면한 긴급사태를 통제 가능한 위험으로 전환하고 대응을 보다 섬세하게 다듬는 진화 과정을 거치는 한편, 상황을 서로 다른 단계로 나누고 각 단계의 파악에 정치적 책임성과 투명성을 확보하며 특히 프라이버시와 관련하여서는, 그러나 다른 측면에서도, 힘을 분산시켜 방역과 관련하여 획득한 비상조치권한이 다른 쪽에 노골적으로 쓰이는 것이라도 막는 제도적 보완을 통하여 뒷받침될 수 있다. 위기 시에 정치적으로 지지받을 만한 조치를 법적으로도 수용할 수 있게 함과 동시에 그 남용을 막기 위한 제도적 균형추를 심어 넣음으로써 위기 시에도 법이 실효성을 유지하고 위기가 해소되면서 위기 시에 얻은 과도하거나 거친 조치가 성실하게 축소되고 섬세한 조치로 대체될 수 있도록 하는 것이다.

물론 실제로 그러한 법적 및 제도적 장치만으로 안전과 자유, 코로나19 방역과 프라이버시 사이의 동적 균형 회복을 충분히 보장하기는 어려울 것 같다. 지난 몇 달의 경험은 방역 조치의 동적 진화와 있을지 모르는 그 의도적 남용에 대한 견제는 결국 시민사회와 이를 배경으로 한 독립위원회에 의하여 이루어지고 있는 것 아닌가, 그리고 사실상 그것만이 가능한 것 아닌가 하는 생각이 들게 한다. 법과 제도는 반성과 성찰을 수용하도록 설계될 수 있지만 스스로 반성하고 성찰할 수는 없다. 그건 사람의 일이다. 그러나 그런 논의 자체가 여전히 법적 담론의 형태로 이루어졌다는 점 또한 사실이다. 법적 담론은 법 제도 안에 있지는 않지만 법 제도의 작동원리와 구체적 작동방식에 직접 연결된다. 그것은 다름 아닌 우리가 정한 실정규칙에 합치하는 해결에 관한 주장이기 때문이다.

제 **5** 장

코로나19와 혐오:
팬데믹의 역사를 통한 반성적 성찰

코로나 시대의 법과 철학

제 5 장

코로나19와 혐오:
팬데믹의 역사를 통한 반성적 성찰

정채연*

Ⅰ. 팬데믹과 혐오의 역사

　팬데믹에 대한 역사적 고찰은 전염병이 발생·전개되는 시대상황적 맥락 속에서 '타자(Other)'에 대한 혐오 인식이 확산되고 책임 전가가 촉발되어 왔다는 가설을 설득력 있게 뒷받침하고 있다. 팬데믹이 수반하는 사회적 낙인(stigma)은 특정한 속성을 공유하는 집단으로 확대 재생산되었다. ─사회적 약자 및 취약집단을 주로 포함하는─ 특정 집단의 사람들을 표식화·정형화하고, 이를 통해 구별지어진 이들에 대한 편견 및 선입견, 소외화, 그리고 사회적 지위의 손상 등 차별적 대우로 연장된 현상들을 역사적 고찰을 통해 발견할 수 있는 것이다.

　'역사는 반복된다(history repeats itself)'라는 말과 같이, '타자화(Othering)'와 혐오는 팬데믹 상황에서 나타나는 일반적인 사회현상이

* 포항공과대학교(POSTECH) 인문사회학부 대우조교수, 법학박사, 뉴욕 주 변호사.

라는 점에 대한 역사학에서의 논의들이 전개되어 왔다.[1]

1. 전염병에 대한 주술적 믿음과 혐오

14세기 유럽 전역에 페스트(Plague)가 창궐하면서, 가톨릭에 종교문화적 기반을 두고 있던 유럽사회에서는 흑사병(Black Death)이 기독교성(Christianity)을 경시하는 유대교의 음모라는 사회적 인식이 고조되었다. 가톨릭 교회는 유대인들이 우물에 독을 타 질병을 퍼뜨렸다고 비난했으며, 이러한 혐의를 받은 사회적·종교적 이방인인 유대인들은 고문과 거짓 자백 등으로 희생되었다. 흑사병은 기독교성에 반하는 이들에게 내려진 벌이었고, 이에 대해 죗값을 치러야 하는 이들은 취약하고 빈곤한 사회계층을 포함하고 있었다. 이들 중 많은 이들은 적절한 치료를 받지 못한 채 죽음으로 내몰렸다. 길거리에 무수히 많은 시신들이 쌓여 있었지만, 죽은 이로부터도 감염될 수 있다는 공포로 인해 시신조차 수습될 수 없었다. 스위스 바젤(Basel)과 프랑스 스트라스부르(Strasbourg) 지역에서는 페스트에 대한 벌로서 그 죄인인 유대인들을 화형시키는 장면들이 목격되기도 하였다. 이와 유사하게 이탈리아 로마 사람들은 페스트에 책임이 있는 자로 낙인 찍혀 종교적 박해를 당했다. 이들의 이동은 철저하게 억제되었고, 권리는 제한되었

---

1) 아래에서 정리한 팬데믹의 역사는 다음의 논문들에 크게 의지하고 있으며, 이 글의 목적에 맞게 재구성하여 정리하였음을 밝힌다(A. Acharya, "Pandemics and Prejudice: When There Is an Epidemic, Social Prejudices Resurface," *The Hindu*, April 3, 2020; D. Banerjee et al., "The 'Othering' in Pandemics: Prejudice and Orientalism in COVID-19," *Indian Journal of Social Psychiatry*, Vol. 36, 2020).

으며, 로마 사람들을 경멸시하는 명칭인 "진가리(Zingari)"로 불리어 졌다.[2] 유럽의 집시 민족 역시 이와 유사한 혐오의 대상이 되었으며, 15세기 말에서 18세기 중후반 사이 이탈리아에서는 집시의 이동을 제한하는 100여개의 법이 고안되기도 하는 등 이러한 혐오 및 차별은 법제도적으로 정교화되기도 하였다.

이와 더불어, 중세 유럽사회에서는 대체적 방식의 전통의료와 신앙치료를 관행적으로 따르던 이들을 '마술(witchcraft)'을 행하는 '마녀(witches)'라 칭하고 동일하게 페스트에 대한 탓을 물어 화형시키거나 산채로 땅속에 묻었다. 역사학에서는 이렇듯 종교적으로 처형당한 이들의 수가 십만 명을 넘어설 것으로 추정하고 있는데, 저소득 가정의 여성이 특히 표적이 되어 희생자의 다수를 차지했을 것이라고 한다.

2. '전염병 오리엔탈리즘'과 혐오

질병세균론(germ theory) 등 생의학적으로 중요한 발견이 이루어지면서 전염병에 대한 중세시대의 비합리적·주술적 믿음은 극복되기 시작하였고, 특정한 집단의 사람들이 아닌 병원체가 질환의 원인임을 인식하게 되었다. 그러나 식민주의(colonialism) 시대를 거쳐 질병의 이해에 있어 새로운 국면이 펼쳐지게 된다. 다양한 벡터 매개(vector-borne) 질병이 발병하기 쉬운 환경을 갖춘 아시아 및 아프리카의 열대 지역들은 서구 유럽의 식민지 개척자들에게 두려움과 혐오의 대상이 되었고, 식민지에서 발생한 질병에 대한 사회적 공포가 촉발되었다.

---

2) G. Viaggio, *Storia Degli Zingari in Italia*, Centro Studi Zingari, 1997.

1817년 발생하여 유럽사회로 빠르게 전파되었던 '인도 콜레라 (Indian cholera)' 혹은 '아시아 콜레라(Asiatic cholera)'는 인도 갠지스 지역(Indo-Gangetic)의 풍토병에서 유래하였다는 믿음을 바탕으로 명명되었으며, 식민지 토착민의 열악한 보건위생환경, 불모지, 수준이 낮은(non-sophisticated) 남성과 연결지어졌다. 식민지였던 열대 지역의 질병에 대한 과학적 탐구가 본격화되면서, 질병의 지역화는 제국주의적 이해와 결합하게 된다. 열대 환경 및 피식민지 인구의 몸에 대한 연구에 바탕을 두고 있는 이른바 식민지 과학은 '전염병의 열대화 (tropicalisation of epidemics)'를 콜레라 병원균에 대한 이해의 기초로 삼도록 하였다.

식민지 시대에서 발생한 나병(leprosy)은 환자에 대한 사회통제의 메커니즘과 결합된 식민지 통치의 양상을 잘 보여준다. 나환자(leper)를 뜻하는 단어는 '사회적으로 추방된 자'와 유사어가 되었으며, 이는 이들에 대한 사회적 낙인을 함축하고 있다. 나병 환자는 상류계층이 이들을 공적으로 마주치지 않고자 했기에, '죄인(sinners)'으로 취급되었고 사회적으로 따돌림과 버림을 받았다. 1898년 나병법(Leprosy Act)은 재생산을 예방하기 위한 성별 분리정책을 비롯해 사회적인 혐오의 대상을 제도적으로 관리하기 위한 목적을 담고 있으며, 이는 유럽 및 인도 지배계층의 정치적 이해를 반영하고 있다.

전염병을 둘러싼 식민지 시대의 사회인식은 '전염병 오리엔탈리즘 (epidemic orientalism)'이라고 테제화되기도 하였다.3) 이러한 오리엔

---

3) A. White, *Epidemic Orientalism: Social Construction and the Global Management of Infectious Disease*, Boston University Graduate School of Arts and Sciences,

탈리즘의 전형은 아시아 콜레라(1817)뿐만 아니라, 아시아 페스트 (1846), 아시아 독감(1956), 아프리카의 리프트 밸리열(1990년대), 홍콩 독감(1968), 중동호흡기증후군(2012) 등에서도 발견될 수 있다. 이러한 질병들은 전세계적으로 발생했음에도 불구하고 특정 지역의 꼬리표가 달린(tagged) 대표적인 예가 되기도 한다. 이는 전염병에 대한 과학적인 전문지식이 축적된 이후에도 질병이 비(非)정치적이거나 비(非)도덕적인 것이 될 수 없음을 잘 보여준다.

3. 소외된 타자와 전염병의 '연결짓기'를 통한 혐오

현대사회에서도 전염병을 둘러싸고 지역, 인종, 민족, 계급, 젠더, 그리고 때로는 성적 지향성 등의 배경을 공유하는 특정 집단을 대상으로 기존의 고정된 사회적 인식을 재생산하는 양상이 나타났다. 대표적으로 에이즈 바이러스(HIV/AIDS)의 본래 명칭은 '성소수자 관련 면역결핍증'의 약어인 GRID(Gay Related Immunodeficiency)였다. 1980년대 미국에서 성적 일탈에 대한 벌로서 이론화되었던 에이즈는 감염자에게 가장 적극적으로 오명을 씌우고, 소외시키며, 수치스럽게 만들었던 질병이라고 할 수 있다. '게이 페스트'(Gay Plague)라는 명칭에서 공공연히 에이즈와 동성애자 간의 상관성을 드러내고자 했던 수사적(修辭的) 의도를 확인할 수 있다. 이는 많은 국가들에서 성소수자의 장기기증 및 수혈을 금지하는 일련의 법제들이 입법되도록 하는 정당성 기반을 제공하였고, 이들에 대한 차별은 이렇게 법제도적으로 체계화되었다.

2018.

Ⅱ. 타자에 대한 혐오의 동인(動因)으로서 전염병

팬데믹의 역사에서 알 수 있듯이 혐오는 팬데믹 상황이 가져오는 일반적인 결과이며, 이로 인한 트라우마는 공포 및 증오를 비롯한 모든 유형의 긴장상태를 방출할 수 있는 대상으로서 희생양(scapegoat)을 특정하도록 하였다.[4] 누군가의 탓으로 돌리는 행위(blaming)는 불가사의하고 파괴적인 질병을 이해가능하고 통제가능한 것으로 보이도록 만드는 가장 유효한 수단이 되어 왔다.[5] 특히 치료할 수 있는 방법이 없거나 병인학(aetiology; 病因學)적으로 해당 원인을 규명해낼 수 없는 질병들에서 특정 집단에 대한 부정적인 의미 부여가 주로 이루어져 왔다는 점에 주목할 필요가 있다.[6]

1. '질병'과 '환자'에 대한 도덕적 비난과 혐오

수잔 손택(Susan Sontag)은 『은유로서의 질병』(Illness as Metaphor)에서 질병에 대한 은유를 통해 질병과 환자를 도덕적으로 평가하는 사회현상을 예리하게 들추어냈다.[7] 그녀는 인류의 오랜 역사 속에서 질병은 인과응보로 받아들여져 왔으며, 특히 기독교 문화에서 질병은 도

---

4) C. Ginzburg, "Deciphering the Sabbath," *Early Modern European Witchcraft: Centres and Peripheries*(B. Ankarloo & G. Henningsen(eds.)), Oxford, 1990, pp. 121-138.
5) D. Nelkin & S. L. Gilman, "Placing Blame for Devastating Disease," *Social Research*, lv, 1988, pp. 362-378.
6) R. Porter, "The Case of Consumption," *Understanding Catastrophe*(J. Bourriau (ed.)), Cambridge, 1992, pp. 179-203.
7) 수전 손택(이재원 역), 『은유로서의 질병』, 이후, 2002.

덕적 평가의 대상이자 '부도덕함'에 대한 일종의 심판으로 이해되어 왔다고 분석했다. 이러한 연장선에서 현대사회의 질병 역시 해당 질병의 원인을 잘못된 습관이나 행동에서 찾도록 하는 방식으로 이에 대한 도덕적 평가가 이루어져 왔다고 볼 수 있다.[8] 예컨대 암과 같은 불치병 및 난치병은 환자의 도덕성 및 타락성과 연결되는 "수치스러운 질병"이며, —문둥이와 같은 명칭에서 알 수 있듯이— 질병에 대한 공포가 크면 클수록 해당 질병에 대한 혐오, 비하, 조롱이 동반될 가능성이 높아지는 것이다.[9] 특히 손택은 『에이즈와 그 은유들』(AIDS and Its Metaphors)에서 에이즈에 대해 —동성애 혹은 마약과 관련지어진— 도덕적 타락에 대한 심판이라는 은유가 부여되는 것과 같이, 치명적인 질병에 대한 공포의 은유가 과도하게 사용되고 있으며, 그 은유는 질병을 앓고 있는 환자들에 대한 혐오의 감정을 유발하게 된다고 비판한다.[10] 이러한 도덕적 비난은 질병이 치료해야 할 대상이며, 환자가 고통받는 사람이라는 것을 망각하도록 한다.

발생원인, 예방법, 그리고 치료제가 존재하지 않는 전염병은 이러한 도덕적 평가의 대상이 되기 용이한 존재이다. 전염병은 고도의 불확실성으로 인해 공포, 두려움, 불안의 정서를 동반하게 되고, 팬데믹은 신비적이고 주술적인 인식을 동반할 가능성이 높으며, 이에 따라 '전염병'과 '감염자'는 도덕적 비난의 대상이 될 수 있는 가능성이 높다

---

8) 최성민, "질병의 낭만과 공포: 은유로서의 질병", 문학치료연구 제54집(2020. 1), 315-316면.
9) 최성민, 위의 논문, 316면.
10) Susan Sontag, *AIDs and Its Metaphors*, Farrar, Straus and Giroux, 1989.

고 할 수 있다. 이러한 도덕적 비난은 때론 역학조사와 같은 의과학적 합리성을 통해 뒷받침되고 정당화되기도 한다. 이는 감염자와 밀접접촉자로 하여금 자신의 증상을 숨기도록 하며, 이로 인한 추가적인 감염 확산은 다시금 이들에 대한 혐오와 차별을 강화시키는 악순환의 관계에 놓이도록 한다.

2. '타자'로서 바이러스와 '낯선' 이방인에 대한 적대

전염병과 같은 질병은 기본적으로 외부에서 침투해 들어오는 '낯선 것'이다. 즉, 바이러스는 본질적으로 '타자성'을 내포한다. 이렇듯 미시적 차원에서 낯설고 이질적인 존재에 대해 붙이는 이국적인 명칭은 '타자로서 바이러스'라는 실존을 확인할 수 있도록 한다. 스페인독감, 홍콩독감, 중동호흡기증후군(메르스; MERS) 등은 그 '이국성'을 드러내는 대표적인 예이다. 이러한 이국적인 명칭은 '바깥'에 대한 부정적인 인식을 함축하기도 한다. 예컨대 1918년 스페인 독감이 급속하게 확산되던 시점에서 민족주의적 비난을 함축한 명칭들이 덧붙여졌다.[11] 스페인인들은 이 전염병을 '나폴리의 병사(The Soldier of Naples)' 혹은 프랑스 독감, 독일인들은 러시아 독감, 그리고 러시아인들은 중국 독감이라 일컬었다.[12] 오늘날과 같이 세계화된 사회에서 바이러스는 국경과 같은 경계를 넘어서는 존재이지만, 전염병에 특정한 국적 또는 인종과 같은 특성을 부여하는 것은 전염병 자체를 '우리(us)'가 아닌

---

11) D. Craig, "Pandemic and Its Metaphors: Sontag Revisited in the COVID-19 Era," *European Journal of Cultural Studies*, Vol. 23(6), 2020, p. 1028.
12) *Ibid.*

'그들(them)'의 것으로 타자화하는 것이라 볼 수 있다.[13]

팬데믹 시대에서 고조된 경계심은 '우리'와 '그들'의 경계를 견고하게 구축하고 밖으로부터의 차단과 내부 안의 이방인에 대한 배척을 이끌어낼 수 있다. 전염병에 대해 갖는 두려움은 이와 유사하게 이질적인 존재인 이방인에게로 연장되어 이들에 대한 두려움으로, 더 나아가 이방인혐오증(제노포비아; Zenophobia)으로 발전할 수 있다. 초대되지 않은 방문자로서 이방인은 토착민들에게 있어 늘 경계와 두려움의 대상이 된다. 이렇듯 '우리'와 '그들' 간의 구별은 낙인찍기에서 일반적으로 나타나는 역학관계이며, 질병 스티그마가 외지인(outsiders)에 대한 경계와 혐오를 내재하고 있음을 잘 보여준다.[14] 전염병을 예방하고 통제하기 위한 방역조치로서 가장 우선적이고 선제적으로 이루어진 조치는 바로 국경을 폐쇄하는 것이었고, 이는 난민과 망명 신청자, 그리고 불법체류자들의 열악한 상황을 더 악화시켰다.[15]

3. 팬데믹 사회에서 들추어진 '잠복된' 혐오

사실 팬데믹 시대에서 외부적 존재에 대한 공포, 두려움, 불안, 그리고 혐오는 인간에게 있어 자연스러운 현상일 수 있다. 전염병에 대한 인간의 자연적인 반응은 회피(avoidance)의 행동과 혐오(disgust)의

---

13) 김수경, "감염병, 이념, 제노포비아: '코로나19'의 정치화와 반중(反中) 현상", 다문화와 평화 제14집 제1호(2020. 4), 24면.

14) A. Baldassarre et al., "Stigma and Discrimination(SAD) at the Time of the SARS-CoV-2 Pandemic," *International Journal of Environmental Research and Public Health*, Vol. 17, August 2020.

15) M. Orcutt et al., "Global Call to Action for Inclusion of Migrants and Refugees in the COVID-19 Response," *Lancet*, 2020.

감정으로 나타난다.16) 진화심리학적 관점에서 혐오와 같은 부정적인 감정은 일종의 "적응적 심리 반응"으로서 자연적 반응이라 할 수 있다는 것이다.17) 감염 가능성이 높은 대상 및 행위에 대한 혐오는 그 대상에 대한 접촉과 같은 행동을 사전에 차단할 수 있도록 하고, 이를 통해 전염병의 위험으로부터 해당 개체를 보호하는 자기방어기제로서의 역할을 수행할 수 있다는 점에서 그러하다.

나아가 팬데믹 상황에서 다양한 매체를 통해 전달되는 과학적 사실과 정보들은 사람들로 하여금 감염 가능성을 인지하고 자신의 혐오를 정당화할 수 있는 나름의 합리적 논거들을 제공해주기도 한다. 예컨대 마스크를 쓰지 않은 자를 향한 경계와 두려움, 그리고 불쾌감은 그가 감염원일 수도 있다는 과학적 사실에 의해 뒷받침된 합리적인 의심으로부터 촉발된 "혐오의 시선"이라 할 수 있다.18) 현대사회에서 규범적으로 통제되고 억제되어 왔던 혐오의 감정은 팬데믹이라는 예외적 상황에서 이를 표출할 수 있는 적절한 사회환경을 마련하게 된 셈이다.19)

이렇게 볼 때, 팬데믹과 혐오의 결합은 해당 질병 자체의 내재적 속성에만 기인한다기보다는 특정한 시·공간적 배경에 내재해 있던 정치적·사회적·문화적 인식에 더 의존적이라고 할 수 있다. 곧, 팬데믹 자체가 혐오를 생산하는 것이 아니라 해당 사회에 잠복해 있던 잠

---

16) 조태구, "코로나19와 혐오의 시대: '올드 노멀(old normal)'을 꿈꾸며", 인문학연구 제60집(2020. 9), 9면.
17) 조태구, 위의 글, 14면.
18) 조태구, 위의 글, 9면.
19) 조태구, 위의 글, 9-10면.

재적 혐오를 증폭시키는 촉매제가 된다고 볼 수 있는 것이다. 이때 전염병이라는 재난의 상황은 우리 사회에서 가장 타자화되어 있었던 이들을 먼저 겨냥해 표적으로 삼는다.[20]

Ⅲ. 반복된 역사로서 코로나19와 혐오의 시대

1. 감염자에 대한 도덕적 비난: '슈퍼전파자'로 낙인찍기

코로나19에 감염된 확진자와 전파자에게 역시 도덕적 비난의 화살이 겨냥되었다. 이른바 '슈퍼전파자(super spreader)'에 대한 낙인은 국내에서 메르스가 확산되었던 상황에서도 이미 경험된 바 있다. 코로나19의 31번째 확진자는 성별과 연령뿐만 아니라 상세한 동선이 언론을 통해 공개되면서, 결혼식 참석과 같은 일상생활을 정상적으로 영위하고 많은 이들과 접촉했다는 사실로 인해 비난과 조롱의 대상이 되고 슈퍼전파자로 낙인찍혔다. 이후에도 다수의 사람들과 접촉했고 실제 수인의 확진자가 발생했다는 역학조사의 과학적 사실에 의해 합리적인 의심을 받게 된 이들은 슈퍼전파자로 불렸다. 잠복기를 거치는 전염병의 특성상 최초 전파자인지 여부가 궁극적으로는 불확실할 수밖에 없는 상황에서도 'N번째' 숫자로 이름 붙여진 이들은 전염병의 피해자보다는 가해자가 되었다.

---

20) 권창규, "감염병 위기와 타자화된 존재들", 현대문학의 연구 제72호(2020. 9), 183면.

2. 경계 밖의 이방인에 대한 혐오: '영속적 외국인'으로서 아시아인

미국 및 유럽사회에서도 이민자 및 난민 등 이방인에 대한 혐오와 차별, 그리고 이에 기반한 증오범죄가 코로나19의 감염 위험성과 결합해 증대되고 있는 양상이다. 예컨대 미국 전역에서 코로나19가 급격히 확산되면서, 아시아계 미국인(Asian American)들을 대상으로 언어적 · 물리적 폭력과 괴롭힘을 동반한 증오범죄의 급증이 목격되고 보고된 바 있다.21)

미국의 이민자 집단 중에서도 아시아계 미국인은 '영속적 외국인(perpetual foreigner)'으로 다루어져 왔으며, 미국의 역사적 선례를 살펴보면 팬데믹이 초래한 공중보건의 위기는 아시아계 사람들에 대한 낙인찍기와 타자화를 늘 동반하곤 했다. 초기 아시아계 이민자들은 천연두(smallpox)와 페스트의 발생으로 인한 희생양이 되곤 했다. 이러한 미국의 황화(黃禍; yellow peril)는 일련의 법제를 통해 가시적으로 나타나기도 하였으며, 그 대표적인 예로 1882년 중국인 추방법(Chinese Exclusion Act)이 있다. 이는 단일한 민족성(ethnicity)에 대해 이민과 귀화를 거부하는 지금까지 유일한 미국의 법제이며, 이후 1924년 이민법(Immigration Act) 역시 아시아 국가들로부터의 이민에 대한 덧문을 효과적으로 닫아 놓은 법제라 할 수 있다.22) 중국 우한에서 최초 발

---

21) H. Tessler et al, "The Anxiety of Being Asian American: Hate Crimes and Negative Biases During the COVID-19 Pandemic," *American Journal of Criminal Justice*, Vol. 45, 2020, pp. 636-646.

22) H. A. Chen et al., "Anti-Asian Sentiment in the United States: COVID-19

생한 것으로 알려져 있는 코로나19는 중국인을 포함한 아시아계 미국인들의 이질성(foreignness)과 결합되어 이들을 혐오의 표적으로 삼기에 적절한 환경을 제공해주었다고도 볼 수 있다.

이러한 경계 밖의 존재에 대한 혐오는 정치적으로 활용되기도 한다. 이를 '질병의 정치화', '위험의 정치화', 혹은 '재난의 정치화'라 이름붙일 수 있다. 예컨대 최근의 국제정치적 역학관계에서 미국 행정부는 코로나19 사태에 대한 책임을 중국에게 귀속시키고자 하는 정치적 전략을 보여주었다. 트럼프 대통령과 대변인들은 코로나19를 '중국 독감(China flu)' 내지 '우한 바이러스(Wuhan virus)'라 칭하며, 자국 내 공중보건의 위기를 대외 외교정책 및 무역관계와 관련지었다. 이러한 정치적 수사는 완고한 국경 정책 등으로 실제화되기도 했다. 또한 한국에서 코로나19가 확산되기 시작할 시점, 중국인에 대한 외국인혐오증은 국내 정치의 복잡한 지형 및 이념적 갈등과 맞물려 증폭된 반중 및 혐중(嫌中) 심리와 호환된 결과라고 해석할 수도 있다. 즉, 현 정부의 대외정책이 친중적 정치성향을 보이고 있음을 공격하고자 하는 보수진영의 정치적 의도가 짙게 깔려, 코로나19를 둘러싼 이념적 정치화가 외국인혐오증을 촉발했다고 볼 수 있다는 것이다.[23]

특히 팬데믹 사회에서 촉발되는 이방인에 대한 편견과 혐오는 잘못된 정보의 전달에 의해 강화되기도 하며,[24] 이때 코로나19와 함께

---

and History," *The American Journal of Surgery*, Vol. 220, 2020, p. 556.

23) 김수경, 앞의 논문, 22-43면.

24) J. A. Teixeira da Silva, "Stigmatization, Discrimination, Racism, Injustice, and Inequalities in the COVID-19 Era," *International Journal of Health Policy and Management*, Vol. 9(11), 2020, pp. 484.

혐오표현이 확산된 데 있어서 소셜 미디어 및 언론의 역할이 주요했던 것으로 분석되고 있다. 편향적이고 배타적인 데이터에 의존한 정보 전달로 인해 전세계적으로 혐오표현이 온라인을 통해 확산되고 있으며, 페이스북과 트위터와 같은 소셜미디어는 혐오집단을 위한 플랫폼을 제공해주고 있다는 것이다.

3. 잠재적 혐오의 표출: 우리 안의 '위험한 타자들'에 대한 혐오

국내에서 코로나19 확산이 전개되기 시작한 2020년 1월부터 6개월간 사회갈등 관련 쟁점을 다룬 국내 신문기사에 대한 수집·분석 결과, 이를 통해 추출된 주제어(keyword)들 중에 '혐오'가 중요한 잠재신호(latent signal)로 포착되었다고 한다.25) 이는 코로나19가 도덕적 및 윤리적 위기로 연장되고 있음을 의미하며, 코로나19 사태가 장기화되면서 우리 사회에 잠재되어 있었던 혐오의 감정이 확대 재생산되고 있음을 보여준다.26)

국내에서 코로나19의 첫 확진자는 중국 국적의 여성이었다. 이에 2020년 1월 중하순부터 대림동 차이나타운에서 사람들이 가래침을 뱉고 마스크를 미착용하거나, -마스크 공급이 부족했던 상황에서- 재판매 목적으로 마스크 사재기가 횡행한다는 등 차이나타운의 비위생적 혹은 일탈적 모습들에 대한 보도들이 나오기 시작했다. 이는 한

---

25) 김용희, "COVID-19 확산 이후 한국사회 사회갈등 이슈와 미래신호 탐색: 국내 신문기사 키워드를 중심으로", 한국사회복지학회 학술대회 자료집(2020. 10), 565-589면.
26) 김용희, 위의 논문, 585면.

국 내 중국 교포에 대한 편견과 혐오가 언론을 통해 표면에 드러난 것이라 평가할 수 있다. 이후 2020년 3월 대구 신천지교회에서 발생한 대규모 집단발병은 주류 기독교에서 이단으로 분류되는 신천지의 밀교주의가 당국의 방역대책에 큰 장애가 된다는 점에서 일반 대중의 공분을 샀다. 신천지가 역학조사에 중요한 자료제출을 거부하고 조작·은폐하고 있다는 우려와 더불어 신천지의 특유한 방식 및 관행까지도 집중 조명되었다. 신천지 측은 해당 지방자치단체에 제공한 신도 명단이 유출되어 가정과 직장에서의 삶에 있어 막대한 피해를 입었음을 여러 차례 호소하기도 했다. 신천지교회의 집단감염 이후 대구 전역으로 확산된 지역 감염은 일반적으로 보수적인 정치성향을 갖고 있는 것으로 이해되는 대구·경북 지역에 대한 혐오로 이어졌다. 대구 등 지역 방문자의 영업장 출입을 거부하고 도시봉쇄 및 이동중지 명령을 내려야 한다는 주장이 청와대 청원게시판에 등장하기도 했다. 이어 2020년 5월 이태원 클럽을 중심으로 코로나19가 확산되었을 당시, 집단감염이 발생한 장소가 바로 성소수자들이 주로 출입하는 클럽이라는 사실이 알려지면서 성소수자들이 감염확산의 주범이 되었다. 이른바 '게이클럽'에 대한 대중적 관심은 '블랙수면방'이나 '찜방'에 대한 다수의 보도에서 알 수 있듯이, 성소수자와 감염 위험성을 불필요하고 과도하게, 때로는 선정적으로 결부 지었다.

이렇듯 신천지와 같은 소수종교와 성적 소수자 등 특정 집단, 그리고 대구라는 특정 지역을 중심으로 이루어진 집단감염은 해당 집단 및 지역에 대해 내재되어 있던 편견 및 선입견과 혐오 및 증오가 표면적으로 드러나는 계기가 되었다고 평가할 수 있을 것이다.

Ⅳ. 코로나19와 재난 복원력, 그리고 '재난을 통한 배움'

다만 전염병이라는 사회재난에 직면한 인간사회는 이러한 국면을 새로운 사회통합의 전환점으로 삼아 왔다는 연구들에도 주목할 필요가 있다.27) 팬데믹 상황은 해당 사회의 통합 및 시민적 연대를 강화하는 계기를 마련할 수도 있는 것이다. 다른 이가 감염되지 않아야 나 자신 역시 안전할 수 있다는 바로 그 상식적 이해에서 새로운 연대의 가능성이 열릴 수도 있게 되는 것이다. 물론 전염병은 이러한 연대가 형성되고 구축되기 어려운 환경에 놓이도록 한다. 일반적인 재난상황이 재난공동체의 사회적 연대를 촉진시킨다면 전염병의 상황은 차단과 격리를 수반한다.28) 마스크 착용, 사회적 거리두기, 비대면 소통, 자가격리, 출입 제한, 지역 봉쇄, 국경 폐쇄는 상호성과 관계성이 아닌 분리와 경계의 사유를 함축한다. 팬데믹의 역사에서 확인할 수 있었듯이 팬데믹은 질병을 치료와 예방의 대상으로 삼기보다는 사회적 공포와 혐오의 대상으로 만들어 버린다는 점에서 근본적인 문제를 발견할 수 있다.29) 그렇기에 더더욱 팬데믹 사회에서 혐오 및 차별을 예방·시정하고, 사회적 소수자에 대한 인권 및 사회적 정의를 실현하며, 나아가 사회 전반의 재난 복원력(disaster resilience)을 제고하기 위한 법정책적 방향성이 요청된다고 할 수 있다.

---

27) S. K. Cohn, "Pandemics: Waves of Disease, Waves of Hate from the Plague of Athens to A.I.D.S.," *Historical Research*, Vol. 85(230), November 1, 2012, pp. 535-555.
28) 권창규, 앞의 논문, 167면.
29) 최성민, 앞의 논문, 334면.

현대사회의 재난은 복합성, 예측불가능성, 회피불가능성, 불확실성, 그리고 초국가성을 본질적인 속성으로 가지며, 이러한 현대적 재난의 속성으로 인한 재난 통제의 한계는 재난 이후 공동체가 복원할 수 있는 역량에 주목하도록 한다.[30] 곧, 재난으로 인한 부정적인 영향으로부터 회복할 수 있는 총체적 역량으로서 복원력(resilience)을 강화시키는 과정에 집중하도록 하는 것이다. 재난 복원력은 재난 발생 이전의 상태로 단순히 회귀하는 것을 의미하기보다는 변화가능성(variability)을 함축하는 역동적인 과정으로 이해하는 것이 바람직하다.[31]

전염병과 같은 질병은 해당 사회의 질서, 구성원들 간의 상호적 신뢰 관계 및 사회적 연대, 위기에 대처하는 문화적 수준을 드러내 보여준다.[32] 이러한 맥락에서 사회의 재난 복원력을 제고하기 위한 사회적 자본(social capital)의 역할이 강조된다. 퍼트남(Putnam)은 사회적 자본을 "연결망, 규범, 그리고 신뢰와 같이 상호적 이익을 위한 행동 및 협력을 촉진시키는 사회조직의 특성"[33]으로 정의한다. 지역공동체 내의 네트워크, 신뢰, 호혜성, 규범, 소속감 등으로 구성되는 사회적 자본은 사회의 복원을 견인하는 데 기여하게 된다.[34] 전염병이 초래

---

30) 정채연, "재난법(Disaster Law)에 대한 다학제적 접근", 법과사회 제63호(2020. 2), 82-83면.
31) 정채연, 위의 논문, 84-85면.
32) 최성원, 앞의 논문, 336면.
33) R. Putnam, "The Prosperous Community: Social Capital and Public Life," *The American Prospect*, Vol. 4(13), 1993, p. 35.
34) 하현상 외 5인, "지역사회 리질리언스(Community Disaster Resilience) 연구의 비판적 고찰과 행정학적 제언", 지역발전연구 제23권 제2호(2014. 12), 443면.

한 불확실한 상황으로 인해 팬데믹 시대에서 공동체는 심각한 사회갈등을 경험할 수 있다. 사회갈등이 공동체의 유대관계, 신뢰, 사회규범, 시민적 연대와 같은 사회적 자본을 형해화시킬 경우, 재난 복구에 있어서 장애가 됨은 물론 공동체의 존립기반 자체를 손상시킬 수도 있다.[35]

또한 해당 사회에 잠복해 있던 잠재적 혐오의 대상들이 가장 먼저 희생양으로 표적화된다는 문제는 재난 취약성(disaster vulnerability) 개념과도 연결될 수 있다. 현대사회에서 재난의 양상이 기본적으로 사회적 재난으로서의 속성을 갖고 있다는 점을 고려해 볼 때, 사회적 약자 및 사회의 구조적 문제에 대한 고려가 재난 이해에 담길 필요가 있으며, 이를 반영하는 개념이 바로 재난 취약성이라고 할 수 있다. 이러한 맥락에서 재난상황에서의 취약집단에 대한 특별한 법적 고려가 이루어져야 할 것이며, 전염병 예방 관련 행정권력을 집행하는 데 있어서도 표면적 중립성이 가져올 수 있는 몰이해를 경계할 필요가 있다. 팬데믹 사회에서 나타나는 혐오와 타자화는 질병과 장애, 빈곤, 고령, 열악한 주거환경 등 사회경제적 약자들을 주된 대상으로 삼는다는 점에서 전염병 감염에 취약할 수밖에 없는 이들에 대한 적절한 대응을 마련하는 데 걸림돌이 될 수도 있다. 예컨대 아시아계 미국인에 대한 혐오와 인종주의는 미국이 코로나19 팬데믹에 효과적으로 대응하는 데 실패한 이데올로기적 차원의 원인으로 지목되기도 한다. 즉, 미국의 구조적 인종주의가 주거환경 등 건강의 사회적 결정요인에 영향을 미쳤고, 인종·민족 간 건강형평성을 저해하였으며, 코로나19의 피해

---

35) 정채연, 앞의 논문, 90면.

정도가 인종에 따라 큰 차이를 보이는 것은 이를 방증한다는 것이다.36) 재난을 계기로 사회적 취약성을 낳는 구조적 문제를 시정하고 전반적인 복원력을 제고하는 것은 당위적인 요청이라 하겠다.37) 이렇듯 취약성과 복원력의 상관관계를 고려할 때 재난 정의(disaster jus-tice)를 구현하는 법의 역할은 사회적 취약성을 최소화하기 위한 집단적 책임을 이행하고 사회적 복원력을 최적화하는 것이 될 것이다.38)

전염병의 역사를 추적해가다보면 인류는 늘 신비로운 '생물학적 재난'(biological disaster)을 견디고 새로운 배움의 성찰을 이끌어왔다. 팬데믹은 지역공동체에 중대한 위기를 가져오기도 하지만, 구성원들이 협력하여 재난을 극복하는 과정에서 시민적 정체성을 형성하고 사회적 연대를 강화하며 궁극적으로 재난에 대한 복원력을 강화하도록 하는 중요한 사건으로 재평가될 수 있고 그렇게 되어야 한다. 코로나19가 혐오와 사회갈등의 촉매제가 아니라 시민적 정체성과 사회의 복원력을 형성·발전시킬 수 있는 긍정의 계기, 즉 우리 안의 잠재된 혐오를 자각하고 반성적 성찰을 이끌어내는 부정의 변증과 재난을 통한 배움(learning from disasters)의 기회가 될 수 있기 위해서는 재난공동체의 사회통합을 지향하는 법의 역할이 무엇보다 중요하다 할 것이다.39)

---

36) 정웅기, "미국은 왜 코로나19 위기 대응에 실패했나?: 공중보건과 인종주의의 정치에 관한 탐색", 비판사회정책 제69호(2020. 11), 147-182면.
37) 정채연, 앞의 논문, 94면.
38) R. R. M. Verchick, "Disaster Justice: The Geography of Human Capability," *Duke Environmental Law & Policy*, Vol. 23, 2013, pp. 23-71.
39) 정채연, 앞의 논문, 114면.

제 **6** 장

코로나 시대와 감시 · 감금의 형사정책

코로나 시대의 법과 철학

제6장

코로나 시대와 감시·감금의 형사정책*

주현경**

Ⅰ. 코로나19와 감시

1. 한국과 서구사회 - 코로나19 대유행 대응방법의 차이

'코로나바이러스감염증-19'(이하 '코로나19')의 대유행은 여러 사회적 문제를 발생시키고 있으며, 이 위기를 극복하기 위한 다양한 방법이 국가·사회적으로 모색되고 있다. 이 감염병에 대한 초기 대응방법에서 가장 인상적인 부분은 한국의 대응방법이 유럽·미국의 그것과 큰 차이를 보였다는 점이다.

북미·유럽에서는 개인의 행동의 자유를 직접 제한하는 행정조치(예: 외출 내지 여행 제한)가 주로 이용되었다. "위험한 상황임을 이유로 안전을 위해 시민 또는 차량의 움직임을 통제(제재·제한)하는 공적 명

---

* 이 글 중 Ⅰ, Ⅳ의 내용, 그리고 Ⅱ, Ⅲ의 일부 내용은 필자의 글 "코로나19와 감시의 형사정책의 한계", 형사정책 제32권 제4호(2021), 159-186면의 내용을 재편집한 것이다.
** 충남대학교 법학전문대학원 교수·법학박사.

령"인 이른바 '락다운'(lockdown)의 방식을 이용한 것이다.[1] 이와 달리 한국의 방역 대응 방침은 개인의 일반적 행동의 자유를 실질적으로 최대한 보장하는 것이었다. 범사회적 이동제한명령 등이 발령된 바 없으며, 마스크 착용 강제 역시 코로나19가 유행한 지 한참이 지난 2020년 하반기에 각 지방자치단체의 행정명령으로 발령되었을 뿐, 초기대응 시에는 강제조치가 아닌 권고사항에 불과하였다. 우리나라의 방역 방법은 주로 동선 공개 등 현장역학검사 및 추적역학검사를 통해 감염위험자를 빠른 시간에 찾아내어 선제적 검사를 받게 하는 방식이었다. 방역 초기 단계에는 감염병 환자의 이동경로를 분석·공개함으로써 주변의 밀접접촉자를 빠르게 식별해내고 선제적으로 격리하여 감염병의 확산을 막는 방식을 주로 이용하였다. 이를 위해 휴대전화에 저장된 정보, CCTV 정보, 신용카드 이용내역 등과 같은 개인정보가 광범위하게 수집되었다. 또한 이러한 정보들은 동선파악을 통한 감염병 예방을 위해서라는 이유로 일반인들에게 상세히 공개되었다.

즉, 한국의 초기 대응방침은 행동의 자유는 보장하는 반면, 감염병 확진자가 되는 경우 그 이전의 자유로웠던 행동의 구체적 내용을 공개하는 소급적 감시의 형태를 띠고 있었다. 방역 초기의 공개내용에는 확진자의 성별, 연령, 대략적 주소지, 며칠간의 방문 장소 및 시간 등이 일반인에게 세부적으로 공개되어 프라이버시권 침해 문제가 지속적으로 제기되었다.[2] 이 비판을 수용하면서 시간을 두고 점차 개인정

---

1) Oxford Learners Dictionaries, https://www.oxfordlearnersdictionaries.com/definition/english/lockdown?q=lockdown, 최종접속일: 2020. 7. 8.
2) 확진자의 동선공개에 대한 각 지자체별 차이와 변화에 대하여 이근옥, "'정보공개법'

보보호를 위한 노력이 가미되어, 개인마다의 이동경로가 아니라 지역별로 밀접접촉자가 파악되지 않은 장소만을 통합하여 공개하는 방식이 이용되고 있다.[3] 그러나 여전히 감염병환자의 동선을 확인할 수 있고, 방문 자제를 권고하였던 장소에 머물렀던 그의 과거행동이 사회에 해를 끼치는 것이었음을 확인하면서 비난할 수 있는 가능성이 열려 있다. 자신이 밀접접촉자가 아님을 확인하는 방역적 목표 이상으로 이 정보를 소비하려는 욕구는, 환자가 적절치 않은 장소에 방문하였음을 비난함으로써 안전을 추구하는 사회 속에서 환자를 일반인과 구분하려는 행위이기도 하다. 이는 뒤에서 살펴볼 감염병환자에 대한 낙인효과, 그리고 팬데믹에서의 엄벌주의 논의와 연결된다. 또한 실질적으로 과도한 정보수집이 필요하지 않은 사람들까지도 감염병의심자로 분류되어 자칫 방역에 반드시 요구되지 않는 높은 수준의 정보까지 수집되어 배포될 수 있다는 우려가 생긴다.[4]

2. 휴대전화와 안심밴드를 통한 전자감시

코로나19 팬데믹에 대한 광범위한 규율 내용을 다루는 「감염병예방법」에 따르면 감염병환자(동법 제2조 제13호)가 아닌 '감염병의심자'(동법 제2조 제15호의2) 역시 자가치료할 수 있도록 하고 있으며(동법 제

상 개인정보 보호와 공익의 조화: 코로나19 팬데믹하에서의 프라이버시 침해를 중심으로", 한국언론정보학보 제103권(2020), 158면 이하 참조.

3) 질병관리청 지침 → 확진환자의 이동경로 등 정보공개 지침(1판), 중앙방역대책본부 환자관리팀(2020. 10. 6.), https://www.cdc.go.kr/board/board.es?mid=a20507020000&bid=0019, 최종접속일: 2020. 12. 31.

4) 권건보, "감염병 위기 대응과 정보인권", 공법학연구 제21권 제3호(2020), 25면.

41조 제2항 제3호), 접촉자의 자가격리는 마지막으로 접촉한 날부터 해당 감염병의 최대 잠복기가 끝나는 날까지이다(동법 시행령 제23조 및 별표 2). 이를 위반하여 자가치료를 거부한 경우 1년 이하의 징역 또는 1천만원 이하의 벌금이라는 형벌을 받게 된다(동법 제79조의3 제3호). 또한 동법 제47조 제3호 및 제49조 제1항 제14호에 따라 '감염병의심자를 적당한 장소에 일정한 기간 입원 또는 격리시키는 것'이 가능하며, 이 조치를 위반한 자는 동법 제79조의3 제5호에 따라 위의 자가치료 거부자와 동일한 법정형으로 처벌된다.

전염병에 대응하는 예방대책은 감염병환자, 그리고 그 의심자를 사회로부터 격리시키는 것이다. 감염병환자로 확진된 경우 어려움이 덜하지만, 감염병의심자를 격리시키는 일은 쉽지 않다. 우선 「감염병예방법」상 '감염병의심자'란 감염병환자 등과 접촉하거나 접촉이 의심되는 사람 또는 「검역법」상의 검역관리지역 또는 중점검역관리지역에 체류하거나 그 지역을 경유한 사람으로서 감염이 우려되는 사람 등을 뜻하여(동법 제2조 제15호의2) 그 범위가 넓고, 감염병의 범유행 시기에는 이들을 강제로 수용할 수 있는 시설과 인력 및 재원이 부족하기 때문이다. 이러한 상황에서 방역을 위한 감염병의심자에 대한 격리방식으로는 주로 자가격리가 활용되고 있다. 예를 들어 해외입국자들은 입국 시 무증상자라 하더라도 3일 내 코로나19 진단검사를 받아야 하며, 진단검사 결과 음성판정을 받더라도 14일간 자가격리를 유지하여야 한다.[5] 이 방식은 시설이나 재원 확보 등의 문제를 쉽게 해결

---

5) 정부 코로나바이러스감염증-19 홈페이지 → 해외입국자 검역흐름도, http://ncov.mohw.go.kr/baroView2.do?brdId=4&brdGubun=42, 최종접속일: 2020. 12. 30.

할 수는 있으나, 대상자들에게 자가격리를 강제하는 방법을 확보하는 것이 가장 큰 문제였다. 이 문제를 해결하기 위해 정부는 해외입국 자가격리자의 휴대전화에 '자가격리자 안전보호앱'을 설치하게 하여 그들의 위치정보를 수집하고 있다. 정부는 이 앱을 이용하여 자가격리자의 건강상태를 확인하고, 자가격리자의 위치정보를 확인함으로써 그가 자가격리상태에서 이탈하였는지 여부를 모니터링할 수 있다. 휴대전화를 집에 둔 채 외부에 나가는 사례를 방지하기 위하여 일정시간 휴대전화가 움직이지 않는다면 앱에 알림창이 뜨게 된다. 자가격리자는 알림창의 확인버튼을 눌러 자신이 휴대전화를 집에 둔 채 외출한 것이 아니라는 정보를 앱을 통해 전송해야 한다. 그 밖에도 외국에서 입국한 단기체류자나 자가격리면제자들 또한 '모바일 자가진단앱'을 통한 능동감시의 대상자이다.

이를 넘어 이 앱은 블루투스 기능을 통해 이른바 '안심밴드'와 연동이 될 수 있다. 2020년 4월 27일부터 도입된 안심밴드는 확진자 또는 감염위험이 높은 자가격리자의 위치를 추적할 수 있는 전자장치이다. 이러한 종류의 위치추적전자장치는 성범죄자 등에 대한 형 집행종료 후의 감시를 위해 처음 도입되었으며 일상생활에서 구속적 의미를 지닌 '전자발찌·팔찌'로 불리고 있다. 그런데 코로나19 예방을 위한 위치추적전자장치는 기존의 장치와 본질적으로 동일한 성질을 가진 것임에도 불구하고 기존의 부정적 이미지를 없애기 위해 본인 그리고 타인을 위험으로부터 보호한다는 의미를 강조 '안심밴드'라는 긍정적 뉘앙스의 명칭을 얻게 되었다.

안심밴드는 자가격리가 원활히 이루어지지 않는 경우 사용된다.

자가격리 대상자가 1회 무단 이탈한 경우 본인의 동의를 얻어 안심밴드를 착용하는 것을 원칙으로 하고, 본인이 거부할 경우에는 착용을 강제하지는 않지만 그 대신 시설격리를 할 수 있도록 되어 있다. 따라서 대상자들이 낯선 시설에 격리되는 것보다는 안심밴드 사용에 동의하도록 사실상 유도하고 있는 것이다.[6]

그러나 아래에서 설명하는 이유 때문에 안심밴드의 도입 여부 결정은 보다 더 신중한 검토를 거쳤어야만 했다는 아쉬움이 든다.

첫째, 「전자장치 부착 등에 관한 법률」(이하 '전자장치부착법')에 따른 형 집행 종료·가석방·가종료·형 집행유예·보석에 따른 전자장치 부착과 달리, 안심밴드의 이용에 대해서는 명시적인 법적 근거가 존재하지 않는다. 물론 안심밴드는 격리자의 동의를 얻어 착용하는 것이기 때문에 명시적 법령이 없더라도 「감염병예방법」 제6조 제4항에 따른 '정부의 예방활동에 적극적으로 협조해야 할 의무', 그리고 동법 제47조 및 제49조에 규정된 "필요한 일부 조치를 하여야 한다"에서 열거되지 않은 조치로서 그 근거를 찾을 수 있기는 하다.[7] 그러나 제한된 공간을 이탈하는 것을 막기 위해 대상자의 신체에 몇 주 동안 직접 전자장치를 부착한다는 점, 그리고 이 장치를 통해 위치정보가 실시간으로 제공된다는 점을 고려할 때, 즉 개인의 신체의 자유와 개인정보의 자기결정권이라는 헌법상의 기본권이 제한된다는 점을 고려할 때,

---

6) 시설격리와 비용부담을 피하기 위한 안심밴드에 대한 동의를 실질적 의미의 동의로 보기 어렵다고 하는 권건보, "감염병 위기 대응과 정보인권", 공법학연구 제21권 제3호(2020), 25-26면.

7) 장진환, "안심밴드 착용에 대한 법적 쟁점의 검토", 법과 사회 제64권(2020), 149면.

명시적인 법적 근거도 없이 기타 조치라는 우회적 방법으로 이 제도를 도입하기보다는 이 제도가 필요한지에 대한 충분한 논의를 거쳐 사회적 공감대가 형성된 이후에 명확한 법적 근거를 제시할 수 있도록 입법작용이 선행될 필요가 있었다. 안심밴드 착용은「감염병예방법」제49조에 구체적으로 명시되어 있는 여러 예방조치들의 내용과 비교해 보더라도 기본권 제한의 정도가 상당히 높은 수준의 조치이다.

둘째, 명시적이지는 않지만 다소 포괄적인 근거규정이 있기 때문에 이 제도를 운영하는 것이 법적으로 허용되는 것이라고 가정하더라도, 본인의 동의를 얻어 안심밴드를 이용하는 것이 과연 필요하고 적정한 처분인지는 이러한 유형의 전자장치가 도입되게 된 목적과 배경을 토대로 다시 한 번 숙고할 필요가 있다. 위치추적을 위한 전자장치 부착은 중대한 성범죄 사건을 저지른 성범죄자에 대한 형 종료 후의 감시가 필요하다는 이유로 도입된 제도이며, 이후 성범죄 이외의 강력범죄로까지 그 대상영역이 확대되었다. 그러나 전자장치 부착에 대해서는 범죄자에 대한 사후처벌이라는 비판이 꾸준히 제기되어왔다. 2020년「전자장치부착법」개정을 통해 이 제도가 피고인에 대한 보석에까지 확대 실시되면서 전자장치 부착의 목적 내지 특성이 다소 변화되긴 했지만, 형 종료 후, 보석, 가석방, 가종료, 형 집행유예 등에 이용되는 전자장치 부착의 본질은 여전히 피고인 또는 (형이 종료된) 범죄인의 비(非)구금상태라는 위험상황으로부터 국민을 보호한다는 데 있다. 이러한 국민보호라는 목적은「전자장치부착법」제1조의 목적에도 명시되어 있다. 이와 같은 전자장치 부착의 도입 목적 내지 배경을 고려할 때 코로나19 검사 결과 음성이 나온 자가격리자에 대해서까지 자가격리 1회 위반을 이유로 안심밴드를 사용하는 것이 과연 필요하고 적정한 것인지에 대해서는 의문이 있다. 해외에서 입국하면서 음성판정을 받았음에도 불구하고 바이러스 잠복 가능성이라는 위험 때문에 만 14일 동안 자가격리를 하고 있는 시민은 감염병 확진의 확률이 그리 높지 않음에도 불구하고 공공의 안전이라는 이유로 이미 상당한 수준의 개인적 희생을 감수하고 있는 상황이다. 이들의 자가격리 지침 위반은 지켜야 할 약속을 어긴 것이라는 점에서는 비난받을만한 행위이다. 하지만 단 한 번의 자가격리 지침 위반을 이유로 본래 피고인과 범죄인에게 부착해왔던 전자장치를 이들의 신체에 대해서까지 일정 기간 직접적으로 부착하는 제한을 가하여야 할 정도로 공공의 안전과 질서 유지에 어려움이 존재한다고 보기는 어렵다.

유래가 없는 팬데믹에서는 감염병 예방, 공공의 안전과 질서 유지라는 공익이 그 어느 때보다도 크다고 할 수 있다. 그러나 개인의 일반적 행동의 자유와 개인정보자기결정권이라는 헌법상의 기본권에 대한 제한은 이러한 팬데믹에서도 최소한에 그칠 수 있도록 다양한 정책 수단에 대한 면밀한 검토가 필요하다. 안심밴드의 도입이 필요하더라도 그 대상자를 최소화하는 것과 같은 보다 덜 침해적인 대안들이 존재하는지를 검토할 필요가 있는 것이다. 우선 「감염병예방법」상의 감염병환자와 감염병의심자를 위험 정도를 구분하여 그 위험 정보에 걸맞는 강도의 제재를 부과하여야 한다.[8] 예를 들어 반복적으로 자가격

---

8) 감염병환자와 감염병의심자의 위험성 수준에 비례하여 격리조치 제재의 수준을 결정하여야 한다는 이정민, "코로나19 대책과 형사법적 대응", 법학논총 제44권 제3호 (단국대학교 법학연구소, 2020), 42면 참조.

리 장소를 이탈하는 것과 같이 상습적으로 지침을 위반하여 공공의 안전과 질서 유지에 구체적으로 위험을 야기하는 자를 안심밴드 부착 대상자로 삼는 등 그 적용 범위를 줄일 필요가 있다. 행정부의 안심밴드 도입 검토 시기였던 2020. 4. 9. 안심밴드 제도는 균형성, 침해의 최소성 원칙 등을 검토하고 법령상 근거 규정를 마련하여 필요 최소한으로 이용되어야 한다고 하였던 국가인권위원회 위원장의 성명 내용[9]은 각 지자체별로 안심밴드 착용자가 발생하기 시작하는 현 시점에서 다시 한 번 새겨볼 만하다.

3. 감시의 형사정책

위에서 살펴본 바와 같이 코로나19에 대한 대응에서 한국사회는 '감시받지 않을 권리'를 포기하고 '이동의 자유'를 획득한 것으로, 서구사회는 그 반대인 것으로 평가되고 있다.[10] 이러한 상반되는 현상은 각 사회가 더 가치있는 것으로 평가하는 법익을 우선시하였던 결과일 것이다. 우리 사회는 감시를 감수하되 락다운과 같은 폐쇄적 상황을 최대한 막고 싶었던 것이고, 따라서 한국의 코로나19 대응방법은 정보의 수집, 그리고 이를 통한 감시에 중점을 둔 것이라 평가해 볼 수 있다.

이러한 대응방식의 차이는 문화의 차이에서 기인한 것으로 볼 수

---

9) 국가인권위원장 성명 "코로나19 위기, 우리사회 인권 역량 확인하는 시험대" – 자가격리자의 공동체의식 촉구, 손목밴드 도입 신중해야 – , https://www.humanrights.go.kr/site/program/board/basicboard/view?currentpage=13&menuid=001004002001&pagesize=10&boardtypeid=24&boardid=7605270, 최종접속일: 2020. 12. 30.

10) 박원규, "감염병예방법상 이동제한조치에 대한 법적 검토 – 코로나19 관련 독일의 법적상황 및 논의를 중심으로 – ", 경찰법연구, 제18권 제2호(2020), 37면 각주 93.

도 있다. 우리나라는 범죄예방을 위한 CCTV 활용이 이미 보편화되어 있고,[11] 블랙박스 영상, 카카오톡 대화 등과 같은 전자적 형태의 정보들은 이미 범죄예방뿐만 아니라 범죄의 수사 및 재판 단계에서도 빈번히 사용되고 있어 이에 대한 대중들의 거부감이 적은 편이다. 이에 반해 유럽과 북미에서는 락다운, 즉 이동제한이나 집합금지 명령 등을 통해 개인의 행동의 자유를 제한하는 정책수단을 채택하고, 우리와 달리 개인의 위치정보 등을 수집하고 공개하는 것은 기본권에 대한 중대한 침해로 인식하고 있는 것이다.

적어도 우리나라에서는 전자감시라는 것이 더 이상 시민의 자유에 대한 과도한 침해로 여겨지지 않는 상황인 듯하다. 즉, 전자감시제도는 편리하고 안전하며, 오히려 시민의 자유 확대와 공공의 안전을 확보하는 것에 도움을 주는 것으로 인식되고 있는 듯하다. 감시 대상자가 아니라면, 즉 범죄를 저지를 생각이 없다면 불특정 다수를 계속해서 찍고 있는 CCTV에 대한 위협을 느끼지 않을 수 있다. 또한 감시 대상자라 하더라도, 전자적 방식의 감시를 받는 대신에 이동의 자유가 보장된다면 대상자의 입장에서는 자유의 제한이 아니라 자유의 확대로 판단할 여지도 있다. 그러나 이동제한(자가격리)과 전자감시가 결합되는 것은 기본권에 대한 중대한 제한이며, 더 나아가 전자적 감시의 방법이 집 앞의 CCTV를 설치하는 정도가 아니라, 신체에 직접 전자팔

---

11) CCTV 설치대수를 볼 때 한국은 "세계최대의 CCTV 감시국가"이며, 설치밀도 상에서도 서울시의 설치밀도가 도시 중 가장 높은 수준이라고 한다. 한민경 외, 범죄예방 목적의 공공 CCTV 운영 실태 및 개선 방안 연구(한국형사정책연구원, 2018), 22-23면.

찌를 채우는 것이라면 이는 더 높은 수준의 기본권의 침해가 되는 것이다.

감시사회가 점점 더 가까이 다가오는 것을 경계하는 목소리에 주의를 기울일 필요가 있다. 인류가 걸어온 그동안의 발자취를 토대로 미래사회를 예측하고 있는 「사피엔스」의 저자 하라리(Y. N. Harari)는 최근 신문 기고문에서 현대 사회의 감시 수준을 '피하감시'(Under-the-skin surveillance)라 표현하며, 코로나19와 같이 긴급한 상황에서는 평상시와 다르게 신속한 의사결정을 통해 강화된 감시 조치가 시작되는 것은 쉬운 반면에, 이러한 강화된 감시 조치들이 긴급한 상황의 종료 이후에 다시 폐지되는 것은 매우 어려운 일임을 강조한 바 있다.[12] 하라리는 이 글에서 한국이 개인정보를 이용하면서도 전체주의적 감시가 아닌 투명한 정보공개를 통해 프라이버시권과 건강권을 균형있게 보장한 나라로 평가하였다. 무언가를 희생해야만 하는 팬데믹 상황에서 정보공개의 문제점을 인식하고 프라이버시를 존중하면서도 공익을 위한 적정한 공개방법을 찾으려는 한국의 시도가 성공적이었다는 평가를 받은 것은 기쁜 일이다. 그러나 동선을 공개하던 초창기에 확진자가 특정이 가능한 수준으로 개인정보가 공개되고 이로 인해 확진자에 대한 비난 등이 끊이지 않았던 점을 되돌아보면서 개인정보

---

12) Harari, Y. N., the world after coronavirus, Financial Times, March 20 2020, https://www.ft.com/content/19d90308-6858-11ea-a3c9-1fe6fedcca75, 최종접속일: 2020. 12. 9. 하라리의 이 글을 통해 시민적 역량 강화를 강조하며 안심밴드에 대한 사회적 논의가 필요하다고 하는 신혜경, "코로나 위기로 싹트는 새로운 삶의 철학", NRF ISSUE REPORT, 코로나19 현상에 대한 인문학적 성찰(Ⅱ), 2020, 37면.

를 활용한 '감시'로 인해 발생할 수 있는 문제점이 반복하여 발생하지 않도록 주의를 기울여야 할 것이다.

4. 감시에서 낙인으로 – 사회에서 배제되는 시민의 '적'

2001년 9·11 테러 이후 제정된 미국 애국법(USA Patriot Act)은 영장 없이도 외국인을 기간의 제한 없이 무영장 체포할 수 있도록 하고 정보수집기관에게 광범위한 정보수집권한을 부여하여 이른바 '적대형법'(Feindstrafrecht)의 전형으로 평가되어 왔다.13) 우리 법 중 이와 비교할만한 유사성을 띤 법은 「국민보호와 공공안전을 위한 테러방지법」(이하 '테러방지법'이라 한다)이다.

「테러방지법」은 제2조에서 "국가·지방자치단체 또는 외국 정부 (...)의 권한행사를 방해하거나 의무 없는 일을 하게 할 목적 또는 공중을 협박할 목적으로 하는 [...] 행위"를 테러로 정의하면서 각 목에서 구체적 행위를 열거하고 있는데, 최근 이 법의 적용대상인 테러행위에 "고의로 감염병에 대한 검사와 치료 등을 거부하는 행위"를 포함하자는 법안이 제출되었다.14) 이 법률안은 "감염병이 만연되어 있는 상황

---

13) 김일수, 『전환기의 형사정책』(세창출판사, 2012), 43면. 미국 애국법은 계속적 비판을 받은 정보수집권한 부분에 한계를 정한 미국 자유법(USA Freedom Act)으로 대체되었다.

14) 의안번호 2104137, 2020. 9. 23. 이병훈 의원 등 11인 발의. 테러방지법 제2조는 테러행위의 그 구체적인 유형을 아래 가~마 목에서 정하고 있는데, 그 아래에 바 목을 신설하여 "감염병(「감염병의 예방 및 관리에 관한 법률」제2조 제1호의 감염병을 말한다. 이하 이 목에서 같다)의 확산으로 「재난 및 안전관리 기본법」제38조에 따라 위기경보가 발령되었을 때 고의로 감염병에 대한 검사와 치료 등을 거부하는 행위"를 추가하자는 것이 개정법률안의 내용이다.

에서 고의로 감염병에 대한 검사와 치료 등을 거부하고 확산을 의도하는 행위도 국민보호와 공공안전에 위해를 가할 수 있으므로 테러로 규정할 필요가 있"다고 그 제안이유를 설명하고 있다. 감염병의 고의적 확산행위가 이미 규정되어 있던 테러행위들과 유사한 정도로 '공공의 안전을 위협하는 행위'라고 평가하고 있는 것이다.

물론 고의적인 감염병 확산행위를 테러와 같은 사회 · 경제적 유해행위라고 평가하는 것이 불가능한 것은 아니다. 하지만, 이 법안이 금지하는 행위는 고의로 감염병에 대한 검사와 치료를 거부하는 행위에 불과하다. 검사와 치료 거부라는 소극적 행위가 감염병을 고의로 확산하려는 의도를 지닌 행위로서 테러 행위에 비견될만할 정도의 행위인지는 의문이다. 이 법안대로라면 감염병에 걸렸을 가능성이 거의 없는 자에게 검사를 요구할 때 그가 검사를 거부하는 경우도 테러행위에 준하는 감염병 확산 의도를 지닌 행위로 해석될 여지가 있다.

「테러방지법」에 따르면 테러 위험인물에 대한 통신이용정도, 민감정보 포함 개인정보, 위치정보 등을 수집할 수 있다(동법 제9조). 이러한 내용은 감염병 검사와 치료를 거부하는 자에 대한 조치로는 적합하지도 않으며 지나친 기본권 제한조치들이다. 그 밖에도 재난 발생 시에 개인정보 제공요청에 불응하거나 역학조사를 방해하는 행위 등에 대한 형사처벌 수준을 높이려는 입법 경향이 나타나고 있고,15) 이

---

15) "재난으로 인하여 생명 · 신체에 대한 피해를 입은 사람과 생명 · 신체에 대한 피해 발생이 우려되는 사람 등에 대한 개인정보 제공요청(제74조의3) 등에 불응할 경우 처벌할 수 있도록 해 국민 안전을 지키고자" 하는 재난안전관리기본법 개정안(의안 번호 2103104, 2020. 8. 20., 정청래 의원 등 10인), "감염병 예방과 확산 방지를 위한 조치 이행 의무를 고의 또는 악의적으로 위반하는 행위에 대하여 형의 가중처벌

에 더하여 2020년 8월 정부(법무부·행정안전부·방송통신위원회)는 악의적인 방역 방해행위를 "국가의 존립을 위태롭게 하는 [...] 중대 범죄"라 하며 구속수사를 원칙으로 하며 법정 최고형을 구형하겠다는 대국민 담화를 발표하기까지 하였다.[16] 이러한 사회적 분위기 속에서 코로나19 확진자가 되어 자신의 동선이 공개될 경우 받게 될 타인들의 차가운 시선과 비난이 질병으로 인한 고통보다 더 무서워서 감염되지 않도록 조심해야 한다는 두려움이 널리 퍼져있다.[17] 이러한 상황은 지금의 감시사회를 살아가는 구성원들의 인식 속에 감염병환자 또는 감염병의심자에 대해 범죄학에서 말하는 이른바 낙인효과가 발생하고 있음을 보여주는 것이다.

배제(Exklusion)는 포섭(Inklusion)과 대립되는 개념이지만 여전히 사회 내에서 발생하는 현상인 반면,[18] 배제의 단계를 넘어 사회 바깥으로 추방당하는 이들이 생겨날 때가 있다. 김일수는 유대인 강제수용소 또는 관타나모 수용소가 바로 그러한 "배제의 극단을 넘어간 단계"라고 한다.[19] 서구 사회에서의 적대형법 논의에서는 사회 내의 테러리즘에 관련된 자에게는 사회 내의 시민형법을 적용하지 않을 수 있다

을 적용"하려 하는 감염병예방법 개정안(의안번호 2103086, 2020. 8. 20. 김성주 의원 등 16인 발의).

16) 정부 "악의적 방역활동 방해, 구속수사 원칙…법정 최고형 구형" 대한민국 정책브리핑(2020. 8. 21.), https://www.korea.kr/news/policyNewsView.do?newsId=148876488, 최종접속일: 2020. 12. 31.

17) 오철우, "[코로나19의 딜레마, 프라이버시 vs 방역의 효율] 스마트 방역 시대의 프라이버시 논란", 관훈저널 제62권 제3호(2020), 120면.

18) Kronauer, M., Exklusion - Die Gefährdung des Sozialen im hochentwickelten Kapitalismus, 2002, S. 15 f.; 김일수, 앞의 책, 40면에서 재인용.

19) 김일수, 앞의 책, 40면.

고 한다. 위에서 살펴본 「테러방지법」 개정안 등 일련의 입법안, 그리고 「형사소송법」에 규정된 불구속 수사원칙(제198조 제1항)을 법무부가 스스로 포기하겠다는 발언[20])이 나올 수 있었던 이유는 팬데믹 상황 하에서 감염병 예방에 조금이라도 위험이 되는 자들을 이 사회를 함께 살아가는 시민으로 보지 않고, 사회 바깥으로 배척해야 할 존재인 테러범과 유사한 '적'(Feind)으로 간주하기 때문일 것이다. 이들 역시 자칫하면 "배제의 극단을 넘어간 단계"에 있는 자들로서 사회의 적으로 취급될 수도 있는 것이다. 유럽·북미 등에서 테러방지와 관련하여 논쟁이 되고 있는 적대형법을 보다 더 확대하여 한국 사회 고유의 적대형법을 구현하려는 것으로도 평가할 수 있다.

그러나 감염병환자·의심자는 우리 사회의 구성원임에 분명하며, 감염의 위험이 있었다는 것만으로도 오히려 사회 내에서 보호받아야할 피해자의 위치에 있기도 하다. 그런 이들에게 법의 원칙을 적용하지 않거나 법의 힘을 남용하겠다는 시도는 위험하다. 우리 사회 구성원 그 누구에게도 그러한 권리가 주어져 있지 않다.

Ⅱ. 감금과 코로나19

감염병이 국가·사회의 안전과 일상생활에 큰 타격을 미치고 있는 것은 사실이다. 그러나 지켜야 할 수칙을 어긴 자는 범죄자가 되고 그에 대한 형사처벌은 더욱 가중되는 것으로 귀결되는 사회는 과연 안전

---

20) 이에 대한 비판으로 이정민, 앞의 글, 60면.

한가? 구속수사가 원칙이 되어 수칙 미준수자가 구금되는 구치소, 법정최고형을 선고받은 수형자가 머물게 될 교도소와 같은 형사구금시설 역시 감염병으로부터 자유로울 수는 없다. 구금시설의 감염병 문제는 감염병 예방을 위한 형벌강화와 엄벌주의가 실질적으로 감염병 예방에 도움을 주지 못함을, 오히려 방역문제를 더욱 심화시키고 있음을 역설적으로 보여주고 있다. 코로나19로부터의 안전을 위한 대책이 형벌 위협이라면, 이 형벌을 집행하는 결과 역시 감염병의 확산이라는 도돌이표 속에 머물 수밖에 없는 것이다.

1. 구금시설과 코로나19

구금시설도 코로나19의 확산을 피할 수 없었다. 2020년 5월 대구교도소에서 코로나19 확진 판정이 있은 이후 포항교도소, 의정부교도소 등에서 교도관과 수용자 등의 감염이 계속 발생하고 있다. 2020년 11월 광주교도소에 확진자가 나온 후 수용자와 직원 약 2천5백 여 명이 코로나19 검사를 받았고, 이후 23명이 감염된 것으로 확인되었다.[21] 이 글을 집필 중이었던 2020년 12월 중순, 1차, 2차에 이어 3차 웨이브가 시작되는 전조가 나타났고, 교도소 확진자 발생에 대한 뉴스가 계속 업데이트되고 있다. 2020년 12월 초반까지만 해도 수용시설의 집단감염은 없었지만, 이 글을 마무리 지으려 했던 12월 말에는 서울 동부구치소에서 심각한 수준의 집단감염이 발생하였다.[22]

---

21) '예배 끝나고 식사' 무더기 확진…교도소까지 곳곳 감염(2020. 12. 13.), https://news.v.daum.net/v/20201213201609903, 최종접속일: 2020. 12. 31.
22) 2020. 12. 31. 현재 900명이 넘는 집단감염자, 2명의 사망자가 발생하였고 코호트

구치소·교도소는 이미 집단감염 발생이 많았던 요양병원과 마찬가지로 감염병 확산에 취약한 구조를 지니고 있다. 구금시설은 거동이 어려운 환자들이 밀집되어 있는 요양병원과 마찬가지로 자유롭게 이동할 수 없는 수용자들이 매우 가까운 생활 간격으로 밀집되어 있는 곳이기 때문이다. 또한 구금시설 내에도 기저질환을 앓고 있는 수용자들이 적지 않다.

구금시설 과밀수용의 문제점은 이미 오래전부터 지적되어 왔다. 2016년 헌법재판소는 서울구치소가 "성인 남성 평균 신장인 174cm 전후의 키를 가진 사람이 팔을 마음껏 펴기도 어렵고 [...] 칼잠을 자야 할 정도로 매우 협소한" 수준인 개인사용가능면적 1.06~1.59㎡에 불과한 수용공간을 제공한 점에 대해 위헌임을 확인한 바 있었다(헌법재판소 2016. 12. 29. 전원재판부 2013헌마142). 당시 보충의견에서는 "수형자 1인당 적어도 2.58㎡ 이상의 수용면적을 상당한 기간 이내에 확보하여야 한다"고 권고한 바 있다. 그러나 조금 나아졌던 것 같은 수용률은 다시 높아져, 집단감염사태가 발생한 동부구치소의 수용전원 대비 수용률은 12월 7일 기준 116.6%였다고 한다.[23]

이미 과밀수용이 보편화되어 있는 구치소·교도소는 이른바 개인 간 2m '거리두기'라는 감염병예방의 대원칙을 지킬 수 없는 곳이다. 가용면적이 충분히 확보되어 있다 하더라도 위생시설이 취약한 우리 구금시설의 현실상 감염병이 집단적으로 확산되는 것은 전혀 예상치

격리 또는 외부 교도소로의 이송 등 여러 가지 대책이 강구되고 있는 상황이다.

[23] 동부구치소 집단감염 결국 사망까지⋯법무부 책임론 눈덩이(2020. 12. 29.), https://www.news1.kr/articles/?4165025, 최종접속일: 2020. 12. 31.

못할 일이 아니었다. 일반적인 교도소에는 거실 내에 아주 작은 화장실 1개가 있을 뿐이며, 변기와 세면대가 제대로 구분되지도 못한 곳에서 6-8명 정도의 인원이 함께 생활하고 있다. 이러한 인프라가 근본적으로 개선되지 않는 한 구금시설은 감염에 취약할 수밖에 없다.

2. 팬데믹 상황에서 수용시설의 문제

팬데믹 상황에서 구치소, 교도소와 같은 집단적 구금시설은 또 다른 생각거리들을 우리에게 제시한다.

첫째, 앞에서 살펴본 것처럼 과밀수용의 문제는 수용자의 신체의 자유에 대한 침해를 넘어 생명권과 건강권의 문제, 즉 수용자의 생존에 관한 문제와 직결된다. 위의 헌법재판소 결정 역시 과밀수용은 교정시설의 위생 및 질병의 확산과 관련된다는 점을 명시한 바 있다. 팬데믹 상황 하에서 발생하는 이러한 문제를 해결하기 위해 현재 구속을 최대한 억제하여 미결구금자 숫자를 줄이는 정책, 가능한 한 교도소에서 형을 집행하지 않고 그 집행을 유예하는 정책, 재소자를 더 빠른 시기에 석방하는 정책 등이 전세계적으로 시행되고 있다. 그런데 이러한 정책은 앞에서 살펴 본 것처럼 엄벌주의를 감염병예방의 수단으로 사용하려는 아이디어와는 정면으로 배치되는 것이다. 한편에서는 감염병 예방을 위해 형벌을 강화하려 하지만, 다른 한편에서는, 즉 실제로 형을 집행하는 장소에서는 감염병 예방을 위해 수용을 완화하는 정책이 요청되고 있다.

둘째, 수용자들은 사회에서 소외되어 있었고, 팬데믹 상황 하에서 감염병예방을 위한 정책을 수립하는 과정에서도 계속 소외되어 있었다. 그동안의 방역대책은 이곳을 크게 염두에 두지 않았다. 수용자들에게는 마스크가 제대로 지급되지 않았고, 보건마스크가 구매 대상물이 아니라는 이유로 재소자의 보건마스크 자비 구매 진정이 기각되기도 하였다. 다만 수용자들이 법원에 갈 때에는 마스크를 적절히 착용하였다고 하니, 수용자들이 속해있는 수용시설은 시설 바깥의 사회와는 완전히 다른 규칙이 적용되는 세계였고, 수용시설 바깥에 존재하던 사회 내로 포섭되는 순간에만 사회의 방역수칙을 지킬 것을 요구받았다는 것을 알 수 있다.

셋째, 팬데믹 상황에서 수용자의 권리 보장이 더욱 약화될 수 있다. 요양병원 입원자의 감염병 확산 경로가 주로 요양보호사 등 사회 내 활동을 하는 사람들로부터인 것처럼, 교도소와 같은 폐쇄된 환경의 감염병 확산 원인은 외부에서의 유입인 경우가 많다. 따라서 폐쇄환경의 감염병 예방을 위해서는 필연적으로 외부와의 접촉이 광범위하게 금지 또는 제한된다. 그러나 교정시설은 사회와의 격리라는 수단 속에서 다시 '사회화', 즉 재사회화를 꾀하는 곳이라는 점에서 이러한 제한에는 신중을 기해야 한다. 그런데, 팬데믹 상황은 수용자들의 재사회화를 위한 여건을 악화시켰다. 모여서 운동하는 시간을 제한하고, 종교활동 및 사회활동이 금지되고 있으며, 수용자의 이동과 외부와의 접촉을 최대한 축소시키고 있다. 외부에서의 감염원 유입을 차단하기 위해 외부 자원봉사자의 출입 및 접근이 제한되고 있다.[24] 집단감염 발생 전까지는 변호사와의 접견이 제한되지는 않았지만, 집단감염 발생

---

24) 교도소 내 코로나19 상황에 대하여 http://www.withoutwar.org/?p = 16063, 최종접속일: 2020. 12. 10.

시 이마저 원활하지 못할 수 있어 수용자의 자기방어권 행사에 심각한 지장을 초래할 수도 있는 상황이다. 또한 외출을 전면적으로 금지한다면 재판 출석 등과 같은 권리행사에도 제한이 발생할 수 있다. 이러한 우려를 감안하여 수용자를 대상으로 민·형사상 원격화상재판제도의 도입이 검토되고 있다.[25] 그런데 형사소송의 대등한 당사자인 피고인과 검사 중 피고인만이 원격화상으로 접속하는 것이라면 피고인이 재판정의 분위기 등을 직접 체험할 수 없고, 판사로 하여금 법정 내에서의 비언어적 행동에 의한 유리한 심증 형성을 야기할 수도 없어, 피고인에게 불리할 수 있다. 따라서 피고인이 의사와 무관하게 일률적으로 원격화상재판제도를 도입하는 것은 위험할 수 있으며 신중한 검토가 필요하다.

Ⅲ. 감시와 감금으로 귀결되는 사회는 안전한가?

이 글에서는 감시, 감금, 배제라는 단어들을 통해 코로나19 시대의 형사정책을 비판적으로 살펴보려 하였다. 이러한 비판은 결국 '감염병 예방을 위한 형사정책은 어떤 것이어야 하는가?'라는 질문으로 귀결된다. 어떠한 형사정책이 더 효과적이면서 동시에 법적으로 개인의 자유를 보장할 수 있는 정책이 될 수 있을까?

법은, 그리고 그 중에서도 형법은 사회정책에 선제적 역할을 기대할 수 있는 종류의 것이 아니다. 따라서 이 감염병 상황에 대해 형사정

---

25) 김영식, "뉴노멀시대의 교정과 보호의 과제", 형사정책학회 2020 동계학술대회 <뉴노멀시대와 형사정책의 과제> 발표문(2020. 12. 5.), 7면.

책 또는 형법정책이 우선적 역할을 수행하기를 기대하기는 어렵다. 포퓰리즘, 형법의 중형주의를 정책에 이용하여 어떤 기대상황을 만드는 것이 더 위험하며, 오히려 형법은 정책적 기대를 받지 않을 때 유익하다. 또한 교도소의 과밀수용 문제는 단순히 수용 공간을 지속적으로 늘리는 것만으로 해결될 수 없다. 중형주의 정책이 지속된다면 교도소의 자리는 아무리 늘려도 계속해서 모자랄 수밖에 없기 때문이다.

이 문제를 해결하는 방법은 결국 근본으로 되돌아가는 것이다. 수용자가 사회에 돌아갔을 때 다시 범죄를 저지르지 않도록 교도소 내에서 충실히 '재사회화'에 힘쓰고, 범죄 상황에 더 자주 노출될 수 있는 사회적 약자에 대한 지원대책과 사회의 배려 등이 과밀수용을 막을 수 있는 근본적 방법임과 동시에 사회의 안정을 이끌어내는 적극적 방법이다. 무분별하게 구속을 남발하지 않는 것도 코로나19에 대한 대책이 된다. 최근 법원은 최대한 법정구속을 자제하고 있다고 하는데, 이것이 팬데믹 상황 하에서의 예외적인 임시조치가 아니라 일반적인 대원칙이 되어야 한다.

코로나19 상황에서 형벌을 잘못 사용할 경우 결국 감염병예방을 위해 잠재적 범죄자를 늘어나게 하고, 그들이 서로 모여있을 때 다시 감염의 위험을 높이게 하는 굴레 속에 갇히게 된다. 형벌이라는 국가 최후의 무기를 잘 사용해야 하는 이유가 이 상황에서 잘 드러나고 있다.

동부구치소 집단감염 문제를 해결하기 위해 전자보석제도를 활용하겠다는 움직임이 있다.[26] 구금의 대안으로서 감시라는 해법이 제시

---

26) 코로나 지옥 동부구치소 결국 '전자보석제' 꺼냈다(2020. 12. 31.), https://news.v.daum.net/v/20201231183301942, 최종접속일: 2020. 12. 31.

되는 것을 보면 감시와 구금은 결국 서로 떼려야 뗄 수 없는 순환 고리 속에 있음을 보여주는 것인지도 모르겠다. 이미 법적 근거가 마련되어 있는 전자보석제도를 이용하여 구치소의 수용문제를 해결한다는 장점은 있지만, "왜 이제인가?", 그리고 "왜 '전자'보석이어야 하는가?"라는 의문이 남는다. 구속이 필요하지 않았다면 수용자는 처음부터 구치소에 수용되지 않아야 했고, 이제야 '전자'적 방식을 더한 채 감금에서 벗어나야 할 이유가 없기 때문이다. 또한, 갑작스럽게 다수의 전자보석 대상자가 발생할 경우 전자감독 제도가 원활히 이루어질 수 있는지 점검할 필요도 있다.

Ⅳ. 글을 마치며

코로나19는 사회가 어떻게 개인의 자유를 집단적으로 앗아갈 수 있는지를 보여주는 동시에 그에 대한 성찰을 가능하게 하는 아이러니한 풍경을 우리에게 제공하고 있다. 사회구성원 중 일부를 위험한 사람으로 낙인찍어 배제하고 감금하는 것이 감염병에 대한 가장 확실한 대응책인 것 같지만, 이러한 배제와 감금이 역설적으로 다시 감염병 확산에 대한 위험을 증가시킬 수 있음을 우리는 최근 발생한 구치소의 집단감염 상황을 통해 확인할 수도 있었다. 수용시설에서 발생한 집단감염은 구금의 목적이 무엇인지, 형벌의 목적이 무엇인지도 다시 한번 생각하게 한다. 수용자들의 '재사회화'라는 형벌의 목적이 달성되기 위한 기초적인 생활 여건과 수준은 어느 정도여야 하는지에 대한 고민도 필요하다.

'형법'이라는 단어에는 '형법으로 규율하는 이외의 모든 행위는 벌하지 않는다'는 의미가, '형벌'이라는 단어에는 '가장 최후에만 사용되어야 한다'는 의미가 깃들어 있다. 코로나19에 대한 대응이 형사처벌 대상의 확대와 그 수준의 강화가 될 수 없는 까닭은 이 때문이다.

모든 것이 낯선 이 시기, 세계의 철학자들은 이 시대를 새롭게 정의내리고 있다. 예수가 부활한 후 막달라 마리아에게 말하였다는 "나를 만지지 마라(Noli me tangere)"는 말은 코로나19 시대 지젝(S. Žižek)에 의해 물리적 방법이 아닌 "내면을 통해서만 서로에게 접근할 수 있다"는 뜻으로 재해석되었다.[27] 이 시대가 당면한 어려움을 풀어낼 방법은 결국 외관이 아닌 사람 사이의 진심이라는 뜻으로 읽힌다. 팬데믹 상황을 이겨낼 수 있는 힘을 구할 수 있는 방법은 낙인과 배제를 통해서가 아니라 공동체 의식에 기반한 연대를 통해서일 것이다.

---

27) 슬라보예 지젝/강우성 역, 『팬데믹 패닉: 코로나19는 세계를 어떻게 뒤흔들었는가』 (북하우스, 2020), 18면; '나를 만지지 마라'의 모티브 등을 인용하며 지젝, 낭시 등 세계 철학자 등의 코로나 시대에 대한 정의내림을 인용한 "세계 석학들 코로나를 사유하다"(2020. 9. 9.), http://vip.mk.co.kr/news/view/21/20/1829814.html, 최종접속일:2020. 12. 31. 참조.

제 **7** 장

코로나와 펼침의 정치:
무지의 베일 뒤집기

코로나 시대의 법과 철학

제 **7** 장

코로나와 펼침의 정치: 무지의 베일 뒤집기

이서형*

Ⅰ. 국민건강보험을 왜 긍정적으로 평가할까?

신종 코로나19 바이러스의 출현에 전 세계가 고군분투하던 2020
년 6월과 7월, 국민건강보험에 대한 설문 조사가 진행되었다. 10명 중
9명이 넘는 국민은 신종 감염병의 출현에 의한 "국가재난 상황에서 국
민건강보험이 있어서 안심되었다."라고 답하였다.[1] 발병의 원인도,
전파 경로도, 치료의 가능성도 모두 암흑이던 이때, 상당수의 국민이
국민건강보험을 긍정적으로 평가한 이유는 무엇일까?

현 건강보험 제도는 국가의 시혜에 의해서가 아닌 국민의 외침과
행동을 통해 구축되었다. 1970년대 중반에 들어 경제 성장에도 불구

---

* 이화여자대학교 생명의료법연구소 연구교수, 변호사.

[1] 국민건강보험공단은 전국 만 18세 이상의 국민 2천 명을 대상으로 '코로나19 상황에
서 국민건강보험에 대한 인식'에 관한 설문 조사를 진행하였다. 동 설문 조사는 코로
나19 바이러스에 대한 전방위적 대응이 한창이던 2020년 6월 30일부터 7월 3일까지
전화 면접의 방식으로 진행되었다. 국민건강보험공단, ""적정수준의 보험료 부담할
가치 있다" 87.0%, 코로나19 계기 모든 연령층에서 국민건강보험 긍정인식 90% 이
상", 2020년 7월 27일 보도자료.

하고 의료비가 없다는 이유로 응급환자가 치료를 거부당하는 일이 발생하면서 사회적 불만이 높아졌고, 1977년 정부는 의료보험(現 건강보험) 의무가입 제도를 전격 시행하였다. 그러나 당시의 의료보험 제도는 경제 성장에 대한 희생의 대가로서의 성격이 강했고, 그 적용대상도 500인 이상 사업장에 소속한 근로자에 한정되었다.[2] 1980년대에 전개된 민주화 운동은 본격적으로 전 국민을 대상으로 하는 건강보험 제도를 확립하는 계기가 되었다. 그동안 의무가입 대상에서 제외되었던 농어촌 주민과 도시지역 자영인을 가입 대상에 포함하는 명실공히 '국민'건강보험으로 모습을 갖추게 된 것이다. 민주화 운동의 성과로 전 국민에 대한 건강보험을 시행하게 된 이유는 무엇일까. '민주화'와 '전(모든) 국민'은 어떠한 연관 관계가 있을까?

전 국민을 대상으로 건강보험이 시행된다면 국내에 거주하는 대한민국 국민인 이상 그 적용대상에서 제외되지 않는다. 언제 닥칠지 모를 위험을 무방비의 상태로 맞지 않고 건강과 생명을 안정적으로 보장받기 위해, 민주화 운동의 주체인 국민은 자신이 그 적용대상에서 제외되기 어려운 전 국민에 대한 건강보험의 시행을 요구한 것일까?

앞서의 설문 조사에 참여한 국민의 21.6%는 국민건강보험을 긍정적으로 평가한 이유로 "코로나19에 걸리더라도 안심하고 치료받을 수 있을 것이라는 확신이 들어서"라고 답하였다. 신종 감염병의 출현으로 전 세계 백만 명 이상의 사망자가 발생한 혼돈 속에서, 전 국민을 대상으로 하는 건강보험의 시행을 요구하였을 때의 기대, 즉 건강보험의 적용대상에 예외 없이 포함되어 자신의 건강과 생명을 보장받을 수

---

2) 전광석, 『한국사회보장법론』(법문사, 2007), 187면.

있다는 기대가 충족되고 있기에 응답자는 국민건강보험을 긍정적으로 평가한 것일까?

한편 국민건강보험의 적용대상인 국민은 질병, 부상, 출산 등을 겪는 경우 일부의 비용만을 부담하고 이에 대처할 수 있다. 보장성 강화를 요구하는 국민의 목소리를 반영하여, 국민건강보험은 암, 심장질환, 뇌혈관질환, 희귀난치성 질환까지 보장하고 이와 같은 중증 질환에 대해 가입자인 국민으로 하여금 전체 진료비의 5%까지만 부담하도록 하는 등 보장 범위를 확대하고 본인부담률을 낮춰왔다. 코로나19 바이러스에 감염된 국민에 대해서도 「감염병예방법」에 의거 치료비 전액을 국가, 지방자치단체, 국민건강보험공단이 공동 부담하도록 하여,[3] 경제적 부담으로 치료를 포기할 가능성을 낮췄다.

앞서 설문 조사에 참여한 국민의 23.0%도 "건강보험으로 비용 부담 없이 코로나19 진단을 받고 치료받을 수 있어서" 국민건강보험제도를 긍정적으로 평가한다고 답하였다. 우리나라의 확진자 대비 사망자 비율이 1% 미만으로 OECD 국가 중 최저 수준일 수 있었던 이유 중 하나로 국민건강보험을 손꼽는 이유이기도 하다. 살펴본 일련의 이유에 따라, 설문 조사에 참여한 국민 중 가장 많은 응답자(40%)는 "다른 나라보다 우리나라 건강보험의 우수성을 체감하게 되어" 국민건강보험을 긍정적으로 평가한다고 답변하였다.

전 세계에 불어 닥친 긴급 상황에서 국민의 상당수가 이처럼 국민건강보험의 의의와 역할에 대해 "코로나19에 걸리더라도" "국민건강

---

3) 「감염병의 예방 및 관리에 관한 법률」 제6조 제1항, 제67조 제1호 등.

보험으로 비용의 부담 없이" "안심하고 치료받을 수 있"도록 하여 긍정적이라고 답변한 근본적인 이유는 무엇일까? 대한민국에 거주하는 이상 그 적용대상인 전 국민에서 제외되지 않고 비용 부담 없이 자신의 건강과 생명을 안정적으로 보장받을 수 있기 때문일까?

코로나19 바이러스라는 이전에는 예측할 수 없었던 파급력을 지닌 위험의 출현은 이와 같은 물음을 우리에게 다시 한번 던진다. 과연 우리는 이전과 마찬가지로, 코로나19 바이러스가 출현한 현 상황에서도 국민건강보험이 국민의 범주로부터 제외되기 어려운 각 개인의 건강과 생명을, 그 삶에 대한 기대를 안정적으로 보장하기 때문에 의의가 있다고 단정하여 답할 수 있을까?

코로나19 바이러스는 기존의 질서에서는 예측하기 어려웠던 파급력을 지닌 위험이다. 발현한 지 불과 몇 달 안에 전 세계를 휩쓸어 수천 만의 사상자를 발생시킨 신종 감염병의 파급력은 예측 불가능성으로 사회 질서를 뒤흔든다. 기존의 질서가 외부의 위험으로부터 개인의 건강과 생명을 보호하기 위한 영역을 구축할 새 없이 신종 감염병의 위험은 사회 곳곳에 들이닥쳤다. 기존의 질서는 마스크 착용과 사회적 거리 두기, 입국 제한이나 국경 폐쇄를 통해 개인의 건강과 생명을 보호하기 위한 영역을 구축하면서 새로 접한 위험에 대응하였다. 그러나 마스크를 쓰고 사회적 거리를 두더라도 일상생활, 경제적 활동을 통한 개인 간 접촉까지 완전하게 차단하기는 어렵다. 국가 간 경계를 견고히 하더라도 사람들의 이동을 원천 봉쇄하는 것은 불가능하다. 새롭게 구축한 영역 내에도 바이러스의 위험은 확률의 문제이지 언제, 어디서든 들이닥칠 수 있다.

정확히 되짚자면 코로나19 바이러스가 아니라, 이 바이러스를 안고 변모한 모습으로 나타난, 바이러스에 감염된 확진자가 비확진자를 위험에 빠뜨릴 수 있는 존재이다. 뿐만 아니라 증상이 발현되기까지의 잠복기는 바이러스에 감염되었으나 아직 확진되지 않은, 비확진자와 같은 모습의 감염자 역시 위험한 존재로 인식하게 한다. 결국 자신을 제외한 모든 자는 개인의 건강과 생명을 위협할 수 있는 존재이다. 물론 그 개인조차 다른 자를 위험에 빠뜨릴 수 있는 존재이기는 마찬가지다. 예측 불가능한 바이러스는 외부로부터의 위험을 관리하여 온 기존의 질서를 뒤흔들고, 새로이 구축한 소위 안전한 영역 내에서조차 타자에 의해 초래될 수 있는 위험을 완전히 배제하기는 어렵다는 점을 인식하게 한다.

여기서 앞의 질문으로 돌아가 본다. 상당수의 국민이 국민건강보험에 대해 긍정적으로 평가한 이유는, 자신의 건강과 생명이 위험에 처할 수 있는 상황에서 안정적으로 삶을 보장받을 수 있기 때문인가? 적어도 그렇다고 인식하기 때문인가? 아니면 현재와 같은 혼돈 속에서 확률적으로 자신의 삶을 안정적으로 보장받을 수 있는 최선의 방법이라고 생각하기 때문일까?

Ⅱ. 무지의 베일 속에서 가상적 합의로 구축된 사회 질서

코로나19 바이러스가 휩쓴 거리를 똑같이 마스크를 쓴 모습으로, 신원이 가려진 채 활보하는 자들은 마치 무지의 베일[4] 속 개인과 같다. 기존의 질서가 대응하기도 전에 쓰나미처럼 밀어닥친 신종 감염병은 모든 인간을 무차별적인 위험의 상황에 내몬다. 코로나19 바이러스의 출현 후 1년 여 간 백신, 치료제의 개발이 요원한 상황에서 예측 불가능하며 전파력이 높은 바이러스의 출현은 각 개인이 지닌 속성을 무차별하게 만든다.

롤즈(John Rawls)에 따르면, 그가 제시하는 무지의 베일 속에서 개인은 타자가 초래하는 위험으로부터 벗어나 삶의 목표를 안정적으로 전망하기 위해 사회 질서를 구축하는 정의의 원칙에 합의한다. 여기서 개인은 자신의 이익을 추구하는 상호 무관심한 존재로 간주된다. 개인은 언제든지 다른 개인에 의해 삶에 대한 안정적인 전망을 간섭받고 위험에 처할 수 있는 존재이며, 마찬가지로 자신 역시 다른 개인이 삶의 목표를 추구하는 데에 장해가 될 수 있는 위협적인 존재이다. 따라서 각 개인에게 평등한 자유를 보장하기 위한 정의의 원칙은, 무지의 베일이라는 가상적인 사고실험 속에서 자신이 처한 구체적인 상황에 대해서는 알지 못한 채 각 개인이 처한 상황을 자신에게 대입할 수 있는, 즉 타자를 포함한 모든 개인이 될 수 있는 무차별적인 개인에 의해서만 합의될 수 있다. 그리고 롤즈는 정의의 원칙이 무지의 베일이 벗

---

4) 무지의 베일(veil of ignorance)은 사회 계약론에서의 자연 상태(state of nature)와 마찬가지로 모든 개인이 평등한 원초적 입장(original position)에 놓이도록 하는 가상적 조건이다. 무지의 베일 속 개인은 본래적 또는 사회적으로 부여된 우연성에 의해 삶의 목표를 구현하는 데에 있어 유리하거나 불리하지 않다. 존 롤즈, 황경식(역), 『정의론』(이학사, 2003). 이와 같은 무지의 베일 속 모든 개인은 "개인 간 권리와 의무를 배분하고 사회 협동체로부터 생긴 이익의 분배를 정하기 위한" 사회의 기본 구조(basic structure of society)를 구성하는 정의의 원칙에 합의한다. 여기서 개인은 자신의 이익을 추구하며 상호 무관심한 합리적인(rational) 자로서, 무지의 베일 속 합의를 통해 합당한(reasonable) 정의로운 사회 질서를 구성한다. 정의의 원칙의 구체적인 내용에 대해서는 같은 책, 105-133면.

겨진 현실 사회에서는 개인이 아닌 법에 의해 보장될 수 있다고 보았다. 현실 사회에서 자신이 처한 상황에 대해 알고 있는 개인은 타자의 처지를 자신과 마찬가지의 입장에서 고려할 수 없는 이기적인 존재이기 때문이다. 따라서 자신의 삶의 목표를 추구하는 데 골몰하는 개인은 무지의 베일에서의 가상적 합의에 기초하여 제정된 법에 의해서만, 즉 헌법과 법률의 제정, 그 적용과 해석에 의해서만 평등한 자유를 보장받을 수 있다. 평등한 자유는 구체적으로, 법에 의해 규정된, 삶의 목표를 추구하는 데 필요한 가치를 분배받음으로써 보장된다. 즉, 현실 사회에서 평등한 자유는 무지의 베일에서의 합의에 따라, 외부로부터의 간섭과 위험을 제한하고 개인이 삶의 목표를 구현하는 데에 필요한 영역을 법이 규정한 바에 따라 동등하게 분배받음으로써 보장된다.

이러한 관점에 따라 다시 질문한다면, 마스크를 쓴 무지의 베일 속 개인은 코로나19 바이러스가 초래하는 위험으로부터, 정확히는 바이러스에 감염된 자가 끼칠 수 있는 위험으로부터 자신의 삶을 안정적으로 전망하기 위해 국민건강보험을 지지하는 것으로 보아야 할까? 또한 바이러스에 감염되어 확진자가 되었을 경우에는 자신의 건강과 생명을 담보 받고 삶의 목표에 대한 추구를 이어나가기 위해 전 국민에 대한 건강보험의 시행을 지지하는 것으로 해석해야 할까? 그렇다면 같은 사회에 속해 있는 타자에 대한 건강보험의 적용을 긍정하는 것은 혹시라도 확진자와 마주쳐 감염될 수 있는 위험에 처하지 않기 위함인 것인가? 마스크를 쓰고 사회적 거리를 두며 확진자에 관한 정보의 공개를 허용하는 것 역시, 예측 불가능한 외부의 위험이 발생한 상황에서 확률적으로라도 안전한 자유의 영역을 확보하기 위함인가? 사고실험에 불

과하였던 무지의 베일 속 합의를 통해 구축된 소위 정의로운 사회 질서
는 신종 감염병이 출현한 현실에서 그 정당성을 정면으로 시험받는다.

Ⅲ. 예측 불가능한 상황에서 기존의 질서에 질문 제기하기

전술하였듯이 코로나19 바이러스는 사고실험을 위한 조건에 불과
하였던 무지의 베일을 현실로 옮겨온다. 전 세계를 휩쓸고 있는 신종
감염병은 우리 사회가 기초해 있는 정의로운 것으로 여겨왔던 질서를
벗겨내고, 과연 이러한 질서가 정당한지 질문을 제기한다. 마스크를
쓰고 사회적 거리 두기를 하지만, 앞서 살펴보았듯이 새롭게 부여된
타자와의 경계 지어진 영역도 바이러스의 위험으로부터, 바이러스를
안고 나타난 타자가 초래할 수 있는 위험으로부터 안전하지 않다. 또
한 개인 자신조차 타자에 대해 위험을 초래할 수 있는 자이기는 마찬
가지다. 예측 불가능성은 현실 사회에서 법에 의해 구분 지어진 자신
과 타자와의 경계가 실은 일의적으로 경계 지어질 수 없는 것임을 드
러낸다. 기존의 질서는 무지의 베일 상태에서, 정확히는 현실 사회에
서 법에 의해 무지의 베일 상태를 가정하고 헤아려진 조건 하에서만
예측 가능성을 기준으로 개인 간 구분 지어진 영역이 구축되어 온 것
에 불과하다. 여기서 법의 정당성은, 이에 기초하는 사회 질서의 정당
성은 법이 무지의 베일 속 개인과 마찬가지로 모든 개인이 처한 상황
에 대해 안다는 가정으로부터 도출된다. 그리고 소위 정당한 법은 예
측 가능성을 기반으로 모든 개인에게 앞으로의 삶의 목표를 추구할 수
있는 자유의 영역을 동등하게 배분한다. 이와 같은 관점을 견지하면

신종 감염병이 출현한 긴급 상황에서 마스크의 착용, 사회적 거리 두기, 외국인의 입국 제한, 2주 간의 격리 기간, 확진자의 이동 동선에 관한 정보 공개 등을 규정한 법률 역시 갑작스럽게 출현한 위험으로부터 개인의 건강과 생명을 담보할 수 있도록 개인 간 자유의 영역을 동등하게 구획한 것으로 해석할 수 있다.

그러나 코로나19 바이러스가 밀어닥친 예측 불가능한 상황에서 예측 가능성은 작동하기 어렵다. 즉, 법은 모든 개인이 처한 상황에 대해 알기 어렵다. 법에 정당성을 부여한 근거가 조각난다. 신종 감염병의 출현에 대응하기 위한 법률이 마련되었지만 여전히 개인의 안정적인 삶을 위협하는 타자로부터의 위험은 제거되지 않는다. 예측 가능성을 기반으로 개인에게 앞으로의 삶의 전망을 안정적으로 보장하는, 외부로부터의 위험이 제거된 자유의 영역을 일의적으로 배분하는 것은 불가능한 것이다. 이처럼 예측 불가능하며 외부로부터의 위험이 완전히 제거되지 않는 현실에도, 국민의 상당수는 국민건강보험에 대해 긍정적으로 평가한다. 그 이유는 무엇일까? 살펴보았듯이 설명되지 않는 모순이 드러난 상황에서 기존의 질서를 구축하여 온 관점에 따라 해석하기를 견지해 가기는 어렵다. 법과 이에 기초한 사회 질서를 바라보는 관점에 변화가 일어났음이 시사된다.

코로나19 바이러스가 전 세계에 확산하기 시작한 지 1년이 지났음에도 불구하고, 공동체 구성원은 지치지 않고 사회 활동을 줄이면서 외출 시에 마스크를 착용하고 사회적 거리 두기를 실천한다. 공동체에 갑작스럽게 들이닥친 신종 감염병에 대응하는 이와 같은 실천이 자신의 삶을 안정적으로 전망하기 위해 안전한 영역을 구축하고자 하는 개인의 이기심의 발로라고 쉽사리 단정해야 할까? 마스크 내의 영역만이라도 외부로부터의 위험을 확률적으로 차단하는 것이 삶에 대한 전망을 가능하게 하는 최선의 방법이기에, 공동체 구성원은 법이 규정하는 바에 따라 마스크를 착용하고 사회적 거리 두기를 실천하는 것이라고 결론지어야 할까? 과연 공동체가 접한 예측 불가능한 상황에 대응하는 구성원들의 실천이 여전히 이와 같은 방식으로 해석되어야만 할지 되물어 볼 필요가 있다. 법이 규정하는 현 질서는 이러한 해석을 견지하도록 하는 가정 위에, 그리고 이와 같은 가정에 대한 질문의 제기 없이 구축되고 유지되어 왔다.

그러나 연일 두꺼운 방호복을 입고 혼신의 힘을 쏟는 의료진에게 감사를 전하는 캠페인을 자발적으로 진행하고, 감염에 취약한 사회 계층에 대해 마스크를 비롯한 물품을 지원하는 행위가 이러한 관점에서 해석될 수 있을까? 그렇게 해야만 할까? 즉, 삶의 목표를 안정적으로 전망하기 위한 사회 질서를 필요로 하기에, 타자의 헌신을 독려하고 불안 요소로 작용할 수 있는 위험의 발생을 제거하기 위함인 것으로 받아들여야만 할까? 취약 계층에 대한 검사 비용을 지원하는 정책에 사회적으로 반발하지 않는 것 역시 그 연장선에 불과한 것인가.

물론 이와 같이 해석할 여지는 남아 있다. 가늠할 수 없는 예측 불가능성이 밀어닥친 상황에서, 입국 제한의 경계는 마스크, 진단 키트 등 물품을 지원하는 데에까지 죽 그어진다. 그 경계를 넘어 건강과 생명에 대한 위험을 초래하는 것으로 인식되는 국민이 아닌 자에 대한 혐오와 적대감은 커진다. 이는 타자가 앞으로 자신의 삶에 위협을 초래할 것에 대한 두려움과 불안의 발로다. 사회 질서를 규정하는 법의 테두리에서 빗겨나 있는 자들은 경계 내에 속하면서도 언제든지 그 밖으로 내쳐질 존재로서 삶에 대한 안정적인 기대가 불가능하거나, 경계의 유지를 위해 경계 밖으로 모습이 감추어진다. 아니, 무지의 베일 속 개인은 타자의 상황을 자신에게 대입하고 나서야 정의의 원칙에 합의하기 때문에, 이와 같은 타자가 처한 상황에 대한 고려가 불가능한 것으로 전제된 현실의 개인은 모두 법에 의해 구축된 경계에 걸쳐 있다. 다만 경계 내로 모습이 드러나거나 그렇지 않을 뿐이다. 안전한 자유의 영역을 확보하기 위해 자신의 일부를 경계 밖으로 배제하는, 경계 내로 모습이 드러나고자 하는 개인은, 그 경계의 선에 따라 ―자신에게조차 포함되어 있는― 타자를 배제하고 그 선을 침범하는 자에 대해서는 자기 방어의 차원에서 혐오와 적대감을 발산한다. 반면 자신의 이익을 위해 유지되어야 할 경계 내에 있는 자에 대해서는 그 헌신과 노력에 공감하고 지지하며 취약한 상황에 놓인 자에 대해서는 연민한다. 상반된 것으로 표현되는 이 감정들은 경계를 전제하였을 때에 모습을 달리할 뿐 동일한 감정에 해당한다.

우리는 이와 같은 방식으로 공동체 구성원들의 실천을 해석할 수밖에 없을까? 이러한 해석으로는, 이러한 해석을 견지하려는 태도로는 개인은 영구히 자신과 동떨어져 있는 법에 의해 경계 지어진 영역 내에서 앞으로의 삶에 대한 전망을 추구할 뿐, 그 경계 너머에 대해서는 알 수 없는 존재로만 남는다. 아니, 그 경계 지어짐조차 현실의 개인은 알지 못하기에, 무지의 베일은 타자의 상황에 자신을 대입할 수 있도록 하는 조건이 아닌, 결과적으로 자신에 대해서조차 알지 못하도록 하는 무력화의 장치가 된다.

IV. 무지의 베일 새롭게 고찰하기: 왜 공개와 소통을 요구하는가?

이쯤에서 메르스(MERS) 바이러스가 출현하였던 2015년의 상황으로 돌아가 보자. 지금과 마찬가지로 당시에도 바이러스의 이름은 낯설었고, 발병 경로와 치료의 가능성조차 불명(不明)이었다. 갑작스레 마주한 상황은 이전에는 경험하지 못한 것이었고, 불명은 미래에 대한 인식을 불가능하게 했다. 무지의 상황은 개인에게 언제든지 발병의 위험에 처할 수 있다는 두려움과 공포심을 불러일으켰다. 그리고 자신의 힘으로는 그 위험에서 벗어나기 어렵다는 무력감을 경험하게 했다. 무력화를 초래하는 무지의 상황이었다. 자신들을 이러한 상태에 방치하는 정부에 대해 국민들은 분노하기 시작했다.

메르스 바이러스가 출현한 때에도 지금과 마찬가지로 국민은 법이 규정한 바에 따라 마스크 착용과 사회적 거리 두기를 준수하였다. 그러나 메르스 바이러스가 출현한 때에 정부의 대응에 대한 평가는, "언택트"로 대변될 만큼 인간의 생활 방식 전반을 변화시킨 코로나19 바이러스가 출현한 현 상황에 비해, 오히려 부정적이었다. 어떠한 차이가 있는 것일까? 연구 결과에 따르면, 메르스 바이러스의 출현으로 인한 정신적 피해, 물질적 피해에 비해 정부의 부적절한 대응이 정부의 신뢰에 더 큰 영향을 미쳤다. 여기서 정부의 대응을 부적절한 것으로 평가한 주된 이유는 메르스 바이러스의 출현에 관한 정보를 시민들에게 공개하지 않으려 했던 당시 정부의 태도 때문이었다.[5]

무지의 베일 속 개인은 사회 질서를 구축하는 정의의 원칙에 합의

한다. 법은 이와 같은 합의에 따라 모든 개인을 외부의 위험으로부터 보호하고 삶의 목표를 추구할 수 있도록 하기 위한 사회 질서를 구성한다. 대의 민주주의를 통해 마련된 법이 규정하는 바에 따라 마스크를 쓰고 사회적 거리 두기를 하는 것으로는 불충분하였던 것일까? 왜 신종 감염병이 출현한 상황에서 공동체 구성원은 정부에 대해 정보의 공개를 요구하는가?

앞서 살펴보았듯이 신종 감염병은 공동체를 무지의 베일로 뒤덮는다. 이 무지의 상태에서 공동체 구성원은 물질적, 정신적 피해에 대한 보호에 못지않게, 그에 우선하여 정보의 공개를 요구한다. 메르스 바이러스의 출현 당시 그들이 요구하는 정보는 일차적으로는 발병 지역과 장소, 확진자의 동선에 관한 정보였다. 그러나 이후 공동체 구성원의 외침과 정부의 대응 과정을 살펴보면 공동체 구성원이 요구하는 정보는 이에 한정되지 않음을 알 수 있다. 2015년 당시 국민들은 발병 장소와 확진자의 동선에 관한 정보를 요구하는 데에 그친 것으로 보였지만, 이는 정부가 이러한 정보조차 공개하지 않았기 때문이다.

소위 메르스 사태를 비롯한 일련의 중대한 경험을 거치면서 커진 당시의 정부에 대한 불신의 원인은 공통적인 외침을 통해 명확하게 나타났다. 촛불 항쟁을 통해 발산된 그 외침은 바로 민주주의의 구현이었다. 그것은 1980년대 민주화 운동에서의 외침과도 맥을 같이 한다. 이를 새겨 다시 한번 물음을 제기해 본다. 민주화 운동의 성과로서 '전국민'에 대한 건강과 생명의 안정적인 보장을 요구한 이유는 무엇인

---

5) 조영호, "박근혜 정부 시절 메르스(MERS) 사태와 정부신뢰 하락", 한국정치연구 제 28집 제2호(2019).

가? 그리고 신종 감염병이 출현한 상황에서 정보의 공개를 요구한 이유는 무엇인가?

촛불 항쟁 이후인 2017년 2월에 발간된 「공중보건 위험소통 표준운영절차」를 살펴보면, 신종 감염병이 출현한 상황에서 보건당국은 국민에 대해 신종 감염병에 관한 정보를 신속·투명·정확하게 공개하겠다고 밝혔다.6) 그러나 정보의 '공개'만으로 그치지 않는다. 정보의 공개를 기초로 위험 '소통'을 할 것임을 함께 밝혔다. 위의 보고서가 제시하는 위험 소통(risk communication)은 정보의 공유를 통해 모든 구성원이 참여하여 감염병에 대응하는 과정으로 진행된다.7) 우선 정부는 감염병이 발생한 상황에서 발생 현황과 적절한 대응 지침에 관한 정보를 공개함으로써 국민이 건강과 생명을 보호하기 위해 행동할 수 있도록 한다. 여기에 그치지 않는다. 뿐만 아니라 정부는 감염병 대책에 관한 정보를 다양한 채널을 통해 공개함으로써 국민과 전문가로부터 이에 관한 의견을 수렴하고 이를 정책에 반영하면서 소통할 것임을 밝혔다. 즉, 정보의 공개는 공동체 구성원이 건강과 생명에 대한 예측 불가능한 위험을 스스로 피하고 정부가 제시하는 대응 지침을 준수할 수 있도록 하기 위한 데에 그치지 않고, 신종 감염병에 대응하는 공동체 질서를 자발적으로 구성할 수 있도록 하기 위한 것이다. 정리하자면, 메르스 사태를 포함한 일련의 상황을 거치면서 정부에 대한 불신이 터진 근본적인 이유는 예측 불가능한 상황에서 이처럼 능동적이고 자발적으로 공동체의 질서를 구성하고자 하는 구성원들의 요구에 정

---

6) 질병관리본부, 「공중보건 위험소통 표준운영절차(SOP)」, 2017.
7) 위의 보고서, 22면.

부가 응답하지 않으려 했기 때문이다.

개인의 삶이 타자로 인한 위험에 언제나 노출되어 있음으로 받아들이는 태도는, 이러한 태도를 바탕으로 구축되어 온 기존의 질서는 영구적인 개인의 고립과 타자에 대한 혐오와 적대감을 낳는다. 그리고 개인으로 하여금 법에 대해 도달 불가능한 자유 영역의 보장을 요구하도록 하게만 한다. 살펴보았듯이 타자로부터의 위험을 배제하는 영역의 구축이 불가능하기에 타자를 외부로부터의 위험 내지 이와 같은 위험을 안고 있는 자로 간주하는 태도는 이러한 악순환을 끊임없이 반복하게 한다. 기존의 질서를 뒤흔들어버린 신종 감염병은 그것이 지닌 파급력과 함께 이와 같은 모순을 공동체 구성원이 인식하고 경험할 수 있도록 드러낸다. 그리고 공동체 구성원으로 하여금 요구하고 행동하며, 스스로 고찰하고 실천하도록 촉진하는 계기가 된다. 메르스 바이러스 출현 당시 정부의 대응에 대한 평가, 그리고 이어진 촛불 항쟁에서 명확하게 드러났듯이, 공동체 구성원은 신종 감염병에 대응하기 위한 질서를, 이를 포함한 공동체의 질서를 어딘가에 맡기지 않고 자율적으로 구성하고자 한다.

그렇다면 한 발짝 더 나아가 질문을 제기하여 본다. 국민이 바라는 '공개'와 '소통'을, 이를 통한 질서의 자율적인 구성에 대한 요구를 어떠한 관점에서 해석하여야 할까? 기존의 관점과 마찬가지로 자신의 건강과 생명을 보장받기 위한 것으로 해석하면 될까? 민주주의를 통해 정책에 대한 의견을 개진하고 그 추진 과정을 살펴보는 행위 역시도 자신의 안정적인 삶을 위한 것이라고 단정하면 충분할까? 민주화에 대한 요구는 '모든'에 포함된 '자신'의 삶을 위함인 것인가? 타자를 포함한 모든 자를 곧 자신으로 수렴하는 이와 같은 관점을 견지한다면 질문의 제기는 여기에서 그친다. 현실의 개인은 질서의 구성에 참여하는 외관은 갖추게 될지 모르나, 기존의 질서에서 전제된 본래적으로 공동체에서 타자와 공존하는 질서를 구성할 수 없는 존재로 회귀한다. 도달 불가능한 평등한 자유 영역의 분배를 법에 대해 요구하는 모순은 또다시 끊임없이 반복된다.

민주화 운동과 촛불 항쟁에서의 외침에서와 같이 공동체의 질서를 스스로 구성하는 자가 되고자 한다면, 자신과 타자에 관한, 법과 질서의 구성에 관한 관점의 전환을 시도할 필요가 있다. 마스크를 쓰고 손을 깨끗하게 씻는 실천은 예측 불가능한 상황에 대응하는 질서를 구성한다. 그것은 타자가 초래하는 위험으로부터 자신의 건강과 생명을 보장하기 위한 것이 아니다. 뒤집으면 그것은 자신뿐만 아닌 타자의 건강과 생명을 지키는 길이다. 예측 불가능한 상황에서 질서를 구성하는 성원들의 실천은 타자의 삶에 대한 고려를 통해 가능하며 이를 통해 정당성을 획득한다. 타자를 더 이상 자신의 삶에 위험을 초래하는 자로 간주하지 않는 태도를 통해 공동체 구성원은 법에 일임하지 않으면서 현실에서 질서를 구성할 수 있는 자가 된다. 마스크 착용과 손 씻기를 실천하는 목적의 끝에 자신의 건강과 생명의 보장을 놓는 것이 아니라, 자신과 타자를 모두 고려하는 매 실천을 통해 구성한 질서에서 자신의 삶 역시 보장하며 살아갈 수 있는 것이다.

민주화 운동의 성과로서 국민건강보험의 시행 대상을 전 국민으로 확대한 것 역시 이처럼 변화한 관점에서 해석할 수 있어야 한다. 즉, 전 국민을 대상으로 하는 건강보험에 대한 요구는 그 적용에서 배제되지 않고 자신의 건강과 생명을 보장받기 위한 것이 아니라, 자신과 공존하는 타자의 삶을 고려하며 자신을 비롯한 모든 자가 삶을 누리는 데에 필요한 건강과 생명을 보장받는 질서를 구성하기 위한 것이다. 법과 이에 기초한 질서를 자율적으로 구성할 것을 선포하는 외침에는 이와 같이 자신과 타자, 모든 자를 고려하는 관점이 스며있다. 그리고 궁극적으로 그 외침은 이와 같이 변화한 관점을 통해 비로소 구현될 수 있다는 점을 민주화 운동을 전개하였던 자들은 온몸으로 인지하고 있었는지도 모른다. '민주화'와 '모든' 자, 그것들은 이처럼 연결되어 있는 것이다.

그렇다면 앞서 살펴본 설문 조사에 대해서도 답변을 내려보기로 한다. 왜 상당수의 국민은 신종 감염병으로 건강과 생명의 보장을 예측하기 어려운 상황에서 국민건강보험에 대해 긍정적으로 평가하는 것일까? 제도의 시행에서부터 국민건강보험에 담긴 타자에 대한 고려는 이후의 시행 과정을 거치면서 공동체와 구성원에게 건강과 생명의 문제에 있어서만큼은 자신뿐만 아니라 타자의 건강과 생명 역시 살피고 실천하도록 하는 태도가 반영되도록 하였다. 신종 감염병이 출현한 상황에서 마스크를 착용하고 손 소독제를 사용하는 실천이 자신과 타자 모두의 건강과 생명을 위한 것임을 알리는 캠페인의 구호가 우리에게 낯설지 않은 이유다. 이처럼 국민건강보험은 구성원으로 하여금 모든(전) 국민, 즉 타자를 포함한 모든 자의 삶을 고려할 수 있도록 하는 하나의 계기를 마련하여 왔다. 그리고 이를 통해 신종 감염병의 출현에 따라 불명으로 인식될 수 있는 상황에서도 자율적으로 질서를 구성할 수 있는 실천을 가능하게 하였다. 공동체 구성원은 감염 확진자에 대한 치료비 전액을 국민건강보험으로 부담하도록 동 제도를 새로이 구성하고, 한편에서는 국민건강보험으로 보장되지 않는 취약 계층에 대한 마스크와 위생용품을 지원하는 실천을 전개한다. 뿐만 아니라 타자를 고려하는 태도를 기반으로 구성되어 온 전 국민 대상의 국민건강보험은 신종 감염병으로 앞으로의 삶을 예측하기 어려운 상황에서, 의도치 않게, 그러나 어찌 보면 당연하게 타자의 건강과 생명을 보장하고 자신에게도 감염의 위험에 노출될 가능성을 줄이는 결과로 돌아왔다. 일부의 건강과 생명만을 보장하는 제도로만 남았다면 기대하기 어려운 결과이다.

여기서 겉으로 드러난 이러한 긍정적인 결과만으로, 기존의 관점과 마찬가지로 상당수의 국민이 자신의 건강과 생명을 보장받을 수 있게 되었기 때문에 국민건강보험을 지지하는 것이라고 단정하여서는 안 된다. 섣불리 내리는 그와 같은 답변은 모순적인 상황을 자아내는 기존의 질서에 힘을 보태는 것에 불과하다. 살펴본 바와 같이 오히려 국민건강보험에 대한 높은 지지는 구성원의 외침과 요구에 따라, 공동체 구성원이 '전(모든)' 국민의 건강과 생명에 대해 고려하며 자신과, 자신과 공존하는 타자의 삶을 보장하기 위한 질서를 구성하는 매 실천이 가능하게 되었기에, 국민건강보험이 이를 위한 하나의 계기와 통로로서 그 역할을 다하고 있기에 가능한 결과인 것이다.

같은 모습의 경계일지라도 그것은 뒤집어진 의미로 받아들여야 한다. 이기적인 개인은 뒤집으면 곧 타자의 삶까지 고려하는 공동체의 구성원이 된다. 이와 같은 변화가 예측 불가능한, 즉 일의적으로 경계지어질 수 없는 현실에서 공존하는 공동체 질서의 구성을 가능하게 한다. 그것은 공동체 구성원의 고찰과 실천을 통해 자율적으로 이루어진다. 마스크를 쓰고 손 소독제를 사용하며 사회적 거리를 두는 실천을할 때에, 코로나19 바이러스로 인한 치료비 전액을 국민건강보험으로 부담하는 것을 지지할 때에 공동체 구성원은 자신과, 그리고 공존하는 타자의 삶에 미치는 영향에 대해서도 함께 고찰한다. 그리고 타자를 포함한 모든 자의 삶에 대한 고려는 자신의 건강과 생명의 보장으로도 이어진다. 신종 감염병은 그 전파력과 파급력으로 기존의 질서를 뒤흔들고, 아이러니하게도 이와 같은 사실을 공동체 구성원으로 하여금 보다 분명하게 감각하고 인식할 수 있도록 드러낸다. 우리는 이를 알고 우리가 지니고 있는 태도로서 받아들일 수 있어야 한다.

V. 경계 없음과 펼침8)의 정치: 무지의 베일 뒤집기9)

신종 감염병이 예측 가능성을 매개로 구성되었던 기존의 질서를 벗겨냄으로써 드러난 예측 불가능성은 기존의 질서에 의해 규정된 개인을 무지의 베일 상태에 놓이게 한다. 무지의 베일은 더 이상 기존의 질서에서와 같이 현실에서의 이기적인 개인이 타자의 상황에 대해, 이와 일의적으로 경계 지을 수 없는 자신이 처한 상황에 대해서도 알지 못하도록 하는 무력화의 장치가 아니다. 예측 불가능성에 의해 기존의 질서가 벗겨진 현실에서, 무지의 베일은 그 뒤집음을 통해 현실에서도 공동체 구성원이 자신의 이익에 골몰하지 않고 타자가 처한 상황에 대

---

8) 양혜규, <펼쳐지는 장소(비디오 삼부작Ⅰ)>(2004).
9) 양혜규, <솔 르윗 뒤집기 - 23배로 확장된, 세 개의 탑이 있는 구조물>(2015).

해 고찰할 수 있도록 하는 조건이 된다. 이러한 뒤집음은 기존의 질서에서 가상적으로 도입하였던 무지의 베일이 벗겨짐이 의미하는 바가 무엇인지 앎을 통해 이루어질 수 있다.

기존의 질서에서 개인은 앞으로의 자신의 삶에 골몰하는 이기적인 자로 간주되었다. 그리고 타자는 개인의 자기 실현을 간섭하거나 이에 위험을 미칠 수 있는 존재였다. 현실의 이기적인 개인은 타자가 처한 상황을 고려할 수 없기에 그들이 합의하여 사회 질서를 구축하기 위해서는 무지의 베일이라는 가상적 상황을 도입할 수밖에 없었다. 무지의 베일 속에서 가상적으로 합의한 바에 따라 구성된 기존의 사회 질서에서, 현실의 개인은 삶의 목표를 추구하기 위해 타자와 구분 지어진 자유의 영역을 배분받고, 그 영역을 따라 경계 지어지고 접혀진 채 있어 왔다. 이 접혀진 영역은 사회 질서에서 모습이 감추어져 있고 그곳에는 그림자가 드리워져 있다. 그러나 현실의 개인은 타자가 처한 상황을 고려할 수 없는 이기적인 존재이기에, 무지의 베일 상태로 회귀할 수 없고 그 경계와 접힘을 펼칠 수 없다. 법과 이에 기초한 사회 질서는 개인에게 미래에 대한 전망을 안정적으로 제시하기로 약속하였기 때문에, 앞으로의 삶에 대한 전망에 불안을 야기할 수 있는 현실의 개인에 의해서는 법과 사회 질서가 구성될 수 없는 것이다. 현실의 개인은 이기적이며, 타자를 불안의 요소로 받아들이고 타자에 대한 혐오와 적개심을 내재한다. 또한 법에 의해 부여된 경계 지어진 영역 밖에 대해서는 무기력한 존재로 남는다.

그러나 신종 감염병이 몰고 온 예측 불가능성은 법과 사회 질서에 의한 일의적인 경계 지음과 접힘이 불가능함을 시사한다. 그리고 공동체 구성원으로 하여금 기존의 질서로부터 부여된 영역 밖을 인식하고 감각적으로 경험할 수 있도록 한다. 이와 같은 앎은 그 파급력만큼이나 극적으로 일어난다. 예측 가능성에 기초한 법이 더 이상 개인에 대해 안전한 영역을 구획할 수 없기에, 공동체 구성원은 예측 불가능한 상황에서 정부에 대해 현 상황에 관한 정보의 공개를 요구한다. 여기서 구성원이 요구하는 발생 장소와 확진자의 동선에 관한 정보의 공개는 법이 가늠하지 못하는 위험을 스스로 피하도록 하기 위한 것에 그치지 않는다. 또한 자신의 삶에 불안 요소가 될 수 있는 타자를 배제하기 위한 것이 아니다. 살펴보았듯이 이러한 태도는 결국 성원에 의한 공동체 질서의 구성을 불가능하게 한다. 타자가 처한 상황에 대해서도 고려할 수 있도록 하는 무지의 베일이 현실에서도 작동할 수 있을 때에 비로소 구성원에 의한 자발적이고도 자율적인 질서의 구성이 가능하다. 그리고 이는 자신뿐만 아니라 타자의 삶 역시 고려하는 구성원, 정확히는 이러한 구성원의 태도에 의해 가능하다. 이를 위해 공동체 구성원은 신종 감염병의 출현에 관한 가능한 한 최대한의 정보를 공유하며, 경계 지어지고 접혀진 영역에 대해서도 드러내어 알고자 한다. 우리는 이처럼 변화한 관점에서 해석할 수 있어야 한다.

이와 같은 펼침의 정치를 통해 공동체 구성원은 그림자가 드리워진 영역에 대해 고려한다. 그리고 공개되는 정보 이외에 공개되지 않고 끝끝내 감추어진 영역에 대해서도 고찰할 수 있어야 한다. 성원에 의한 공동체 질서의 구성은, 신종 바이러스라는 위험을 안고 나타날 수 있는 자에 대한 고려를, 고로 타자를, 자신 안에 경계 지워진 타자를, 이와 같은 타자를 경계 밖에 세워두는 자신을 비롯한 모든 자를 함께 고찰하고 살피려는 태도를 통해 가능하다. 그동안 이기적인 개인과 동떨어져 질서를 구성하여 왔던 법 역시, 모든 자에 대해 고찰하며 공존을 위해 실천하고자 하는 구성원에 의해서는 더 이상 도달 불가능한 것이 아니다.

촛불 항쟁 이후 선출된 정부가 코로나19 바이러스에 적절하게 대응할 수 있었던 이유는, 신종 감염병에 대응하는 데에 있어서만큼은, 스스로 펼침의 고찰과 실천을 하고자 하는 구성원의 외침과 요구를 공동체 질서에 반영하려 했기 때문이다. 그동안 불가능하리라 여겼던 공존의 질서를 공동체 구성원이 스스로 구성하는 시험의 장이 막대한 파급력을 지닌 신종 감염병의 출현과 함께 역설적이게도 개시되었다. 다만 현재까지 자율적인 질서의 구성은 개인을 이기적인 존재로 간주하고 경계 지으며 접히도록 하였던 기존의 질서를 벗겨낼 정도의, 기존의 질서가 대응하 ─여 규정하─ 기 전에 경계 밖을 인식하고 경험하게 할 정도의 코로나19 바이러스가 지닌 파급력에 의해 가능할 수 있었다. 그러나 이처럼 경계 지을 수 없음을 인식하도록 하고 영역 밖을 둘러보고 벗어나도록 하였던 예측 불가능성이, 백신과 치료제의 개발과 함께 사회 질서가 이 예측 불가능성에 대응할 수 있게 됨에 따라, 다시 한번 역설적이게도 덮여질 가능성은 농후하다. 살펴본 바와 같이 국가를 경계로 타자에 대한 혐오와 적대감, 이와 모습만 달리하는 감정인 경계 내에 속한 자에 대한 지지와 연민이 한편에서는 여전히 긍정되기 때문이다. 국민건강보험을 통해 그 삶을 고려하고자 하는 타자를 포함한 모든 자 역시 전 '국민'으로, 즉 국민에 방점을 찍어 제한하며 해석하려는 태도 역시 견지되고 있다.

구성원은 앞으로의 삶을 기대하며 도달 불가능한 법에 의해 또 다시 경계 지어지고 접혀질 것인가. 구성원에 의한 질서의 구성은 지속될 수 있을 것인가. 이를 위해서는 모든 자의 삶을 함께 고려하고자 하는 태도가 반영된 마스크 쓰기와 사회적 거리 두기와 같이, 신종 감염병이 물러난 상황에서도 경계 짓지만 경계 지어질 수 없는, 즉 경계에 펼침을 담는 고찰과 실천이 요구된다.

제 **8** 장

팬데믹 시대, 의료자원의 공정한 분배

코로나 시대의 법과 철학

제 **8** 장
팬데믹 시대, 의료자원의 공정한 분배*

송윤진**

Ⅰ. 머리말

코로나바이러스감염증-19(COVID-19, 이하 코로나19)[1]는 2019년 12월 31일 중국에서 시작되어 빠른 속도로 전 세계로 확산되었으며, 2020년 3월 세계보건기구(World Health Organization, WHO)는 코로나19 감염증의 세계적 대유행(pandemic)을 선언하기에 이르렀다. 전세계 국가들은 일제히 감염증 예방 및 대처를 위해 골몰하고 있으며, 시시각각 변화하는 감염병 확산 상황에 촉각을 곤두세우고 있다. 21세기 들어 전 세계가 혹독하게 경험하고 있는 코로나19 위기는, 이 문제

---

* 이 글은 송윤진, "COVID-19 팬데믹 시대의 법과 의료 윤리: 의료자원의 분배 문제를 중심으로", 아세아여성법학 제23호, 2020에 게재된 논문을 발췌 요약한 글임을 밝혀둔다.
** 전남대학교 법인문센터 선임연구원.
1) 우리나라에서 코로나바이러스감염증-19는 바이러스로 인한 임상양상, 역학적 특성에 대한 정보가 구체적으로 밝혀질 때까지 「감염병 예방 및 관리에 관한 법률」 제2조 제2호 제타목 '제1급감염병 신종감염병증후군'에 해당하는 것으로 보고, 이에 준하여 대응하고 있다.

가 더 이상 한 국가의 방역 정책이나 봉쇄 조치만으로 완벽히 통제되기 어렵다는 점에서 국제적·범정부적 대응책을 촉구하는 목소리도 높아지고 있다. 'K-방역'이라 불리는 우리나라의 감염병 대처 및 대응은 세계적으로 주목을 받을 만큼, 비교적 신속하고 적절하게 내려지고 있다고 긍정적으로 평가된다.[2] 그러나, 우리나라에서도 여전히 감염증 확산은 산발적으로 지속되고 있는 가운데, 다른 나라들과 마찬가지로 한꺼번에 감염된 많은 수의 환자를 수용할 수 있는 병상 수 및 필수 의료자원의 부족 문제로 난항을 겪고 있다. 여러 다양한 문제들 중에서도 의료자원의 분배는 팬데믹 상황에서 가장 시급하고 중요한 현안 중의 하나라고 할 수 있다. 특히, 코로나19가 인체의 호흡기에서 주로 발생한다는 것을 고려하면, 중환자실 병상과 인공호흡기 부족 등 필수 의료자원의 부족 사태는 위중한 상태의 환자들뿐만 아니라 감염병 이외의 질환으로 고통 받는 모든 환자들을 위험에 빠뜨릴 수 있다는 점은 자명하다. 더욱이 국내·외 전문가들은 본격적으로 추위가 시작되는 올 겨울에 이르러 대규모의 n차 유행에 또 다시 직면할 수 있음을 지속적으로 경고하고 있다. 최악의 상황을 가정한다면, 우리나라의 경우도 넘쳐나는 감염된 환자를 수용할 중환자실 병상 부족은 거의 확실시된다고 볼 수 있다.[3] 의료자원의 공정한 분배에 대한 논의는 모두의 생존과 직결된 시급한 현안이 아닐 수 없다.

세계보건기구는 한 국가가 감염병 대유행에 대한 대비 및 대응에

---

2) https://www.yonhapnewstv.co.kr/news/MYH20201021001800038?did=1947m
3) 그 외에도 K-방역을 위협하는 3대 요인으로, 감염경로 불명·비협조·병상부족을 들고 있다. 임미나, 연합뉴스, 2020. 10. 1.기사.

서 제기될 수 있는 다양한 윤리적 쟁점을 적시하면서 이와 관련하여 세계 각국의 의료윤리 전문가들의 자문을 얻어 만든 가이드라인을 제시하였다.[4] 또한 이를 참고하여 각 국은 자국의 사회문화적 가치를 반영하는 지침을 만들 것을 권유하기도 하였는데,[5] 위난에 의한 피해를 최소화하고, 신속·공정한 대응 체계를 마련하는 것은 절대적으로 필요하다. 그러나 이러한 대응 매뉴얼을 만드는 과정은 여러 가지 복잡하고 상호 연관된 윤리적 이슈들을 포함하기 때문에,[6] 매뉴얼을 만드는 시작 단계에서부터 정부와 시민들 간의 충분한 소통과 공적 논의가 요구된다. 우리나라에는 정부 주도 하에 만들어진 감염병 대유행 대비·대응방안[7] 및 관련법률[8]이 존재한다. 그러나 이와 관련하여 시민사

---

4) WHO, Guidance For Managing Ethical Issues in Infectious Disease Outbreaks. Geneva: WHO, 2016.

5) WHO, Ethical consideration in developing a public health response to pandemic influenza, Geneva: WHO, 2007, p. iii.

6) COVID-19 하에서의 공중보건윤리의 문제들로는, 격리거부 처벌조항, 검사거부, 치료거부 처벌조항, 집회 금지 명령, 백신 접종의 우선순위 문제, 의료인의 치료의 의무, 면역여권(Immunity passport), 백신개발에서의 인간챌린지 연구, 타인 감염 방지를 위한 개인의 의무, 의료 종사자의 치료의무, 강제적인 사회적 거리두기 조치 등 다양하다.

7) 중앙방역대책본부·중앙사고수습본부, <코로나바이러스감염증-19 대응 지침(지자체용)>, 9-2판 2020.8.20.

8) 보건복지부, (구) 질병관리본부, 감염병의 예방 및 관리에 관한 기본계획[2013-2017]. 2013. 8; 감염병의 예방 및 관리에 관한 법률(약칭: 감염병예방법)[시행 2016. 8. 12.][법률 제13474호, 2015. 8. 11., 타법개정]. 우리나라는 지난 2000년 이후 사스(SARS), 조류독감(AI), 신종 인플루엔자(H1N1) 대유행을 몇 차례 경험하면서, 각종 감염병 발생에 대비하여 신속한 대응 및 관리체계를 규정하는 법령을 마련하고, 조직 및 시설, 장비 등 보완에 만전을 기해왔으며, 감염병을 체계적으로 대응하기 위한 질병관리본부 출범 및 감염병 관리 조직의 제정비도 있었다. 특히 병원감염과 다제내성과 같이 간과했던 각종 감염병 문제들을 포괄적으로 관련 법규에 포함시켜야 한다는 목적 하에 관련 법규의 재정비가 이루어졌으며, 이러한 노력의 결과

회 내에서 공적 논의가 충분히 진행된 적은 없다. 이번 코로나19 사태로 인해 주로 방역조치를 중심으로 일정 정보가 시민사회에 공개된 측면은 있지만, 다양한 관련 조치들이 그 정당성 및 윤리적 쟁점과 관련하여 숙고된 논의를 거친 결과물이라고 보기는 어렵다. 또한 관련 법률에 근거한 코로나19 대응지침은 주로 감염병 환자 신고·보고체계, 해외 입국자 관리 강화, 역학조사, 대응방안, 실험실 검사 관리, 환경관리, 질병개요, 기타 서식(자가격리대상자 및 동거자 수칙 등)에 관한 것들로, 주로 감염병을 예방하고 그 확산을 신속히 막기 위한 조치들과 관련된다. 현 상황에서 의료자원에 대한 공평한 접근과 관련된 선별치료나 치료중단 등의 여러 윤리적 쟁점들에 대해서도 관심을 가지고 논의를 시작할 필요가 있다.

  본 글은 공동체의 윤리적·제도적·정책적 고려사항의 일환으로서, 감염병 대유행 상황에서 어떻게 의료자원을 공정하고 윤리적으로 분배할 것인가의 문제를 탐색해보고자 한다. 이러한 논의의 기초로서, 의료자원 분배에 관한 이론적 논의를 바탕으로 팬데믹 상황에 활용할 수 있는 분배 기준들을 개관하고 감염병 상황에서 의료자원의 공정한 분배를 위한 대응 지침을 만드는 과정에서 중요하게 고려해야 할 기본

로 2009년 12월 공포되고 2010년 12월부터 시행된 '감염병의 예방 및 관리에 관한 법률'(이하 감염병예방법)이 제정되었다. 최근 감염병 사태로는 2015년 5월 20일 국내 최초의 메르스 확진 환자 발생 이후 7월 18일 현재 국내 메르스(MERS) 환자가 총 186명 발생한 경험이 있다. 이러한 몇차례의 경험으로 우리나라의 감염병 관리체계를 원점에서 재조명해야 한다는 문제제기가 되었고, (구)보건복지부 산하 질병관리본부, (현)질병관리청에서 대응대비책을 마련해왔다. 관련 법률에 대한 자세한 논의는 천병철, "우리나라 감염병 관련 법률 및 정책의 변천과 전망", Infect Chemother 2011, 43(6), 474-484면 참조.

원칙을 제언해보고자 한다.

II. 의료자원의 공정한 분배와 그 다양한 기준

공중보건윤리에서 의료자원9)과 같은 공익(public interest)을 개인
(individual)에게 공정하게 분배할 것인가를 논의하는 과정에서 기존
의 다양한 분배 정의 담론들을 활용할 수 있을 것이다. 사람들은 재화
나 기회를 분배하거나 부당하게 발생한 손해를 회복하려고 할 때 정의
롭게 해야 한다는 것에는 모두 동의하지만, 구체적으로 어떻게 분배할
것인가에 대해서는 생각을 달리한다. 가령, "각자에게 각자의 몫을 주
라"는 원리를 예로 들었을 때, 이 '각자의 몫'에 대한 실질적 기준은 다
양하게 제시될 수 있다.10) 각자에게 모두 똑같이, 혹은 각자가 응당 받
아야 할 사회적 업적이나 공헌에 따라, 혹은 각자가 기울인 노력에 따
라, 혹은 각자가 원하는 만큼의 필요에 따라 등등 다양한 분배의 기준
들은 각 각 장·단점을 가지며 서로 경합한다. 따라서 정의로운 분배
방식이나 기준에 대하여 모두가 합의하는 것은 상당히 어려운 일이며,
때로 격렬한 이념적 논쟁을 불러일으키기도 한다.

예컨대 '평등주의 이론'과 '결과주의 이론'의 대립을 생각해볼 수
있다. 전자가 '평등'을 정의의 핵심으로 보고 중시하면서 평등을 지향
하고 불평등 격차를 완화하려는 이론적 경향이라면, 후자는 평등이 아

---

9) 보건 의료 자원이란 건강을 잘 지속시키거나 손상된 건강을 복구시키기 위하여 전문
가나 의료 서비스 기관이 사용할 수 있는 총체적인 인적, 물적 자원을 의미한다.
10) 김도균, 『한국 사회에서 정의란 무엇인가』(아카넷, 2020), 30면 이하.

닌 다른 가치, 곧 개인의 '선택의 자유'나 '효율성'을 지향하는 이론적 경향을 일컫는다. 정치철학적 배경에서 이러한 '평등주의 이론' vs '결과주의 이론' 대립은 기회의 평등을 강조하였던 자본주의와 결과의 평등을 강조하였던 사회주의의 이념적 대결 속에서 한동안 논쟁이 지속되어 있다. 이러한 이념적 대립은 롤즈의 정의론 이후 모든 사람이 합의할 수 있는 '절차의 공정성' 문제로 그 관심 방향이 옮겨지게 된다.[11] 앞서 언급했듯이, 정의로운 분배 방식에 한 가지만 있을 수 없다는 점을 상기하면, 분배적 정의에서 보다 주목해야 할 점은 한 사회가 그 분배 방식을 결정하는 과정에서 논의의 '절차와 원칙'이 합리적이고 공정하게 마련되고 지켜졌느냐인 것이다. 적어도 절차의 정당성 확보는 다양한 가치관이 공존하는 사회에서 실현하기 위해 노력할 수 있는 부분이기 때문이다. 이런 측면에서 절차적 정의론은 오늘날 분배적 정의에 관한 가장 현실적인 논의라고 생각된다.[12]

공정한 분배를 둘러싼 이념적·이론적 대립은 의료자원의 분배 영역에서도 동일하게 재현된다. 이론적 차원에서는 다양한 분배 정의 이

---

11) 사람들이 공정한가를 따질 때 고려하는 공통적 요소는 그로 인해 얻게 되는 '결과(outcome)'와 그러한 결과를 얻기 위해 사용한 '절차(procedure)'가 있으며, 전자는 분배적 정의(distributive justice), 후자는 절차적 정의(procedural justice)라고 일컬어지기도 한다. W. Anderson, M. Patterson. Effects of Social Value Orientations on Fairness Judgment, *J Soc Psychol* 148(2), 2008, 223-245면.
12) 롤즈의 시도는 정치 이념상 다원주의에 대한 적절한 대응책으로서 포괄적인 도덕철학에 근거하는 '정치적 자유주의'의 대표적 입장으로 이해할 수 있다. 그러나 이 견해도 '비(非)정치적 자유주의' 진영으로부터 여러 비판을 받았다. 특히 공동체주의는 개인의 선관에 대한 국가 중립성 개념을 날카롭게 비판하면서, 오히려 공동체는 사회적 책임과 연대성을 강조하는 '공동선의 정치(politics of the common good)'를 펼쳐야 한다고 주장하기도 하였다.

론의 경합과 대립에서 어느 하나를 배타적으로 우선하기보다는 구체적인 상황별로 우선해야 할 원칙을 달리 볼 수도 있다. 그러나 이러한 이론을 실제 임상에 적용할 경우, 그러한 선택에 대한 정당화 논변이 뒷받침되어야 하며, 어떤 것을 우선적으로 선택할지에 대한 공적 협의를 필수적으로 거쳐야 한다. 그리고 절차적 정당성의 확보를 위해, 즉 공개적인 정당화 논의를 가능하도록, 분배의 기준 및 우선순위 설정을 위한 일반적인 원칙을 지정해두는 것이 첫 번째 조건이 될 것이다. 의료자원은 언제나 부족하며 늘 그 분배를 위한 기준들은 경합을 이룬다. 과연 충분하지 않은 의료자원의 공정한 분배를 위한 일반적인 기준을 어떻게 세울 수 있을까?

오늘날 회자되고 있는 대표적인 분배 이론들을 중심으로 의료자원의 분배에 어떻게 적용할 수 있을지를 탐색해보자. 가장 대표적으로 언급되는 이론 중 하나는 평등주의(Egalitarianism)이다. 이 입장은 이론가들에 따라 다양한 논의가 가능하지만, 여기서는 주로 '기회균등'의 보장으로 제한한다. 이러한 기회균등의 측면에서 자원 분배를 고려하게 되면, 분배에 있어서 어떠한 종류의 차별, 가령, 지위, 인종, 성별, 나이 등에 따른 의료접근의 차별은 결코 용인될 수 없을 것이다. 그리고 이러한 입론은 개인의 개별 상황을 고려하지 않기 위해 추첨, 무작위할당, 선착순과 같은 비(非)인적(impersonal) 메커니즘을 그 분배방식으로 제안해볼 수 있다. 이러한 접근은 직관적인 수준에서, 모든 사람들을 공평하게 대우하는 것이며, 복잡한 고려 없이 신속한 대응도 가능하다는 장점을 가진다. 반면에, 이러한 분배 방식은 비판을 받기도 한다. 가령, 장기 이식 분배에 적용해보자. 추첨이나 무작위 할당을 통해 장기 이식 대기자 중 우선순위를 정한다고 하자. 이럴 경우, 이식 수술 후 곧 사망할 수도 있는 환자에게도 이식 장기가 분배될 수 있다. 즉, 이식 대상자의 우선순위를 정할 때 의료적 유용성이나 성공 전망 등 구체적인 상황과 다양한 요인들을 전혀 고려하지 않는다면, 사람들을 더 불공평하게 대하는 결과가 초래될 수 있다. 실제로 대상자 모두에게 균등한 기회를 부여한다는 점에서 이식 장기 분배에서 선착순 방식이 널리 활용되기도 한다.13) 그러나 선착순 방식 역시 우선권을 먼저 배정받기 위해 빨리 움직인 사람들이 원천적으로 정보에 빠르고 이동이 수월한 유리한 위치에 있는 사람들일 가능성이 있고 결과적으로 기회균등의 이상을 실천하지 못하는 것일 수 있다.

'평등주의적 기회균등'과 대비하여 가장 많이 언급되는 입장으로 공리주의(Utilitarianism)가 있다. 이 입장은 '최대 다수의 최대 행복'이란 슬로건처럼 사회 전체의 이익을 극대화할 수 있도록 '유용성'을 분배의 기준으로 고려하는 것이다. 문제는 이 유용성을 무엇으로 볼 것인가에 따라 그 분배 기준이 달라진다는 점이다. 가령, 살아갈 날이 더 많다는 것을 유용성의 기준으로 삼는다면 나이가 많은 80대 환자보다는 건강하게 오래 살아갈 확률이 높은 젊은 30대 환자에게 장기를 이식해야 한다고 주장할 수 있을 것이다. 대체로 공리주의 이론은 최대한의 생명을 살리는 방법이나 최대한의 기대여명(생존연수)등을 분배의 우선적 기준으로 고려하는 경향을 가진다.14) 이런 측면에서 국민

---

13) J. F. Childress, "Putting patients first in organ allocation: An ethical analysis of the US debate", *Cambridge Quarterly Healthcare Ethics* 10, 2001, 365-376면.
14) 의료영역에서 분배적 정의의 문제는 핵심적으로 '평등주의적 기회균등'과 '공리주

의 건강 증진 혹은 건강 수준 달성을 목표로 하는 보건의료정책자 혹은 제도 설계자는 각 인의 상황적 고려보다 사회 전체의 총합을 통해 달성하고자 하는 목표를 정하게 마련이며 공리주의적 접근은 일차적 고려 대상이 될 수 있다. 특히, 재난 상황에서의 응급대처와 같이 개개인을 식별하거나 전체 상황을 파악하기 어려운 경우, 일단 한 사람이라도 더 살리는 결정을 내릴 수밖에 없을 것이다.[15] 실제로 의료 현장에서 공리주의적 접근은 빈번히 적용된다. 그러나 이러한 적용의 정당성과 관련한 논의는 상대적으로 찾아보기 어렵다. 설사 공리주의적 접근이 사회 전체 총합의 극대화를 가져온다 하더라도, 그 이득이 모두에게 골고루 돌아간다는 것을 보장하기 어렵고, 특히 소수자 권리 침해가 야기될 수 있는 점 등의 주요 의제들이 깊이 있게 논의될 필요가 있다.

그 외 중요하게 거론되는 입장으로 약자우선주의(Prioritarianism)가 있다. 이 이론은 롤즈의 이론에 기반하는데, 가장 '취약한 상태에 처한 사람들의 필요를 우선하라'는 차등의 원리를 중요한 기준으로 삼는다. 이 이론에 의하면 지금 가장 약한 위치에 있는 자들, 가령, 경제적

의적 유용성'의 양자를 어떻게 조화시키느냐의 문제로 표출되곤 한다. 개인 및 사회적 유용성의 최대화가 의료 서비스 제공 원칙이 되어야 한다면 의료 서비스가 낳을 유용성에 따라 노년층보다는 청년층에, 일반 시민보다는 사회 엘리트에게 우선권이 주어질지도 모른다. 그들이 치료되는 것이 더 많은 사회적 유용성을 낳을 것이기 때문이다. 그러나 기회의 평등을 강조하는 입장에 서면 지위, 인종, 성별, 나이에 따른 의료 접근 차별은 용인될 수 없을 것이다.

15) 김준혁(2020)은 '최대한의 생명 우선(save the most lives)' 방침은 재난 상황에서 기본적으로 택하는 방식으로 흔히 사고 등에서 '생존자 수'를 따지는 예를 들면서, "우리나라 국민건강보험에서도 응급실 등 특수 분야를 제외하면 최대한의 생존 연수 방침을 의료 일반 상황에서 암묵적으로 적용하고 있다"고 지적하고 있다. 김준혁, "코로나19로 인한 응급상황에서 의료자원 분배 및 백신 접종의 우선순위 설정", 생명, 윤리와 정책 제4권 제1호(2020), 75면.

으로는 극빈자, 의료의 측면에서 가장 큰 외상을 입었거나 질병이 가장 많이 진행된 사람 등에게 우선적으로 이득이 될 수 있는 정책이 정의롭다고 주장하게 될 것이다. 이 입장은 의료영역에서 활용도가 높은 편인데, 이와 관련하여 박상혁(2020) 논문에서는 크게 두 가지 방식 – 위중환자 우선과 나이 우선 방침 – 을 비교하여 소개하고 있다. 위중환자 우선 방침이 적용되는 예로, 전시 등과 같이 모든 환자를 치료할 수 없는 상황에서 환자의 응급도를 구분하여 위중도에 따라 자원을 분배하는 것을 생각해볼 수 있다. 또한 일반적으로 장기 이식과 응급실에서 채택되는 방식이기도 한데, 국내에도 한국 응급환자 중증도 분류기준(Korea Triage and Acuity Scale)[16] 및 <코로나바이러스감염증–19 대응지침>[17]에서도 사용되고 있다.[18] 한편, 나이 우선 방침의 경우, 나이가 생존과 사망률 예측에 중요한 요소로 작동하는 신장투석의 경우, 범유행 상황에서 인플루엔자 백신 접종 계획,[19] 재난 상황에서 유·아동을 우선적으로 구출하는 것 등을 예로 들 수 있다.[20] 그러나

---

16) 보건복지부 응급의료재단, 「한국형 중증도 분류도구 타당도 및 신뢰도 검증연구」, 2014.

17) 중앙방영대책본부·중앙사고수습본부, <코로나바이러스감염증–19 대응지침[지자체용]>, 2020. 8. 20.

18) 이러한 지침의 법적 근거로는 「감염병 예방 및 관리에 관한 법률」 제40조의 2 (감염병 대비 의약품 공급의 우선순위 등 분배기준)에 둘 수 있으며, 여기서는 우선순위 등 분배기준을 정하기 위해 위원회를 설치할 수 있다고 규정하고 있다.

19) 보건복지부·(구)질병관리본부, 「신종 인플루엔자 대유행 대비·대응 계획」, 2006.

20) 나이 우선 방침의 경우에도 논란이 제기될 수 있는데, 나이를 통해 집단을 분리하는 것이 차별이 될 수 있는가 문제가 다투어질 수 있다. 또한 적은 나이를 우선하는 것은 문화권에 따라 그 판단이 상이할 수도 있다. 이러한 점들을 고려하면 김준혁은 나이를 독립적 기준으로 적용하기보다는 2차적 기준으로 참고할 수 있을 것이라고 본다. 김준혁, 위의 글, 75면 이하.

의료자원은 누구에게나 필수적이며, 희소한 자원을 분배하는 상황에서는 더더욱 특정 그룹을 우선하는 방침을 세울 때 공적 협의가 선행되어야 할 것이다.

약자우선주의와 같은 방향을 취하면서도 개인의 선택으로 발생한 귀결은 개인의 책임으로 두고 개인 선택이 아닌 것으로 발생한 불운은 보상해야 한다는 요청을 추가하는 운평등주의(luck egalitarianism)도 21세기 의료 정의와 관련한 논의에서 많은 지지를 얻고 있다. 공중보건 의료에서 이 입장이 대두되는 배경은, 개인과 사회의 책임을 정확히 나누어서 말할 수 없는 건강과 질병의 특성으로부터 기인할 수 있다. 이 입장에 따르면, 가령, 감염병 예방을 위한 방역수칙을 철저히 지켰으나 감염된 환자와 본인의 부주의한 행동으로 감염된 환자 중에 선택해야 한다면 전자를 우선적으로 치료해야 한다는 결정이 내려질 수 있다.

마지막으로 공동체주의(Communitarianism) 역시 현대의 분배 정의론에서 자주 등장하는 이론이다. 이 입론은 롤즈 이론의 원초적 입장에 처한 개인이라는 기본 전제에 대한 비판으로부터 시작하는데, 개인이 어떤 제도적 선택을 내리는데 있어서 개인이 속한 사회·문화·경제적 입장과 분리하는 것 자체가 비현실적이라는 견해를 가지기 때문이다. 따라서 이 이론은 사회 속의 개인을 전제로 구성하기 위해, 도덕적 행위자에 집중하는 덕 윤리에 근거하여 이론을 발전시키거나, 공동체가 우선하는 덕이나 '공동선(the common good)', 공적 등을 보상하는 사회적 결정이 타당하다는 견해로 다양하게 확장되고 있다. 공동체주의 이론의 경우, 아직 구체적인 분배 방식에 대한 논의까지 제시되지는 않았지만, 사회적 가치를 분배 문제에 고려해야 한다는 입장을 견지한다.[21) 개인의 덕성이나 공적에 따른 보상이라는 측면에서, 의료행위를 통해 가져올 도구적 가치를 고려하여 의료인에게 먼저 백신을 제공한다거나, 재난 상황에서 필수 기술자, 공무원 등에 자원을 우선 배분하는 것을 예로 들 수 있다. 또한 상호성 원칙에 따라, 개인의 노력과 희생에 주어지는 보상으로서 의료자원을 분배하는 방침도 있는데, 가령, 국내 장기 이식의 경우 장기기증자 발굴, 관리 기관에 우선적으로 장기를 분배하는 인센티브를 제공하는 것, 담배에 국민건강증진부담금을 부과하여 금연 치료와 홍보에 사용하는 것 등을 예로 들 수 있다. 그러나 이와 함께 상호성이나 도구적 접근은 보조적이며, 확인과 적용에 자원이 많이 드는 단점이 있다.

이상에서와 같이, 의료자원의 분배를 고려할 때는 다양한 의료상황에 따라 다른 분배기준이 사용될 수 있을 것이다. 그리고 이러한 분배 기준의 결정은 일상적인 의료상황에서 주로 보건의료인들에 의해 내려지는 편이다. 그러나 대규모 감염병 유행상황에서도 의료자원의 분배 결정을 일상적 의료상황에서처럼 전문 의료진에게 일임할 수는 없을 것이다. 이는 의료진에게 결정에 대한 너무 많은 부담과 책임을 지우는 것이며, 환자를 살리기 위해 최선을 다해야 하는 직업 윤리적 의무와 충돌을 일으키거나 이러한 결정으로 치료에 집중해야 할 의료인들에게 도덕적 긴장상태를 유발하여 효과적인 치료 효과에 장애사

---

21) 대표적으로 G. Mooney, "Communitarian claims and community capabilities: Furthering priority setting?" *Social Science & Medicine* 60, 2005; J. E. Ataguba, G. Mooney. "A Communitarian Approach to Public Health", *Health Care Analysis* 19(2), 2010.

유가 될 수 있기 때문이다. 이러한 측면에서 박상혁(2020)은 의료자원의 분배를 두 가지로 구분하여 대응할 것을 제안한다. 즉 의료자원은 거시적으로는 국가와 시장에 의해서, 미시적으로는 일선 의료현장에서 보건의료인들에 의해 분배되어야 한다는 것이다.22) 특히 이 연구에서는 의료자원의 거시적 분배를 위한 담론으로, 대니얼즈(N. D. Daniels) 등이 제시한 "형평성, 효율성, 합당성을 위한 책임으로서의 공정이론"23)을, 미시적 분배와 관련해서는 T. 뷰첨과 J. 칠드레스가 제시한 "생명윤리 4원칙 이론"24)을 들어 설명하고 있다. 대니얼즈 등이 제시한 이론은 핵심적으로 자유민주주의 국가에서 의료자원의 거시적 분배는 '공정하고 적절한 수준의 국민건강(공적 건강)'을 목표로 해야 하며, 이러한 목표를 달성하기 위해 보건의료자원의 분배에서 형평성 및 효율성을 고려해야 하며, 이러한 분배 방식이 현대 다원주의 사회에서 합당한 것이라는 점을 국민들에게 소명해야 할 책임(책무성)을 가진다고 주장한다. 이러한 견해는 롤즈의 정치적 자유주의 이론을 수용하여 의료영역에 적용한 대표적인 입장이라고 볼 수 있다. 반면에

---

22) 박상혁, "감염병 대유행과 보건의료자원의 분배윤리", 동서인문학 제59호(2020. 8), 265면. 이 때 거시적 분배란 국가가 사회적 자원 중에서 어느 만큼을 보건의료자원으로 사용할지 결정하고, 이렇게 결정된 보건의료자원 총량을 어떤 분야에 얼마만큼 분배할지를 결정하는 것과 관련된다. 미시적 분배는 일선 의료현장에서 보건의료인들이 환자들 중 누구를, 어떤 순서대로, 얼마만큼 어떻게 치료하는지와 관련된다. 물론 이 두 가지 분배는 서로 분리되어 있다기보다 서로 영역이 구분된 것으로 보아야 한다.

23) N. D. Daniels and R. Caplan, Benchmarks for Fairness for Health Care Reform, New T\York: Oxford University Press, 1996.

24) T. Beauchamp And J. Childress, Principles of Biomedical Ethics(4th ed.), New York: Oxford University Press, 1994.

뷔첨과 칠드리스가 제시한 생명윤리 4원칙론은 주로 보건의료인들이 자신들이 맡은 개개인의 환자들의 건강과 생명을 보호하고 증진하는 것이 무엇인가에 주목한다. 즉, 거시적 분배가 국민건강을 목표로 하고, 그렇기 때문에 국가와 국민 개개인의 관계는 비개인적이라고 볼 수 있지만, 미시적 분배 이론에서는 보건의료인들이 개인 환자들의 건강보호를 목표로 하기 때문에 보건의료인과 환자의 관계는 개인적이며, 보건의료인은 환자의 이익을 대변하는 사람으로 인식된다.

이러한 구별법을 따르면, 코로나19 범유행 상황에서 의료자원의 분배 문제는 일차적으로 거시적 차원에서 국가가 어떻게 의료자원을 공정하게 분배할 것인지를 정하는 정치적 의제로 설정해야 하고, 이에 따라 국가는 거시적 분배의 원리인 형평성, 효율성, 합당성을 위한 책임(책무성)이 미시적 분배에까지 반영될 수 있도록 방향을 제시할 필요가 있다. 물론, 이러한 원칙을 미시적 분배에서 직접 관철하려 하기보다는 보건의료인들이 이러한 원칙을 따르는 가운데 상당한 자율성을 허용할 수 있다.[25]

Ⅲ. 팬데믹 상황에서 의료자원의 공정한 분배를 위한 기본 원칙: 효율성, 형평성, 책무성

앞서 살펴본 다양한 분배 이론들에서 도출된 기준들이 실제로 특

---

25) 유사한 의견으로는 James F. Childress, Ruth R. Faden, Ruth D. Garre et al. "Public Health Ethics: The Mapping the Terrain", *Journal of Law, Medicine & Ethics* 30, 2002.

수한 의료상황에 적용 가능한지는 정교하게 검토되어야 할 문제이다. 여기에는 질환의 중증도, 의료지식 및 기술의 수준, 환자의 연령이나 건강상태 등에 따른 의학적 상태들뿐만 아니라 의료 영역을 넘어 사회 구조적 부정의의 문제들까지 종합적으로 고려되어야 할 것이다. 지금까지 기술한 것들을 종합하여, 특히 팬데믹 상황에서 의료자원의 공정한 분배를 위한 기본 원칙을 세워볼 수 있을 것이다. 물론 이러한 기본 원칙은 구체적인 개별 상황에 대한 고려를 통해 반드시 보충되고 유연하게 조정되어야 한다. 1998년부터 시작해서 현재에 이르기까지 세계 보건기구(WHO)는 감염병 대유행에 대한 대비 및 대응을 위한 여러 문건들을 제시해 왔다. 특히 이 기구에서는 2006년 10월 자문회의를 시작으로 신종인플루엔자 대유행 대응전략 수립과 동시에 신종인플루엔자 대유행과 관련한 윤리적 문제들을 연구하는 프로젝트를 별도로 수행하였으며, 이후 지속적으로 관련 대응 지침과 정보를 업데이트 해오고 있다. 여러 문건 중에서도 윤리적 문제를 집중적으로 다룬 것은 WHO2007,[26] WHO2008,[27] WHO2016[28]년에 출간된 문건들이다. 이 중 WHO2007, WHO2016년 두 문건은 현실의 정책입안가들이 참조하기 쉽도록 지침형식으로 되어 있으며 윤리적 고려사항들을 병렬적으로 제시하였다.[29] WHO2008 문건은 이런 지침에서 제시된 원

---

26) WHO, Ethical considerations in developing a public health response to pandemic influenza. Geneva; WHO, 2007.
27) WHO, Addressing ethical issues in pandemic influenza planning, Discussion Papers. Geneva: WHO, 2008.
28) WHO, Guidance for Managing Ethical Issues in Infectious Disease Outbreaks. Geneva: WHO, 2016.
29) 박상혁, 위의 글, 271면 이하 참조.

리들을 윤리적으로 논의하면서 감염병 상황에서 분배의 원칙들에 대한 의견이 있음을 밝히고 있다. 이 중 의료자원의 분배와 직접적으로 관련되는 첫 번째 의견서[30] 내용을 통해 팬데믹 상황에서 의료자원의 공정한 분배를 위한 기본 원칙을 도출할 수 있다. 여기서도 정부 및 공공기관이 감염병 대유행에 대비하여 의료 자원 할당에 대한 기준과 정책을 개발하는데 있어서 기본적으로 고려해야 할 일반 원칙으로 앞서 다니엘즈 등의 연구에서와 같이, 세 가지 원칙을 제시한다.

① 효율성(Efficiency) 또는 유용성(utility) 원칙

: 가능한 최대한의 생명을 살린다는 점에서, 현재 가용 자원을 가지고 건강상의 이익을 극대화할 것.

---

30) 이 의견서는 2008년 Addressing ethical issues in pandemic influenza planning, DISCUSSION PAPERS 중 제1장(1-28면)에 실려 있다. 이 문서는 네덜란드 Utrecht 대학의 Marcel Verweij 교수가 의장으로 총 17명의 구성원들로 이루어진 그룹에서 함께 논의한 결과물로서, 주로 감염병 대유행 상황에서 백신, 항바이러스제, 인공호흡기 및 부족한 의료자원의 분배 문제를 주로 다루고 있다. 이 문건의 저자들은 사회 혼란을 피하고 감염병에 대한 적절한 대응을 촉진하는 한 가지 필수적 방법은 감염병 대유행 대비를 위한 행동 지침을 마련하는 것임을 명확히 하고 있다. 이러한 지침에서는 항바이러스제와 같은 희소한 의료자원의 배분 방법, 예방접종 전략 등을 개발하는 것이 관건이 될 것이다. 또한 중증환자 분류 및 의료자원에 대한 우선적 접근을 허용하는 것이 도덕적으로 정당한가에 대하여도 답해져야 하며, 이러한 선택은 어떻게 누구에 의해 내려져야 하는지를 논의해야 한다고 밝히고 있다. 아울러 2006년 많은 나라들이 WHO의 권고에 따라 인플루엔자 대유행에 대한 행동 계획을 발표했지만 이와 함께 윤리적 문제에 대한 논의를 제공하는 나라는 거의 없었으며 우선순위 설정에 대한 체계적인 윤리적 정당성을 제공하는 나라는 더 적었다는 점을 지적하고 있다.

② 형평성(Equity) 원칙

: 사람들의 동등한 권리를 동등하게 고려할 것.

③ 책무성(Accountability) 원칙

: 정당화를 위해 공정하고 합당한 절차, 공적 논의 및 준수 이행을 가질 것.

첫 번째 원칙으로 공리주의의 분배기준에 해당하는 효율성 혹은 유용성 원칙을 세울 수 있다. 코로나19와 같은 감염병 대유행의 상황은 일종의 재난상황으로서 국가의 선제적 조치가 상당히 중요하며, 거시적 관점에서 우선 가능한 많은 사람들을 살리는 선택을 하는 것이 설득력을 가지기 때문에 우선적으로 효율성 내지 유용성을 기본 원칙으로 설정할 필요가 있다. 두 번째로는 형평성 원칙을 보충적으로 설정해야 한다. 이 원칙은 일반적으로 특정 집단을 특별히 우선하는 등 어떠한 형태의 차별도 없어야 함을 의미한다. 그러나 동시에 이 형평성 원칙은 가장 취약한 그룹, 즉 감염으로 인한 사망 위험이 가장 높은 집단에 우선권을 주는 것을 지지할 수 있고, 나아가 상대적으로 연령이 낮은 사람들에게 우선권을 주는 것 역시도 지지할 수 있다. 이런 관점에서 형평성 원칙은 앞서 개관한 분배적 정의론 중, '평등주의'와 '약자우선주의' 원칙을 동시에 포괄하는 롤즈의 세 가지 정의 원칙 ─평등한 자유의 원칙, 공정한 기회균등의 원칙, 차등의 원칙─ 의 수용가능성을 보여준다.

이렇게 일차적으로 효율성 원칙을 기조로 하면서, 형평성 원칙을 보충적으로 적용하는 방식은 실제 임상에서 어떻게 구현될 수 있을까. 즉 '평등주의적 기회균등[형평성]'과 '공리주의적 유용성[효율성]', 이 양자를 조화롭게 추구해야 한다고 할 때, 둘 중 어느 하나를 우선하기로 결정하는 것만으로 이 목표는 충분히 달성될 수 없다. 국가는 왜 이러한 결정에 이르게 되었는지에 대한 배경과 근거, 과정 등에 대하여 충실히 설명해야 할 책임을 추가적으로 부담해야 한다. 이와 관련하여 세 번째 책무성 원칙이 강조되어야 한다.

　책무성을 보장하는 중요한 메커니즘은 공개적으로 정당화가 가능하도록 우선순위 설정에 대한 일반적 규칙을 선제적으로 지정하고, 가능한 한 감염병 대유행 상황에서는 사례별 결정을 피하는 것이다. 일반 규칙을 설정하는 것은 의료자원 분배의 우선순위 결정으로 인한 사회적 혼란을 예방하고 신속하게 대응할 수 있도록 해준다. 책무성 원칙은 우선순위 설정에 대한 지침을 공개하는 것에서 그치지 않고, 더 중요한 다음 단계로 나아가야 한다. 이것은 효율성에 입각한 분배 방침이 일차적으로는 가능한 많은 생명을 살리기 위한 것이며 동시에, 이러한 방침이 형평성 원칙을 통해서도 근거 지워질 수 있음을 시민들에게 소명하는 것이다. 즉 효율성에 입각한 분배 방침 역시 모든 사람들의 공유된 자원에 대한 권리를 공정하게 다루는 형평성 원칙과 상충되지 않는다는 점을 명확히 함으로써 이러한 결정을 정당화하는 것, 그리고 이러한 정당화 과정이 충분히 시민들에게 이해될 수 있도록 충실히 설명해야 한다. 만약 이러한 책무성 원칙을 위한 노력이 부족할 경우, 충분한 의료자원을 분배받지 못하는 사람들로부터 커다란 저항에 부딪치게 될 것이다.

대니얼즈(N. D. Daniels) 등의 연구에서도 이 책무성 원칙은 상당히 강조되고 있다. "첫째, 의료자원의 분배를 위한 결정에서 형평성과 효율성의 균형을 맞추는 과정에서의 의견불일치를 완화하기 위해, 정부가 제시한 분배 방식이 합당한 정당화 및 해석에 기초하고 있음을 국민들에게 충분히 이해시켜야 할 책임이 있으며, 둘째, 만약 정부가 제시한 해석에 사회적 합의가 이루어지지 않는다면, 공적 협의 절차를 통해 정책적 결정의 근거를 확보해야 할 책임이 있다"고 밝히고 있다.31) 필자 역시 의료자원의 공정한 분배에서, 공정성의 담보는 바로 이 책무성 원칙을 국가가 얼마나 최대한 실행할 수 있는가에 달려있다고 생각한다. 이러한 맥락에서 대규모 감염병 위기상황에 대비하여 의료자원의 분배와 관련한 일반적 지침을 명확히 세우고, 이를 시민들에게 미리 공개하고 이에 대한 공적 협의 과정을 거치는 것은 필수가 된다.

Ⅳ. 맺음말

지금까지 논의를 정리하면, 세계보건기구나 다른 국가들의 지침을 참고하면서도 한국의 사회·문화적 가치를 자원 배분 결정에 반영할 수 있는 방법을 찾아 의료자원의 공정한 분배를 위한 지침을 마련해야 한다는 것이다. 이러한 대응은 대유행이 오기 전 미리 여러 관련 단체와 시민들에게 의견을 구하고 이해당사자들 간 토론을 이끌어내면서

---

31) N. D. Daniels and R. Caplan, *Benchmarks for Fairness for Health Care Reform*, New York: Oxford University Press, 1996.

준비되어야 하지만, 현재 코로나19 감염병 대유행 위기 상황을 통해 여러 시행착오를 거치고 있는 중이다. 그러나 비단 코로나19 사태에 대한 대응을 넘어, 세계는 인류의 존립과 문명을 위협하는 포스트 코로나 시대의 중대 도전을 극복하기 위해서는 기후변화 적응력을 높이는 '사회 회복력'을 구축해 나가야 할 과제를 지닌다. 의료자원의 공정한 분배와 관련하여 준비해 나가야 할 향후 과제는 첫째, 공정한 의료자원 분배를 위한 지침을 마련하고, 둘째, 이러한 배분이 가져올 수 있는 충격을 완화할 수 있는 적절한 장치들에 대한 고민도 함께 이루어져야 하며, 셋째, 개별 의료기관이나 보건의료전문가의 부담을 덜어주기 위한 위원회 등의 논의 기구를 수립하고 운영하는 것이다. 그리고 마지막으로, 코로나19뿐 아니라 다가올 미래에 닥칠 수 있는 대규모 감염병 대비를 위한 지속적인 규범적 논의를 활성화해야 한다는 것이다. 이런 관점에서 의료자원의 공정한 분배를 위한 효율성, 형평성, 책무성의 기본원칙은 의료법제도의 향후 대응에서 중요하게 고려되어야 한다.

제 **9** 장

포스트 코로나 시대의
디지털 포용 입법정책

코로나 시대의 법과 철학

제 9 장
포스트 코로나 시대의 디지털 포용 입법정책

심우민*

Ⅰ. 강요된 디지털 전환

코로나19는 우리 일상생활의 많은 부분에 위기를 노출시키면서 많은 부분을 변화시켰다. 그리고 이런 상황은 지금도 현재 진행 중이다. 그러나 코로나19가 종식된다고 하더라도, 과거 관행과 제도의 변화가 지속할 것으로 보인다. 코로나19는 당연시 여겨왔던 일상생활 속의 많은 것들의 본질에 대해 다시 한 번 숙고하게 해주었고, 그 과정에서 인류는 새로운 기술적 변화와 그 가능성을 목도했기 때문이다.

코로나19 대응과정에서 단연 부각되었던 것은 바로 디지털 기술이다. 감염병 위기 상황에서 기술적으로 채택할 수 있었던 방식은 대면 접촉은 피하더라도 소통을 지속하는 것이었다. 20세기 후반 급작스럽게 정보통신 기술과 시장이 발전해 왔지만, 여전히 인간에게 중요한 삶의 방식은 직접적인 대면을 전제로 한 소통이었다. 그런 의미에서

---

* 경인교육대학교 사회과교육과 교수(법학박사, 입법학센터장).

인간과 인간 간의 온라인 소통, 즉 비대면 방식은 여전히 예외적인 것이었다.

21세기 초, 무선 인터넷 기술의 일상화, 그리고 빅데이터 및 인공지능 기술의 현격한 발전은 관념적 차원에서 디지털 중심의 비대면 사회를 예견토록 해주었다. 이를 단적으로 보여주는 것이 바로 '디지털 전환(digital transformation)'이라는 용어였다. 그러나 이러한 혁신적인 전환은 그저 정부의 산업 발전의 의지를 보여주는 구호로서 활용되었으며, 가까운 미래라기보다는 언젠가는 인류가 도달하게 될 사회상을 보여주는 것으로 여겨져 왔다.

그러나 코로나19 팬데믹 상황으로 인해 갑작스럽게 상황 변화가 발생했다. 즉 오랜 시간 우여곡절을 통해 실현될 것으로 예견되었던 전환이 사회적 필요로 인해 본격화하는 기로에 놓였기 때문이다. 이는 말 그대로 '기술-사회의 공진화'[1) 현상을 보여준다. 이는 기술과 사회는 상호 영향을 주면서 발전해 나간다는 의미로 간략하게 이해해볼 수 있다. 이는 달리 말하여, 아무리 기술적 대토가 갖추어진다고 하더라도, 그것이 사회적 요청과 필요에 의해 뒷받침되지 않으면 더 이상의 발전이 있을 수 없다는 점을 시사하는 것이다. 즉 그간 정보통신기술의 상당한 발전이 있었지만, 그것은 디지털 전환의 결정적 계기가 되지 못했었다. 그러던 차에 코로나19로 인해 관련 기술들이 비약적으로 활용되고, 이로 인해 소위 진화라고 언급할 수 있는 토대가 마련된 것이다.

---

1) 심우민, "정보통신법제의 최근 입법동향: 정부의 규제 개선방안과 제19대 국회 전반기 법률안 중심으로", 언론과 법 제13권 제1호(2014), 86면.

이러한 기술-사회 공진화는 그 자체로 완성된 것이라고 보기는 어렵다. 이제 막 그 변화 또는 진화의 계기가 마련되었을 뿐이다. 앞으로 필요한 것은 일상생활에서 보편화할 기술들의 좀 더 실천적인 발전을 어떤 방향으로 향도할 것인지에 관한 규범적 방향성에 관한 논의가 이루어질 필요가 있다. 그 이유는 코로나19와 같은 위기가 전환의 계기를 마련해 준 것은 분명하지만, 사실 그러한 전환의 방향성에 대한 논의가 우리 사회에서 진지하게 이루어지지 못했기 때문이다.

이 글은 바로 디지털 전환이 추구해야 할 방향성에 관한 핵심 논제 중 하나인 '디지털 포용'에 대해서 다룬다. 현재 우리나라도 디지털 포용정책을 추진하고 있다. 그러나 이러한 정책에 관해서는 전통적인 정보격차 해소 정책을 넘어서는 지향점을 제대로 보여주고 있지 못하며, 특히 법규범적 또는 입법정책적인 측면에서의 지향점을 명확하게 보여주지 못하고 있는 것으로 보인다. 따라서 이 글에서는 디지털 포용을 바라보는 기본적인 관점을 정립하고, 이에 근거하여 실천적인 입법정책적 대안을 모색해 보고자 한다.

Ⅱ. 디지털 포용과 아키텍처규제론

1. 디지털 포용의 의미

디지털 포용(digital inclusion)이라는 용어는 비단 우리나라에서만 활용되는 용어는 아니다. 이 용어에 대해서는 아직까지 학술적으로 그 범주와 개념을 명확하게 하는 데에는 어려움이 있는 것은 사실이다. 그러나 관련 용어가 정책적 수준에서 사용되고 있는 맥락을 정리해 본다면, '디지털 시대를 살고 있는 시민들이 디지털 역량을 갖추고, 차별 없는 디지털 이용환경 속에서 디지털 기술의 혜택을 배제 없이 누릴 수 있도록 한다'는 정책적 의지의 표명으로 '디지털 포용'이라는 용어를 사용하고 있다.

우리나라의 경우에는 문재인 정부 출범 이후 「포용국가 비전가 전략」(2018. 9), 「포용국가 사회정책 추진계획 수립」(2019. 2) 등을 주축으로 '혁신적 포용국가' 비전을 제시하였다. 이는 구체적으로 사람중심 사회로의 패러다임 전환과 국민 누구도 배제하지 않는 포용의 가치를 실현하겠다는 의지를 표명한 것이다. 디지털 포용은 이러한 국가 정책적인 맥락과 궤를 같이하고 있는 것이라고 할 수 있다.

보다 구체적으로 「혁신적 포용국가 실현을 위한 디지털 포용계획」(관계부처 합동, 2020. 6)은 디지털 포용이라는 개념을 "국민 모두가 차

표 1 정부 디지털 포용 정책의 핵심 요소

	핵심 정책요소	정보격차해소	디지털 포용
역량	디지털 사회에 참여하고 성장할 수 있는 활용역량을 갖추는 것	○	○
환경	누구든지 차별받거나 배제되지 않는 디지털 이용 환경을 조성하는 것	○	○
활용	국민 삶의 질을 높이기 위해 디지털 기술과 서비스를 적극 활용하는 것	-	○
기반	시민사회·기업·정부가 함께 참여하여 디지털 포용의 기반을 마련하는 것	-	○

* 출처: 관계부처 합동, 「혁신적 포용국가 실현을 위한 디지털 포용계획」, 2020. 6, 9면.

별이나 배제 없이 디지털 세상에 참여하여 디지털 기술의 혜택을 고르게 누리게 하기 위한 사회 전체의 노력"이라고 정의하고 있다.

종래 디지털 정보격차 해소 정책이 취약계층의 정보 접근성을 보장하고 정보 활용역량을 강화하는 데 초점을 맞추어 왔다면, 디지털 포용 정책은 국민 모두가 디지털 사회에 대한 참여 동기를 가지고, 디지털의 혜택을 능동적으로 찾아 누릴 수 있도록 보다 적극적으로 지원하는 것을 의미하는 것으로 세부 내용을 설정하고 있다. 그래서 과거 정보격차 해소 정책이 '활용 역량'과 '이용 환경'에 초점을 맞춘 것이었다면, 디지털 포용 정책의 경우에는 이들을 포함하여 '디지털 기술의 적극적 활용'과 '참여 기반' 조성에 추가적으로 집중한다는 의미를 가진다.

2. 종래 정보격차에 관한 관점

정보화 사회가 점점 고도화되면서 정보격차의 문제에 대해 점점 관심이 높아져 가고 있다. 이는 기존 산업사회에서의 빈부격차에 대한 논의와 유사하기는 하지만, 이와는 다소 차원을 달리하는 문제라고 할 수 있다. 이러한 정보격차의 문제는 소위 디지털 디바이드(Digital Divide)라고 불려 왔다. 디지털 디바이드는 산업사회의 사회불평등을 정보사회의 용어로 나타낸 것으로 이해할 수 있다. 정보불평등(information inequality)으로 대변되는 디지털 디바이드는 정보격차로 번역되어 쓰인다.

정보격차라는 용어는 결국 사회 불평등 현상을 정책적으로 해소하고자 하는 이념을 담고 있는 용어로서 이데올로기적 측면을 포함하고 있는 것으로 볼 수 있다. 정보화 사회의 진전과 함께 제기되는 새로운 문제들은, 이전의 산업사회에서의 사회적 문제들과 대비해볼 때, 그 현상적 유사성에도 불구하고 여러 측면에서 그 차원과 내용을 달리한다. 새로운 정보매체에 대한 접근성을 지니는 자와 지니지 못한 자 사이의 격차로서 통칭되는 정보격차는 바로 그러한 정보화 부작용의 복합적 특성을 내포한 전형적 사례의 하나라고 할 수 있다.

이러한 정보격차의 개념은 1990년대에 처음 대두되기 시작했다고 볼 수 있다. 당시에는 주로 컴퓨터(device) 보유여부가 중요했던 상황이었다. 그러나 이는 점차 정보통신 기술의 발전과 더불어 네크워크 접근 및 활용을 포함하는 의미도 확대되어갔다. 이는 정보활용의 결과가 새로운 가치를 창출하고, 이러한 새로운 가치의 창출 여부나 그 양의 차이가 사회불평등을 초래한다는 사실 때문이었다. 따라서 정보격차의 내용을 단순히 '접근'을 넘어 '이용'이나 '활용'으로 확대해야 한다는 주장이 점점 확산되었고, 이는 주요한 정책적 지향점을 제공해 주었다.

이러한 정보격차의 문제에 관한 이론적 접근은 크게 두 가지의 상반된 맥락에서 이루어졌다. 그것은 '확산이론'과 '격차가설'이다.

확산이론[2]은 정보화가 진전되면서 정보격차의 문제는 자연스럽게 해소될 것이라는 입장을 취하고 있었다. 이 입장은 기술 수용 초기

---

2) 대체적으로 다음과 같은 저술 및 학자군이 이러한 입장을 대변하는 것으로 이해해 볼 수 있을 것으로 보인다. Nicholas Negroponte, Being Digital(Knopf, 1995); Alvin Toffler, Powershift: Knowledge, Wealth, and Violence at the Edge of the 21st Century(Bantam Books, 1990).

에는 소수 선도 집단들 수준에서 활용이 이루어지지만, 관련 기술이
성숙 단계에 접어들면 사회 구성원 대부분이 활용하게 될 것이라는 기
대를 반영하고 있는 것이다. 특히 이런 입장은 신기술이 확산 속도는
초기에 느리지만, 특정 시점 이후에는 급격한 확산 및 포화상태에 도달
하게 된다는 신기술 보급의 S모형 논의에 기반하고 있는 측면이 있다.

격차가설[3]은 정보화의 진행 과정에서 정보격차가 해소되기보다
는 더욱 확대될 것으로 보는 입장이다. 이런 입장은 정보접근 기회의
불평등이 지속될 뿐만 아니라, 정보격차로 인해 빈부격차까지 심화될
것이라고 지적하고 있다. 특히 정보화의 발전과 더불어 디지털 통신매
체와 정보의 풍요 속에서도, 실질적인 격차는 더욱 극대화될 것으로
보는 입장인 것으로 이해할 수 있을 것이다. 결국 이 입장은 정보격차
해소를 위해서는 단순히 저소득주민의 정보통신기기 보유 및 서비스
이용을 돕기 위한 지원뿐만 아니라 시장경쟁원리와 정보통신기술의
도입으로 인해 심화된 부의 불균등을 해소하기 위한 노력도 함께 경주
되어야 함을 강조한다.

사실 위와 같은 두 입장은 정보격차의 구체적인 발현 가능성에 대
한 예측을 1990년대 전후한 시기에 제공한 것이었다. 30여년이 지난
현재의 시점에서 이들의 입장을 어떻게 평가할 수 있을까?

정보통신 시장의 발전에 따라 실제 많은 시민들이 정보통신 기기

---

3) 대체적으로 이러한 맥락에 있는 저술 및 학자군은 다음과 같다. Trevor Haywood,
"Global networks and the myth of equality: Trickle down and trickle away?",
B. D. Loader (ed.) Cyberspace Divide: Equality, Agency and Policy in the
Information Society(Routledge, 1998); Herbert Schiller, Information Inequality:
The Deepening Social Crisis in America(Routledge, 1996).

및 네트워크를 일상적으로 활용하고 있는 상황이라는 점에서 극단적인 정보격차가 발생한 것은 아니라는 점에서 확산이론의 예측은 타당성을 가지는 측면이 있다. 그러나 이는 매우 외면적인 접근이라고 할 수 있을 것이다. 정보화의 진전에 따라 새로운 사회로의 발전이 추동되고 있으며, 그 전제는 누구든지 정보통신 기기를 이용할 수 있으며 또한 네트워크에 접속할 수 있다는 사실적 기반을 보여주고 있다. 그러나 실질적인 측면에서 그러한 활용과 접근은 종국에는 사회 구조적인 예속관계를 더욱 심화시키는 양상을 보여주고 있는 측면이 있다. 따라서 일상적인 정보통신 이용환경의 보편화 상황에서 단순히 정보통신 기술의 이용가능성 차원을 넘어서서, 이를 근간으로 하는 실질적인 경제 불평등과 양극화 현상 또한 발생하고 있다는 점에서 격차가설이 현 시점에서 더욱 설득력을 가지는 것으로 평가해볼 수 있지 않을까 한다.

그러나 확산이론 및 격차가설은 공히 한계를 가지는 것으로 보인다. 1990년대를 전후한 시기의 정보화 담론은 정보통신 기술에 근간을 두고 있는 현실 공간 이면에 존재하는 사이버 공간(cyber space)을 별도로 상정하거나, 기기 및 네트워크의 활용을 전제로 한 것이었다. 따라서 1990년대 정보격차에 관한 논의는 2020년대 현재 시점에서 또 다른 논의의 국면을 맞이하고 있는 상황이라고 할 수 있다.

3. 아키텍처 규제론

이하에서는 전통적인 디지털 격차에 관한 논의는 현재 상황에서 어떻게 변화되고 있는 것인지를 분석해 보기 위하여, IT법학 분야에서

논의되어 온 아키텍처 규제를 활용하여 확인해 보고자 한다.[4]

우선 아키텍처 규제론에 대한 설명을 간략하게 하자면 다음과 같다. 전통적인 법규범뿐만 아니라 인간이 인위적으로 형성한 기술적 구조도 인간의 행위를 규제하는 요인이라는 것이 바로 아키텍처 규제의 골자라고 할 수 있다. 이러한 아키텍처 규제는 사실 IT법학의 고유 정체성과 관련하여 지속적인 논제가 되어왔다. 결국 IT법(학)을 논하기 위해서는 전통적인 법규범이 가지는 행위 규제 요인뿐만 아니라 기술적 구조(아키텍처)가 드러내는 행위 규제 요인들에 대해서도 함께 고려되어야 하며, 이것이 IT법학이 가지는 고유성과 관련이 있다는 것이다.

물론 이러한 아키텍처 규제는 IT법학에만 적용되는 전적으로 새로운 관념은 아니다. 인간은 역사적으로 인간의 행위를 규제하기 위하여 오프라인 공간에서도 다양한 규제적 수단들을 활용해 왔다. 예를 들어, 법규범적 차원에서는 특정 인종이나 집단을 차별하는 것이 명시적으로 허용되지는 않지만, 실질적인 차별의 효과를 물리적 공간의 배치를 통해 발생시키는 경우가 이에 해당하는 사례라고 할 수 있다. 이는 백인 거주지역과 흑인 거주지역 사에서 물리적으로 원활한 이동이 어렵도록 도로를 개설하는 등의 암묵적인 방식과 같은 것을 의미한다. 즉 이는 외면적으로 보이지 않는 규제를 인간의 의지에 의하여 기술적으로 실현하는 것이라고도 볼 수 있다.

---

4) 아키텍처 규제론에 대한 개략적인 설명은 심우민, "인터넷 본인확인의 쟁점과 대응 방향: 본인확인 방식과 수단에 대한 아키텍처 규제론적 분석", 법과 사회 제47호 (2014), 215면 이하 참조.

아키텍처 규제론이 IT법학 논의에서 더욱 큰 유용성을 가지는 이유는 현실이 자연적 공간과는 달리 정보통신 기술에 의해 현출되는 가상의 공간은 전적으로 인간에 의해 구성되어지는 성격을 가진다는 점에 있다. 즉 인간이 어떠한 이상에 입각하여 그러한 공간을 설계하는지에 따라 인간의 자유가 확장될 수도 있고 그렇지 않을 수도 있는 가능성이, 오프라인의 물리적 공간에 비해 현격하게 높다는 사실로부터 기인한다. 실제 일상화되어 있는 네트워크인 인터넷의 경우 인간의 소통에 관한 자유를 확장시켜주는 최종이용자에서 최종이용자까지(end-to-end) 원리에 입각하여 설계되었지만, 다양한 목적에서 이러한 개방성과 연결성을 제약받도록 수정되고 있다. 예를 들어, 특정 정보통신 기업이 자신들이 제공하는 서비스의 희소성을 높이기 위해 접근을 제한하는 기술적 조치를 취하는 경우가 있을 수 있으며, 국가적인 차원에서는 인터넷 역기능을 해소하기 위하여 실명을 확인하는 조치를 기술적으로 강제하는 경우가 그것이다.

그런데 현재의 기술적 발전상황을 감안해 본다면, 이제 네트워크에 의해 현출되는 가상공간은 별도의 외부에 존재하는 공간개념을 넘어서서, 현실 공간과 동일하게 취급할 수 있는 양상으로 발전하고 있다는 사실에 주목할 필요가 있다. 즉 이는 달리 말하여, 네크워크 가상공간의 규제가 현실공간의 규제로 직접적으로 연계될 수 있는 '네트워크의 일상생활 전면화'를 의미한다. 이는 소위 디지털 트윈(digital twin)이라는 용어로도 회자되고 있다.

현재 상황에서의 현실공간은 과거의 현실공간과는 다른 속성을 가진다는 점은 당연하다. 이는 사람 및 사물들 간의 소통이 '네트워크'를 통해 매개된다는 점에서, 과거의 법적 규제와는 다른 환경을 더욱 극명하게 노정하고 있다. 즉 과거에는 규제의 궁극적 대상이 되는 목적이나 의도가 개별 주체(의지)의 측면에만 존재했기 때문에, 상당수의 법적 문제는 이들 주체 또는 당사자 간의 관계에 초점을 맞추어 판단하면 되는 것이었다. 그러나 사물인터넷 등 네트워크가 전면화된 상황에서는 네트워크 구조 그 자체에 특정한 목적 또는 의도가 개입될 수 있는 상황이기에, 과거의 법적 판단의 구조에 더하여 이 지점에 대한 고려가 요구된다. 이를 그림으로 정리하자면 다음과 같다.

그림 1 현실공간 관념의 변화

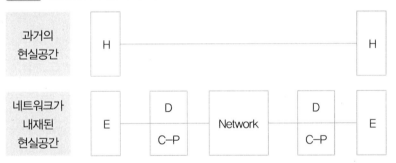

* 주: H=Human, E=End, D=Device, C=Content, P=Platform
** 출처: 심우민, "사물인터넷 개인정보보호의 입법정책", 「헌법학연구」 제21권 제2호, 2015, 19면.

위 그림에서 볼 수 있는 바와 같이, 과거 현실공간의 법적 규제에 있어서는 당사자 관계 이외에 고려해야 할 요인들이 그리 많지 않았다.5) 반면 네트워크가 내재된 현실공간에서는 당사자 관계 이외에도

---

5) 과거 현실공간의 물리적 환경(아키텍처)도 인간 행위에 대한 규제요인으로서 영향을

다양한 인위적 의도와 목적들이 네트워크 아키텍처를 통해 개입해 들어갈 수 있다. 이러한 측면에서 바로 아키텍처론은 중요성을 가진다. 즉 네트워크(Network)는 물론이고 이와 연계되어 있는 기기(Device), 플랫폼(Platform), 그리고 콘텐츠(Contents) 단계 모든 영역에서 현실적인 정책과 관련한 섬세한 디자인이 필요하다는 점이다.

4. 코로나19와 아키텍처 규제적 영향

위와 같은 네트워크가 내재된 현실공간이라는 아키텍처는 어쩌면 기술적·이론적으로 금명간에 예측된 상황을 전제로 한 것으로 볼 수 있다. 특히 기술적인 측면에서는 사물인터넷 및 가상현실 기술이 발전하면서 그 현실화를 위한 기술적 가능성이 높아지고 있는 것이 사실이기는 하지만, 그간 명확하게 그러한 기술 활용 전면화를 유인하는 요인이 존재하지 않았다고 볼 수 있을 것이다. 그런 이유에서 국가는 이러한 기술적 가능성들을 현실화하기 위한 다양한 정책들을 추진하고 있는 상황이다. 그런데 이러한 상황은 코로나19의 위기로 인해 급변환의 계기를 맞이하게 된다.

코로나19는 인간과 인간 간의 접촉을 통해 전파되는 감염병이기 때문에, 이러한 대면 접촉을 가급적 피하는 방향으로 다양한 방역 활동과 정책이 운영되고 있다. 이러한 상황 속에서도 변하지 않는 것은 인간 간의 소통이다. 과거와 같았다면, 이러한 비대면 소통은 기본적

미칠 수 있는 것은 사실이지만, 이러한 공간적 고려는 이미 우리시대 법규범에 상당 부분 고려되어 있다고 볼 수 있어, 일반적인 경우에 있어서는 물리적 환경에 내재된 별도의 의도 또는 목적을 염두에 둘 필요는 없을 것이다.

으로 서신이나 전화와 같은 제한적인 방식이 활용되었을 것이다. 그 결과 종국에는 사실상 소통이 단절되거나 예외적인 상황에만 국한되었을 것으로 보인다. 그러나 최근 코로나19 상황에서 확인할 수 있었던 바와 같이, 실질적인 소통을 위해 활용될 수 있는 수단은 매우 다양하게 존재하는 상황이다. 이는 기본적으로 최근까지 비약적으로 발전해 온 정보통신 수단에 근간을 두고 있다.

사실 코로나19 초기 상황만 하더라도, 위기 상황이 해소될 시점만을 기다리면서 비대면 소통 방식의 활용은 크게 주목 받지 못했다. 그런데 상황이 장기화되면서 이제 비대면 소통을 위한 수단들이 다양하게 활용되고 있다. 예를 들어, 일방향 또는 쌍방향 화상회의 수단을 이용한 강의방식은 이제 낯설지 않은 상황이 되었고, 오히려 그러한 수단의 장점들을 살리기 위한 다양한 방식이 고안되고 있다. 결과적으로 코로나19 위기상황은 디지털 기기를 활용한 온라인 소통을 전면화하는 데 결정적으로 기여했다고 볼 수 있다. 즉 위기가 새로운 일상을 만들어 냈다.

위와 같은 맥락적 상황 변화는 인간 대 인간의 소통 규범도 변화를 불러일으켰다. 과거 대면 상황에서의 인간 간 소통에 있어서는 그저 인간의 오랜 관행과 제도적 틀만 고려하면 그만이었다. 그러나 온라인 디지털 수단이 매개된 상황에서는 이러한 매개체의 속성에 의해 상호 소통과정에서 준수해야 하는 기준들이 새롭게 설정되어가고 있다. 예를 들어, 디지털 기기의 고유한 속성에 따라 소통 과정에서 반드시 조치해야 하는 사항이라든가, 온라인 소통이라는 점으로 인하여 다소간의 소통 지연을 감안해야 한다든가, 또는 다른 이의 발언 중에는 울림

현상을 방지하기 위하여 마이크를 음소거해야 한다든가 하는 소소한 규칙들이 새롭게 형성되고 있는 것이다.

무엇보다 현격한 변화는 온라인 주문과 배달 서비스가 매우 일상적으로 보편화되고 있다는 점에 주목할 필요가 있다. 사실 과거에도 온라인 주문 및 배달 서비스는 상당히 발전해 왔지만, 코로나19 위기 상황은 이러한 온라인 방식을 물품 거래의 보편적인 양식으로 자리 잡도록 만들었다. 이는 산업적인 측면에서도 상당한 변화를 불러일으키고 있는데, 오프라인 매장보다는 온라인 쇼핑몰 및 플랫폼을 중심으로 한 거래를 더욱 일반적인 것으로 만들고 있는 것이다. 이러한 비대면 방식의 전면화는 사실상 모든 생활영역의 변화를 추동하고 있다.

결과적으로 코로나19는 비대면의 전면화를 통해 그간의 다양한 정책적 노력에도 불구하고, 진척되지 못했던 디지털 전환을 이끌어내고 있다. 그 결과 과거 면대면의 인간 소통을 디지털 수단을 매개로 하는 소통 방식으로 현실화하고 있다.

5. 디지털 포용의 새로운 관점

인간 소통에 있어 디지털 수단의 보편화는 종국에 디지털 포용이라는 새로운 관점을 추동한다. 앞서 언급한 바와 같이, 디지털 포용이라는 것이 매우 국소적인 온라인 영역에 한정되어 왔던 반면, 향후 디지털 포용은 온라인 매개가 전면화된 상황을 상정하여 접근하는 것이 필요하다.

현재 각 국가들은 디지털 포용이라는 정책적 논제 설정을 통해 단순한 정보격차 해소를 넘어서는 정책적 방향성을 설정하고 있는 상황이다. 이러한 방향 설정은 과거에 비하여 진일보한 것은 맞지만, 현재와 같은 디지털 전면화는 좀 더 적극적인 디지털 포용정책의 필요성을 나타낸다고 할 수 있다.

디지털 활용의 전면화 양상은 과거와 같은 선택적 소통이 아니라 전면적 소통을 의미하는 경향이 뚜렷하다. 과거 물리적 공간에서의 인간과 인간의 소통은 대체적으로 당사자들의 의지에 따른 소통이라고 할 수 있지만, 디지털 전환 이후의 소통은 원하지 않는 소통도 이루어진다는 특징이 있다. 즉 디지털 소통 매개의 끝자락에는 인간과 인간이 존재하는 차원을 넘어, 그러한 인간이 소유하고 있는 단말 또는 기기가 전제되어 있고, 소통의 내용으로만 보자면 단순한 인간적 소통을 통해 교류하는 데이터보다 더욱 막대한 양의 데이터가 소통된다. 이러한 상황에서 향후 전개될 시나리오는 다음과 같다.

첫째, 다양한 데이터 소통으로 인해 다양한 가치들이 충돌할 수 있는 가능성이다. 디지털 환경에서 소통되는 데이터는 사실 인간이 확인할 수 없을 정도의 세밀한 내용들을 포함하는 경우가 많다. 소위 감시사회의 출현으로 예견되는 사회 상황이 전개되는 것으로도 볼 수 있다. 이렇게 다양하고 민감한 데이터들이 빈번히 소통 및 축적된다는 것은, 달리 말하여 기존에는 상정할 수 없는 다양한 가치들이 실증적으로 노출된다는 것을 의미하는 것이기도 하다.

둘째, 특정 가치를 중심으로 데이터 소통이 획일성을 가질 가능성이다. 데이터 소통이 많아진다는 것은 그 자체로 다양한 내용들이 소통되는 차원을 넘어서서, 지배적인 담론을 중심으로 오히려 가치 다원성이 축소되는 결과를 발생시킬 수 있다. 이러한 현상은 누군가의 인위적 개입에 의해 발생할 수도 있고, 인간 사회 논증구조의 속성상 그러한 방향으로 귀결될 가능성을 가지는 것이라고 할 수 있을 것이다.

위 두 가지의 가능한 시나리오는 사실 극단적인 경우를 상정한 것이라고 할 수 있다. 데이터 소통으로 인한 가치의 다양성이 극대화 되면 사회적 안정성이 저해 받을 수 있으며, 반대로 데이터 소통의 획일화가 이루어지게 되면 인간 사회 이면에 전재하는 다원성을 은폐하게 될 가능성이 있다.

결과적으로 이러한 상황을 극복하여 안정성을 확보하면서도 다원적 가치를 은폐하지 않을 수 있는 방법은 이들 가치가 공개적으로 논의 및 소통되는 가운데 잠정적인 절충지대를 찾아갈 수 있는 유연한 사회·공동체적 체계를 구축해 나가는 것이라고 할 수 있다. 사실 통상적으로 이러한 방향성을 가지는 대안은 문화적으로 추구될 수 있는 것이라고 할 수 있다.

그러나 기존의 문화적 기반이 없는 경우에는 그러한 방향성을 추구할 수 있는 제도 구성이 도움이 될 수 있다. 매우 다층적으로 존재하는 가치들이 그 스스로를 드러내면서도, 그것이 단순한 갈등상황 연출에 그치는 것이 아니라 모종의 컨센서스를 제도적으로 수용해 나갈 수 있게 해주는 제도적 디자인이 필요하다. 그것이 바로 현대적 디지털 전환의 맥락에서 추구해야 할 디지털 포용의 의미라고 할 수 있다.

Ⅲ. 입법정책적 디지털 포용 디자인

1. 정보격차와 지능정보화

(1) 정보격차해소 의지의 입법적 표명

디지털 포용정책의 시원적 성격을 가지는 정책은 종래 '정보격차 해소 정책'이다. 정보격차 해소의 문제는 정보통신 기술이 발전하는 과정에서 국가 정책적으로 관심이 경주되어 왔던 문제이다. 그런 이유로 우리나라에서도 2001년 1월 16일 「정보격차해소에 관한 법률」이 제정되어 관련 정책을 뒷받침 해 왔다.

「정보격차해소에 관한 법률」은 제정 이후 국내 정보격차 해소 정책의 중심적인 기능을 수행해 왔으나, 초기 정보격차 해소 정책이 본격적인 궤도에 올라오면서 보다 거시적인 국가 정보화의 맥락에서 논해지기 시작하였다. 그 결과 동법은 2009년 5월 22일 폐지되고 「국가 정보화 기본법」에 포함되기에 이르렀다. 이러한 법제 개선은 실제적으로는 정보격차 해소의 문제가 국가 정보화하는 거시적 맥락에서 포용적으로 논해지기 시작했다는 점을 의미함과 아울러, 정보격차 해소의 문제를 개별적인 법률로 뒷받침하던 초기의 상황과는 달리 일상적인 정보통신 정책 의제로 논해지기 시작했다는 의미를 가진다.

「정보격차해소에 관한 법률」은 "저소득자·농어촌지역 주민·장애인·노령자·여성 등 경제적·지역적·신체적 또는 사회적 여건으로 인하여 생활에 필요한 정보통신서비스에 접근하거나 이용하기 어려운 자에 대하여 정보통신망에 대한 자유로운 접근과 정보이용을 보장함으로써 이들의 삶의 질을 향상하게 하고 균형있는 국민경제의 발전에 이바지함을 목적으로 한다"(동법 제1조)고 밝히고 있다. 그리고 정보격차에 대해서는 "경제적·지역적·신체적 또는 사회적 여건으로 인하여 정보통신망을 통한 정보통신서비스에 접근하거나 이용할 수 있는 기회에 있어서의 차이를 말한다"고 표현하고 있다. 이러한 내용으로 보자면 실상 현재의 디지털 포용 정책 맥락과 크게 다른 것은 아니라는 점을 확인할 수 있다. 다만 '저소득자·농어촌지역 주민·장애인·노령자·여성 등' 소위 사회적 소수자 등을 중심 대상으로 하는 정책이라는 점에서 차별성이 있는 것으로 볼 수 있을 것으로 보인다.

(2) 국가정보화 맥락으로 포섭된 정보격차 해소

이상과 같은 「정보격차해소에 관한 법률」의 내용은 「국가정보화 기본법」에 포함되었다. 우선 「국가정보화 기본법」은 기존의 정보격차 정의를 그대로 원용하고 있다(동법 제3조 제9호). 동법은 이러한 정보격차 해소에 관한 사항을 국가정보화 기본계획에 포함토록 함과 아울러, 중심적인 정책 논제로 포함시키도록 하고 있으며(동법 제6조, 제11조, 제12조, 제14조, 제16조 및 제31조), 정보격차 해소 및 접근성 등을 위한 기술적 지원 및 교육의 시행(제32조 이하)을 명시하고 있다.

이러한 내용으로 보자면, 과거 「정보격차해소에 관한 법률」에서 정하고 있던 사항들과 비교해 볼 때, 양적으로 일부 축소된 것으로 보이는 경향은 있으나, 당초 「정보격차해소에 관한 법률」이 추구하던 바를 국가 정보화의 맥락에서 구현하고 있어 실질적인 차이는 없는 것이라고 할 수 있다.

그렇다면 「국가정보화 기본법」에서 추구하는 정보격차 해소 정책이 가지는 의미를 명확히 하기 위해서는, 동법의 입법 목적과 국가정보화 개념을 살펴볼 필요가 있다. 우선 동법은 "국가정보화의 기본 방향과 관련 정책의 수립·추진에 필요한 사항을 규정함으로써 지속가능한 지식정보사회의 실현에 이바지하고 국민의 삶의 질을 높이는 것을 목적으로 한다"고 정하고 있다(동법 제1조). 그리고 '국가정보화'의 개념에 대해서는 "국가기관, 지방자치단체 및 공공기관이 정보화를 추진하거나 사회 각 분야의 활동이 효율적으로 수행될 수 있도록 정보화를 통하여 지원하는 것을 말한다"고 규정한다(동법 제3조 제3호).

이러한 맥락에서 보자면, 「국가정보화 기본법」상의 정보격차 개념은 과거 「정보격차해소에 관한 법률」의 그것에 비하여 보다 포괄적인 정책적 맥락에서 추진되는 것이라고 할 수 있으며, 이런 측면에서 전체 정보통신 또는 국가 정보화 정책과의 일원적 체계성을 유지할 수 있게 되었다는 장점이 있다. 다만 여전히 과거 정보격차의 개념 정의를 활용하고 있다는 측면에서보자면, 소외 계층을 중심으로 한 정보격차 해소에 여전히 주안점을 두는 패러다임이라고 할 수 있다.

(3) 지능정보화 기본법상 정보격차 해소 관점의 협소화

인공지능 및 빅데이터와 같은 신기술(emerging technologies)이 등장하면서, 과거 국가적 차원의 정보화정책의 중심 축으로 기능해 왔던 「국가정보화 기본법」은 「지능정보화 기본법」으로 탈바꿈하였다. 「지능정보화 기본법」은 2020년 6월 9일 제정되었으며, 일부 조문을 제외하고는(제46조 제4항 및 제7항의 개정규정은 이 법 공포 후 1년이 경과한 날부터 시행) 2020년 12월 10일부터 시행되었다.

'지능정보화'라는 용어가 강조된 것은 그간 국가 정보화 맥락에서의 기술적 발전과는 또 다른 기술적 진보가 이루어지고 있다는 사실에 착안한 것이다. 「지능정보화 기본법」에서 지능장보화란 "정보의 생산·유통 또는 활용을 기반으로 지능정보기술이나 그 밖의 다른 기술을 적용·융합하여 사회 각 분야의 활동을 가능하게 하거나 그러한 활동을 효율화·고도화하는 것을 말한다"(동법 제2조 제5호). 통상적으로 이러한 지능 정보화는 인공지능 등 보다 능동적인 데이터 기술 등에 기반을 두고 있는 것으로, 과거 정보화 기술에 비하여 일상생활 곳곳에 그러한 기술이 내재화되어 활용되는 상황을 전제로 하고 있는 것으로 이해할 수 있다.

동법에서는 여전히 앞서 살펴본 「정보격차해소에 관한 법률」에 규정되어 있든 '정보격차'의 개념정의를 활용하고 있는 듯 하다. 물론 구체적인 법문에 있어서는 변화가 있었다. 즉 동법 제2조 제13호는 "정보격차란 사회적·경제적·지역적 또는 신체적 여건 등으로 인하여 지능정보서비스, 그와 관련된 기기·소프트웨어에 접근하거나 이용할 수 있는 기회에 차이가 생기는 것을 말한다"고 규정하고 있다. 과거 법률들에서의 개념정의와 차이점이라고 한다면, 과거에는 '정보통신서비스'로 표현되어 있던 것을 현행 「지능정보화 기본법」에서는 "지능정보서비스, 그와 관련된 기기·소프트웨어"라고 구체화하고 있다.

이상과 같은 개념적 구체화는 정보격차 해소 정책을 추진함에 있어, 그 정책 대상과 논제를 보다 구체화화는 데 도움이 될 수도 있을 것으로 보인다. 더욱이 이는 단순히 서비스만을 대상으로 하는 것이 아니라 이를 매개로 하는 기기 및 소프트웨어까지 정보격차 해소 정책

코로나 시대의 법과 철학

의 범주로 포함시키고자 한 것이다. 그러나 현실적 정책과 법 집행 관행에 입각해 볼 때, 이러한 법문은 오히려 정보격차의 관념을 좁히는 기능을 할 것으로 보인다. 그 이유는 '기기·소프트웨어'라는 구체적 관념에 비하여 '지능정보서비스'라는 기본 개념의 범주가 너무 넓기 때문이다.

동법에서 지능정보서비스는 '전기통신역무와 이를 이용하여 정보를 제공하거나 정보의 제공을 매개하는 것', '지능정보기술을 활용한 서비스' 및 '그 밖에 지능정보화를 가능하게 하는 서비스'를 포괄하는 것이다. 이렇게 보면 사실상 단순한 인터넷에서부터 최첨단의 인공지능 서비스까지 모두를 포괄하고 있다. 반면 이와 연계되어 있는 기기 및 소프트웨어는 이보다 한정적이다. 그 결과 정보격차 해소정책의 궁극적 대상은 이러한 구체적인 지점에 집중될 수밖에 없을 것이다. '지능정보기술을 활용한 서비스'라는 개념적 범위가 너무 넓기 때문에, 이 개념은 사실상 무의미한 것이 될 것으로 보이고, 그렇지 않고 구체적인 범주를 정책 재량에 의해 판단하는 경우 지능정보서비스 간에 사실상의 규제집행 형평성 문제가 발생할 수도 있다.

「지능정보화 기본법」이 이와 같이 매우 광범위한 영역을 하나의 개념으로 포괄하고자 시도한 이유는, 아직까지 입법정책적 규율대상인 지능정보 서비스 또는 기술의 개념적 속성이 명확화 되지 않은 상황에서, 과거 인터넷 중심의 「국가정보화 기본법」을 전용하다보니 발생한 문제라고 할 수 있다. 그러니까 과거 「국가정보화 기본법」에서는 그나마 인터넷 및 정보통신망과 같은 구체적인 실체가 전제되어 있었지만, 「지능정보화 기본법」은 과거 범주에 더하여 실체가 모호한 지능정보서비스 전반을 포섭하는 결과에 이른 것이다.

결론적으로 광범위한 규율 대상 영역의 설정은 「지능정보화 기본
법」으로의 전부개정 취지를 살릴 수 없게 만들고 있으며, 정보격차 해
소에 관한 문제에만 보자면 기기 및 소프트웨어 접근성 자체로 범위가
좁혀진 정보격차 해소 정책이 추진될 수밖에 없는 현실적 한계를 드리
우고 있는 것으로 볼 수 있다.

2. 디지털 포용을 위한 입법 디자인 방향

(1) 지능정보화 기본법의 한계 극복

현행 「지능정보화 기본법」은 인공지능 및 빅데이터와 같은 데이
터 신기술들에 관한 정책적 지향점을 제시하는 수준을 넘어서는 기능
을 수행하기 힘들다. 그 이유는 법체계와 내용 자체가 인터넷 및 정보
통신망을 기반으로 한 정보화에 관한 내용을 주로 담고 있으며, 달라
진 점이 있다면 '정보화'를 '지능정보화'라는 용어로 치환한 수준을 넘
어서지 못하기 때문이다.

실제 지능정보화는 사실상 디지털 신기술에 기반한 정보통신 서비
스가 일상생활에서 전면화되는 상황을 의미한다. 앞서 언급한 바와 같
이, 국가 정보화의 맥락에서 추동하고자 했던 디지털 전환은 우연한
상황적 계기, 즉 코로나19 팬데믹을 경험하면서 가속화되고 있는 양상
이다. 이러한 디지털 전환은 과거의 국가 정보화와는 분명히 다른 맥
락 위에 서있는 것이다.

과거 「국가정보화 기본법」은 일종의 정책적 입법 유형에 해당하

는 것으로, 국민의 권리·의무 관계를 규율하는 전통적인 법제가 아니라, 국가 정책적 방향성을 설정하는 기본법에 해당하는 것이다.[6] 따라서 이 법은 국가의 정보화 정책을 추진하기 위한 방향성과 행정적 거버넌스의 기본사항들을 정하고 있다. 특히 국가적 차원에서 정보통신기술 및 서비스의 인프라를 확산하는 데 주목적이 있는 것이다.

따라서 기존 「국가정보화 기본법」의 맥락을 구조적인 변화 없이 원용하여 「지능정보화 기본법」으로 탈바꿈시켜 활용하는 것은, 그간 우리나라의 정보화 정책에 관한 비판점이었던 임시 방편적 대응 방식을 전형적으로 보여주는 조처라고 할 수 있다. 이러한 측면에서 기존 「국가정보화 기본법」의 구조와 내용을 법적 또는 정책적 이유에서 유지할 필요가 있다는 점은 별론으로 하더라도, 능동적인 지능정보 서비스를 전제로 한 디지털 전환의 상황에서는 더욱 특별한 고려가 필요하다. 바로 그것이 앞서 언급한 '디지털 포용'이다.

(2) 디지털 포용과 입법 전환

현 정부는 디지털 포용이라는 개념을 "국민 모두가 차별이나 배제 없이 디지털 세상에 참여하여 디지털 기술의 혜택을 고르게 누리게 하기 위한 사회 전체의 노력"으로 정의하고 있다는 점을 살펴보았다. 형식적인 의미에서만 보자면 이러한 디지털 포용의 개념은 정보격차 해소라는 용어와 별반 차이점이 없는 것으로 보인다. 그럼에도 불구하고 국내외 정책적 기조가 '디지털 포용'이라는 용어를 사용하는 이유는

---

6) 심우민, "법과 정책의 관계에 관한 입법학적 검토: 기본법 유형의 범람과 법제화 논증 요소", 2016 한국정책학회 춘계학술대회(2016) 참조.

분명 변화되고 있는 상황적 변화를 인지했기 때문이라고 할 수 있다.

실제 앞서 살펴본 바와 같이, 기존 정보격차 해소 정책이 주안점을 둔 것이 '역량'과 '환경'의 측면이었다고 한다면, 디지털 포용 정책은 이들뿐만 아니라 '활용'과 '기반'의 영역에서의 격차 및 차별 배제를 상정하고 있다. 이는 분명히 과거의 정책이 소외 계층을 중심 대상으로 한 것과 달리, 국가 공동체 구성원 모두의 일상생활 속에서 발생할 수 있는 격차와 차별의 문제를 염두에 둔 것으로 해석할 수 있을 것이다.

결국 이러한 디지털 포용 정책의 내용과 방향성은 과거 단순한 소외계층의 정보격차 해소와 국가 정보화라는 인프라 구축과 확산 중심의 정책 관념을 넘어서는 것이다. 디지털 전환 및 전면화로 인하여 발생할 수 있는 보다 근원적인 가치적 배제까지도 고려한 정책적 방향성을 가지는 것이라고 할 수 있다. 단순하게 이야기하자면, 과거 정보격차 해소 정책이 디지털 기기를 활용할 수 있는 역량과 환경을 중시여긴 것이었다고 한다면, 이러한 기초적인 차별 없는 물적 기반을 전제로 암묵적인 차별과 배제 없이 일상생활에서 이를 활용하고, 또한 이를 국가 공동체 운영 방향 결정에 참여하는 데에까지 이르는 구조와 관념을 상정하고 있는 것이다.

따라서 현 시점에서 이러한 디지털 포용과 관련하여 필요한 입법은 「지능정보화 기본법」과 같이 단순히 인프라의 구축 및 확산, 그리고 그에 대한 접근·이용상의 차별 배제만이 아니라, 지능정보 기술 및 서비스를 활용함에 있어 다양한 사회 내 가치들을 포용할 수 있는 제도적 기반을 제공해 주는 입법이다. 말 그대로 전환의 시기에 부합하는 전환의 입법이 필요하다.

3. 디지털 포용을 위한 입법의 주안점

(1) 디지털 포용 정책의 명확한 입법적 표명

앞서 살펴본 바와 같이, 연혁적으로 「지능정보화 기본법」에 규정되기에 이른 '정보격차 해소' 관념은 디지털 전환의 정책적 지향점을 포함하기에는 매우 협소한 성격을 가진다. 디지털 포용은 물론 단순한 서비스 및 정보의 활용 및 접근상의 격차 해소 문제도 포함하는 것이지만, 이에 더 나아가 보다 구조적인 측면에서의 가치적 포용의 문제를 대상으로 하는 것이다. 어떤 측면에서는 과거 정보격차 해소 정책이 일종의 물적 기반에 관한 '정보복지'의 일환이었다고 한다면, 디지털 포용은 디지털에 기반한 민주적 공동체 질서 형성의 문제에 관한 것이라고 할 수 있다.

따라서 디지털 포용 정책의 중장기적이고 안정적인 추진을 위해서는, 그 지향점을 보다 분명히 할 수 있는 입법적인 조치가 필요하다. 물론 이 부분에 있어 반드시 별도 또는 추가적인 입법이 필요한 것인지에 대해서는 의문이 있을 수 있다. 예를 들어, 물적 인프라에 관한 사항은 현행법상 디지털 격차 해소 규정을 활용하고, 이를 넘어서는 구조적인 일상생활의 문제에 대해서는 비법적인 정책 대응을 통해서도 충분히 대응해 나갈 수 있는 측면이 있다. 실제 정책적 사안을 모두 입법으로 규정할 필요는 없기 때문이다.[7]

---

7) 필자는 개인적으로 기본법의 범람을 우려하는 입장을 가지고 있다. 그럼에도 현재와 같은 급격한 디지털 전환의 상황에 대응하기 위한 절차적 입법 조치는 충분히 고민해 볼 필요가 있다고 생각한다.

코로나19로 인해 정책적 구호에 그치던 디지털 전환이 현실화되는 상황에서, 국가·사회적 소통은 거의 전면적으로 디지털 기술 및 서비스를 근간으로 하게 되었으며, 이는 기술적 유용성으로 인하여 향후 포스트 코로나 시대의 생활양식과 소통 방식을 변화시킬 것이 예상된다. 따라서 이제 고민해야 하는 것은 정보통신 인프라를 구축 및 확산해 나가는 과정(정보화)에서의 역기능뿐만 아니라, 생활과 소통의 구체적 현실이 디지털로 전환된 이후에 발생할 수 있는 보다 본질적이고 구조적인 문제에 대응해야 한다.

이러한 본질적·구조적 문제는 앞서 언급한 바와 같이, 디지털 전환에 입각하여 과거보다 현격이 증가하는 가치 간 충돌, 그리고 이와는 반대 방향에서의 가치 간 획일화 가능성을 모두 대비할 수 있는 입법적 실천이 요구된다. 이런 측면에서 현행 법률이든 새로운 별도 법률이든지 간에 디지털 포용 정책의 내용과 방향성을 구체화할 수 있는 입법적 조치를 고민해 나가야 할 필요가 있다.

(2) 영향평가 제도의 실질화

디지털 포용이라는 관념은 기본적으로 다양한 가치 간의 공존을 모색하는 한 유형이라고 할 수 있다. 그런데 디지털 포용은 단순한 과거의 정치적 포용과는 다른 차원의 문제점들을 가지고 있다. 그 이유는 급격하게 변화 및 발전하며 또한 쉽사리 그 방향성을 예측하기 어려운 디지털 기술 및 서비스에 근거한 포용을 고민해야 한다는 점에서 그러하다.

통상 예측하기 어렵고 명확한 대응책을 강구하기 어려운 경우에 활용되는 입법적인 방식은 바로 영향평가(impact assessment)이다. 다소 거칠게 정의하자면, 영향평가는 정책 및 입법의 효과(목적달성 가능성)에 대한 예측 및 평가를 의미한다. 즉 이는 보다 면밀한 입법 및 정책 운영을 위한 일정의 검토과정을 나타내는 것으로 이해해볼 수 있다. 우리나라의 경우 이러한 영향평가와 유사한 기능을 개별 영역에서 미약하지만 제도화 하고 있는 것과는 달리, 해외 주요 국가들의 경우에는 포괄적인 정책 및 입법에 관한 영향평가 제도를 정립 및 운영하고 있다. 추측건대 현행 「지능정보화 기본법」도 지능정보 서비스 및 기술 활용 및 발전 방향의 예측상의 어려움으로 인하여 동법 제56조에 '지능정보시비스 등의 사회적 영향평가' 규정을 도입하고 있는 것으로 판단된다.8)

　　「지능정보화 기본법」 제56조 제1항은 "국가 및 지방자치단체는 국민의 생활에 파급력이 큰 지능정보서비스 등의 활용과 확산이 사회·경제·문화 및 국민의 일상생활 등에 미치는 영향에 대하여 다음 각 호의 사항을 조사·평가(이하 "사회적 영향평가"라 한다) 할 수 있다"고 규정하고 있으며, 그 조사·평가 항목으로 '지능정보서비스 등의 안전성 및 신뢰성', '정보격차 해소, 사생활 보호, 지능정보사회윤리 등 정보문화에 미치는 영향', '고용·노동, 공정거래, 산업 구조, 이용자 권익 등 사회·경제에 미치는 영향', '정보보호에 미치는 영향', '그 밖에 지능정보서비스 등이 사회·경제·문화 및 국민의 일상생활에 미치는 영향' 등을 제시하고 있다.

---

8) 이러한 맥락에서의 영향평가 제도화 주장에 대해서는 심우민, "인공지능과 법패러다임 변화 가능성: 입법 실무 거버넌스에 대한 영향과 대응 과제를 중심으로", 법과 사회 제56호(2017), 374면 이하.

그러나 이러한 지능정보서비스 등의 사회적 영향평가는 매우 의미 있는 입법 시도임에도 불구하고, 디지털 포용과 디지털 전환의 맥락에서 다음과 같은 한계를 가지고 있는 것으로 판단된다.

첫째, 영향평가 범주의 불명확성이다. 동법 제56조 제1항은 사회적 영향평가에 관해 정의하고 있는데, 그 단서에서 지능정보 서비스가 아닌 지능정보 기술의 경우에는 「과학기술기본법」 제14조 제1항의 기술영향평가로 대신하도록 규정하고 있다. 사실 지능정보 서비스라는 개념 자체도 매우 포괄적이라고 할 수 있는데, 그 와중에 서비스와 기술을 분리하여 영향평가를 실시토록 규정하고 있다는 점은 디지털 전환의 환경적 변화를 제대로 인식하지 못한 것이다. 특히 디지털 전환은 기술 및 서비스 등 모든 영역이 사실상 구분하기 어려운 융합현상을 경험하게 된다는 측면에서 그러하다.

둘째, 영향평가 절차에 대한 규정이 불비하다. 동법상 사회적 영향평가 조항은 국가 및 지방자치 단체가 영향평가를 실시할 수 있다고 규정하고 있을 뿐, 이에 관한 구체적인 절차를 제시하거나 하위 법령에 위임하지도 않고 있다. 이 규정에 따르면 국가 및 지방자치단체가 알아서 재량적으로 영향평가를 실시할 수 있다. 더욱 큰 문제는 영향평가 실시주체는 국가 및 지방자치단체로 되어 있지만(동법 제56조 제1항), 영향평가 결과 공개 및 권고 권한은 과학기술정보통신부장관이 가진다(동법 제56조 제2항)는 점이다. 이는 분명 체계적인 영향평가를 고려하지 못한 것이라고 평가할 수 있다.

셋째, 영향평가 기준에 관한 규정 또한 존재하지 않는다. 동법은 사회적 영향평가의 항목은 제시하고 있지만, 그러한 항목에 대한 영향평가 기준(방법론) 또는 그 설정 방식에 대해서는 전혀 제시하고 있지 않다. 특히 지능정보 서비스 및 기술과 같은 예측이 어려운 기술의 경우에는 단순히 사회과학적인 실증 방법론이 아니라 다층적인 의견수렴(consultation) 및 결과공개 과정을 거치는 것이 일반적인데, 동 규정은 이에 대해 대강이라고 규정하고 있지 않을 뿐만 아니라, 하위 법령에 위임하는 규정도 두고 있지 않다.

디지털 포용의 관점에서 위 한계지점들 중 가장 큰 문제점은 바로 영향평가 기준의 부재, 특히 의견수렴 방식에 대한 입법 불비라고 할 수 있다. 디지털 전환은 단순한 기술적 진보를 의미하는 차원을 넘어 전통적인 사회 및 시장 구조의 변화를 추동한다. 이 과정에서 당연히 현실적인 이해관계는 물론이고, 이를 넘어선 가치간 갈등도 다양하게 표출될 수밖에 없다. 따라서 이러한 갈등을 자연스럽게 해소함은 물론이고, 가급적 암묵적으로 배제되는 가치가 없도록 하기 위해서는 의견수렴 절차를 제도화하는 것이 필요하다.

Ⅳ. 디지털 전환을 넘어 포용으로

코로나19 위기상황은 그간 국가 정책적 논제였던 디지털 전환을 현실화시키는 데 기여하였다. 그러나 급작스러운 전환은 어쩌면 그리 달가운 것은 아니다. 미처 그러한 전환이 야기할 역기능에 대비할 수 있는 기회를 상실할 수도 있기 때문이다. 그나마 다행인 것은 디지털 전환의 맥락에서 현 정부가 디지털 포용이라는 정책적 아젠더를 제시하고 있다는 점이다.

그러나 아직까지 입법정책적인 측면에서 이러한 디지털 표용의 의미가 명확화 된 것은 아니다. 물론 인공지능 및 빅데이터 기술 등에 입각한 지능정보사회에 대비하기 위하여 마련된 「지능정보화 기본법」에서는 디지털 포용의 물적 기반에 관한 정보격차의 문제를 규정하고 있는 것이 사실이지만, 포스트 코로나 디지털 전환 시대에 부합하는 디지털 포용 정책의 근거로서 활용되기에는 어렵다고 평가할 수 있다. 물론 디지털 포용 정책 추진을 위하여 입법적인 조치가 반드시 필요한 것인지에 대해서는 충분히 반론이 있을 수 있다. 그러나 디지털 포용은 단순한 정보 복지 수준의 논제가 아니라 사회 구조적인 변화에 대응하는 정책적 방식이라는 측면에서, 입법적으로 그 방향성과 방법론을 명확히 할 필요가 있다는 점은 부인하기 어렵다.

그간 정부 및 산업 영역에서 논의되어 오던 디지털 전환은 정보통신 신기술 및 그 인프라의 확산에 초점이 있었다. 이 과정에서 발생할 수 있는 역기능에 관한 고려가 있었던 것은 사실이지만, 이는 어디까지나 부수적인 문제였다고 할 수 있다. 특히 유동적이고 급속한 디지털 전환 과정에서 발생할 수 있는 가치간 갈등과 배제의 문제, 가치 획일화의 시도 등에 대한 우려는 아직까지 국가 정책적인 논제로 본격적으로 다루어지지 못하고 있다.

이에 입법적인 견지에서, 포스트 코로나 디지털 전환 시대에 부합하는 절차와 기준을 마련하기 위한 고민을 시작해야 할 시점이다. 새로운 시대에 중요한 것은 새로운 실체가 아니라, 그러한 실체를 구성해 갈 수 있는 절차이다. 그러한 절차가 온전한 내용과 형식으로 자리잡을 때 또한 포용적인 실체를 구성해 나갈 수 있을 것이다.

제 **10** 장

코로나 시대와 포용국가

코로나 시대의 법과 철학

제 10 장

코로나 시대와 포용국가*

Ⅰ. 코로나 사회와 배제

코로나가 진행 중인 우리 사회는 안전을 그 무엇보다 중요시하는 안전사회로 접어들었다. 이에 따라 안전사회의 부작용이 사회 곳곳에서 불거진다. 가장 눈에 띄는 문제로 코로나 감염을 기준으로 한 강력한 포함과 배제 문제를 들 수 있다. 코로나에 대응하기 위해 사회적인 물리적 거리두기와 선제적인 선별검사를 실시하였지만, 그 때문에 코로나 확진을 기준으로 한 뚜렷한 포함과 배제 및 (확진자에 대한) 사회적 거리두기가 부작용으로 나타난다. 바이러스 감염이라는 생물학적·의료적 기준이 사회의 동지와 적을 구별하여 강력한 포함과 배제를 유발한다. 정부가 애초에 의도한 사회적인 차원의 물리적 거리두기가 사

---

* 이 글은 필자가 발표한 논문 "현대 안전사회의 헌법학적 문제: 법이론의 관점을 겸하여", 헌법재판연구 제7권 제2호(2020. 12), 3-37면의 내용을 일부 활용하여 수정 및 보완한 것이다.
** 영남대학교 법학전문대학원 교수·법학박사.

회적 관계에 대한 거리두기로 변질된다. 문제는 이러한 포함과 배제가 코로나에 관해서만 한정되지 않는다는 것이다. 코로나로 비대면 방식의 소통이 급증하면서 사회의 여러 차원에서 포함과 배제 및 양극화가 심화된다. 비대면 방식의 소통 증가에 따른 친밀성의 양극화, 비대면 소통매체 및 플랫폼에 대한 접근의 양극화 그리고 지속가능한 생존과 직결되는 경제적 양극화 등을 꼽을 수 있다.[1] 어찌 보면 이는 인터넷이 창발한 사이버세계의 배반일지도 모른다. 처음 인터넷이 등장하고 모든 정보가 소통되고 공유될 수 있는 사이버세계가 창발되면서 많은 이들은 정보민주주의와 같은 새로운 민주주의가 구현되는 사회를 꿈꾸었기 때문이다. 그렇지만 현실은 오히려 그 반대로 진행된다. 현실 세계보다 사이버세계에서 양극화가 심화되고 있는 것이다. 다양한 소통플랫폼과 소통매체가 개발되면서 자유롭고 평등한 소통이 전개되기보다는 반대로 가짜 뉴스와 딥페이크로 대변되는 소통왜곡 문제가 심화된다.[2] 사이버세계가 정보민주주의를 구현하기보다는 오히려 민주주의를 파괴한다는 우려가 늘어난다.[3] 합리적인 대화와 토론보다는 적과 동지로 구별되는 진영논리가 모든 소통을 압도하고 있는 것이다.

물론 이 모든 것이 안전사회가 빚어낸 부작용이라고 말할 수는 없을 것이다. 그렇지만 앞에서 언급한 문제들이 안전사회를 뚜렷하게 특징짓는 ≪포함-배제≫와 밀접한 관련을 맺는다는 점은 부인하기 어

---

1) 플랫폼이 야기하는 여러 문제에 관해서는 마셜 밴 앨스타인 외, 이현경 (옮김),『플랫폼 레볼루션』(부키(주), 2019), 371면 아래 참조.
2) 이에 관해서는 이민영, "딥페이크와 여론형성: 알고리즘의 권력화와 탈진실의 규제 담론",『미국헌법연구』제31권 제1호(2020. 4), 199–241면 참조.
3) 캐시 오닐, 김정혜 (옮김),『대량살상 수학무기』(흐름출판, 2017), 298면 아래 참조.

렵다. 이러한 상황에서 우리는, 우리 국가는 포함과 배제라는 이분법이 유발하는 문제에 어떻게 대응해야 하는지 고민해야 한다. 이에 관해 이 글은 두 가지 개념을 다루고자 한다. 포용국가와 보장국가가 그것이다.

Ⅱ. 포용국가

1. 통합국가

포함과 배제라는 구별이 사회 전체를 지배한다는 것은 그 사회가 분열되어 있음을 시사한다. 이렇게 사회가 분열되어 있을 때 전통적으로는 '통합(Integration)'을 해법으로 제시하였다. 국가가 분열을 해소하고 사회를 통합해야 한다는 것이다. 사회를 통합하기 위해 국가는 다양한 정책적 수단을 활용한다. 이때 법규범은 사회를 통합하는 데 중요한 수단이 된다. 이는 독일의 공법학자 스멘트(Rudolf Smend)가 제시한 헌법이론에서 잘 드러난다.[4] 국가와 법을 동일하게 파악하는 켈젠과는 달리 스멘트는 국가를 통합과정으로 규정한다. 스멘트에 의하면 이때 헌법이 중요한 기능을 수행한다. 헌법에 힘입어 비로소 인적·사물적·기능적 통합이 이루어지고 이를 통해 국가공동체는 통합이라는 과정을 밟게 된다. 특히 헌법이 규정하는 기본권은 객관적 가치질서로서 국가가 통합되는 데 기여한다.

---

4) Rudolf Smend, *Verfassung und Verfassungsrecht* (Berlin, 1928); Roland Lhotta (Hrsg.), *Die Integration des modernen Staates. Zur Aktualität der Integrationslehre von Rudolf Smend* (Baden-Baden, 2005) 등 참조.

그러나 통합이라는 구상은 사회의 거의 모든 부분에서 다원화가 진행되고 이로 인해 복잡성이 비약적으로 증대하는 오늘날에는 적절하지 않은 것으로 보인다.[5] 물론 통합 개념을 국가공동체를 하나로 동일화하는 통합이 아니라, 한편으로는 사회의 다원성을 인정하면서도 다른 한편으로는 이러한 다원성이 서로 조화를 이루면서 병존할 수 있는 개념으로 설정한다면, 다시 말해 '다원적 통합'으로 설정할 수 있다면 오늘날에도 여전히 유효한 개념으로 수용할 수 있을 것이다. 하지만 통합이 지닌 본래적 이미지 때문에 통합 개념을 재설정하는 것은 어려워 보인다. 그 때문에 오늘날에는 포용이 더 적절한 키워드로 부각된다.

2. 포용국가

'포용(inclusion)'은 현 정부가 강조하는 키워드다.[6] 문재인 정부는 '혁신적 포용국가(innovative inclusive state)'를 정책적 목표로 설정함으로써 한편으로는 혁신성장을, 다른 한편으로는 포용국가를 내세운다. 제4차 산업혁명을 주축으로 하는 혁신 과정에서 배제되는 이들이 없도록 혁신과 포용을 동시에 추구하는 것이다. 그런데 이때 말하는 포용이란 무엇을 뜻하는지 의문이 들 수 있다. 이에 관해 현 정부에서

---

5) 통합론에 대한 비판으로는 Robert Chr. van Ooyen, Demokratische Partizipation statt "Integration": normativ-staatstheoretische Begründung eines generellen Ausländerwahlrechts. Zugleich eine Kritik an der Integrationslehre von Smend, in: *Zeitschrift für Politikwissenschaft* (2003), S. 601-627.

6) 영어 'inclusion'은 포함, 포용, 포섭 등으로 번역된다. 필자는 ≪포함-배제≫ 구별을 원용할 때는 이를 '포함'으로 번역하였다. 다만 요즘 우리 사회에서 포용 및 포용국가가 널리 사용되기에 맥락에 따라 포용이라는 번역어도 함께 사용한다.

강조하는 포용은 내용적인 면에서 볼 때 복지국가의 그것과 큰 차이가 없어 보인다. 사회에서 배제되는 사회적 약자를 배려하고 도와주는 복지국가의 목표와 비슷하게 포용 개념을 설정한다.[7]

하지만 지난 2010년을 전후로 하여 활발하게 논의된 '포용국가 (inclusive state)'는 전통적인 복지국가와는 다른 맥락에서 등장하였다.[8] 기존의 복지국가는 한 국가의 경계선을 기준으로 하여 국가 구성원의 복지에 주로 관심을 기울였다면, 포용국가는 이를 넘어 국가의 경계 밖에 있는 이들, 즉 국가공동체로부터 배제된 이들을 국가가 포용할 것을 강조하기 때문이다. 이때 포용국가가 직접적으로 관심을 기울여야 하는 이들은 이주민, 난민, 미등록외국인 등이었다. 그 점에서 포용국가는 국가주의의 한계를 넘어서는 '초국가주의(transnationalism)'와 같은 맥락을 이룬다고 말할 수 있다. 요컨대 포용국가는 당시 인문학 영역에서 등장했던 호모 사케르, 환대, 포용과 배제 등과 같은 맥락에서 제시된 새로운 국가 패러다임이라고 말할 수 있다.[9]

이렇게 보면 안전사회로 접어든 우리 사회에 대한 해결책으로 본래 의미의 포용 및 포용국가를 언급하는 것은 적절하지 않아 보인다. 제주도 예멘 난민 문제가 시사하듯이 우리 사회는 여전히 국가의 경계 밖에 있는 타자들을 포용할 준비가 충분히 마련되지 않은 것처럼 보이기 때문이다.[10] 그런데도 필자는 오늘날의 상황에서 포용이 유의미한

---

7) 성경륭 외, 『(새로운 대한민국의 구상) 포용국가』(21세기북스, 2017) 참조.
8) Anis A. Dani/Arjan de Haan, *Inclusive States: Social Policy and Structural Inequalities* (World Bank, 2008) 참조.
9) 조르조 아감벤, 박진우 (옮김), 『호모 사케르: 주권 권력과 벌거벗은 생명』(새물결출판사, 2008); 자크 데리다, 남수인 (옮김), 『환대에 대하여』(동문선, 2004) 참조.

개념으로 사용될 수 있다고 생각한다. 이는 포용을 다음과 같이 개념화하면 가능하다. 다원화되고 전문화된 사회의 각 영역에 대한 자유롭고 평등한 참여를 보장한다는 의미로 포용을 개념화하는 것이다. 다시 말해 오늘날의 상황에서 포용국가가 추구해야 하는 포용은 기능적으로 분화된 사회 각 영역에 사회 구성원들이 자유롭고 평등하게 참여할 수 있도록 보장하는 것이어야 한다. 이를 개념화한다면 '절차주의적 포용(procedural inclusion)'으로 언급할 수 있을 것이다.

Ⅲ. 포용국가 새롭게 이해하기

1. 역량이론과 결합된 포용국가

포용을 이렇게 개념화하면 포용국가는 기존의 복지국가와 차별화되는 독자적인 의미를 획득할 수 있다. 복지국가가 직접적인 급부라는 방식으로 국가 구성원들의 생존을 배려하고자 했다면, 포용국가는 국가 구성원들이 기능적으로 분화된 사회의 각 영역에 자유롭고 평등하게 참여할 수 있는 능력, 즉 '역량'을 키우는 것에 더 주목한다고 말할 수 있기 때문이다. 이러한 점에서 포용국가는 센(Amartya Sen)과 누스바움(Martha Nussbaum)이 발전시킨 역량이론과 연결된다.[11] 포용국가는 국가 구성원들에게 재화 공급과 같은 급부를 직접 제공하기보다

---

10) 이에 관한 문제를 다루는 구정우, 『인권도 차별이 되나요?: '나는 괜찮다'고 여겼던 당신을 위한 인권사회학』(북스톤, 2019) 참조.
11) 역량이론에 관해서는 마사 누스바움, 한상연 (옮김), 『역량의 창조: 인간다운 삶에는 무엇이 필요한가?』(돌베개, 2015); 이서형, 『자유주의의 실질화를 위한 자율적 구성 모델』(이화여대 법학박사 학위논문, 2018) 등 참조.

는 구성원들의 자율적인 역량을 제고하는 데 관심을 기울이기 때문이다. 구성원들에게 물고기를 잡아주기보다는 물고기를 잡을 수 있는 역량을 키우는 데 더 초점을 맞추는 것이다.

2. 포용국가와 보장국가의 연결 가능성

이렇게 이해된 포용국가는 기존의 복지국가보다는 한 발짝 물러서서 국가 구성원들을 배려하는 국가로 파악된다. 복지국가보다는 후견의 정도가 약한 것이다. 그 점에서 포용국가는 보장국가와 연결될 가능성이 있다. 최근 공법학, 특히 행정법학에서는 새로운 패러다임으로 보장국가가 논의된다. 여기서 '보장국가(Gewährleistungsstaat)'란 "국방, 치안, 외교, 국민생활의 최소한의 보장 등 국가의 핵심적 역할만 직접 수행하고 나머지 국가적(공익적) 역할 또는 활동은 되도록 公과 私의 협력을 통해서, 혹은 사인의 자율적 활동을 통해 달성하되, 그 공사협력 내지 사인의 자율적 활동이 본래의 목적을 달성할 수 있도록 보장할 책임을 지는 국가"를 뜻한다.[12] 이러한 보장국가는 전통적인 복지국가와는 달리 국가의 직접적인 임무를 대폭 축소한다. 국민의 생존과 안전에 직결되는 보장책임만을 국가가 직접 부담하고 그 외의 임무와 책임은 우선적으로는 국가 구성원, 즉 시민들이 자율적으로 짊어진다. 이를 통해 시민과 국가가 서로 협력하는 민관협력 모델을 추구한다. 그 점에서 보장국가에서는 복지국가보다 시민과 사회에 대한 국가의 직접적인 후견과 개입이 약화된다. 하지만 그렇다고 해서 보장국

---

12) 김남진, "보장국가 구현을 위한 법적·정책적 연구", 『학술원논문집』(인문·사회과학편) 제55집 제2호(2016), 2면.

가가 신자유주의가 추구하는 작은 정부의 새로운 버전인 것은 아니다. 보장국가는 시민과 사회의 자율성에만 의존하는 것은 아니기 때문이다. 보장국가는 일차적으로는 시민들이 자율적으로 자신의 문제를 처리할 것을 요청하지만 자율적으로 문제를 처리할 수 없을 때는 이에 개입한다. 그 점에서 시민과 사회 영역에 대한 후견적 개입을 완전히 포기하는 것은 아니다. 이렇게 보면 보장국가는 복지국가와 신자유주의적 국가 사이에 자리한 국가 패러다임으로 이해하는 것이 적절하다.

바로 이 점에서 포용국가와 보장국가를 연결할 가능성이 보인다. 일단 국가는 보장국가가 추구하는 것처럼 국가 구성원들의 생존과 안전에 직결되는 책임은 직접 짊어져야 한다. 안전을 보장하는 책임은 국가가 직접 부담해야 한다. 이에 비해 기능적으로 분화된 사회의 각 영역에서 발생하는 여러 문제들은 일차적으로는 국가 구성원들이 자율적으로 풀어갈 수 있어야 한다. 그러나 이를 위해서는 사회의 각 영역에 구성원들이 자유롭고 평등하게 참여할 수 있는 역량을 갖추어야 한다. 만약 이러한 역량을 갖추지 못하면 구성원들은 사회의 각 영역에 포용될 수도, 자신에게 당면한 문제를 자율적으로 해결할 수도 없다. 따라서 국가는 이러한 구성원들의 역량을 키우는 일에 적극 관여해야 한다. 만약 이러한 국가를 '보장적 포용국가'로 개념화할 수 있다면, 보장적 포용국가는 복지국가와 보장국가 사이에 자리하는 국가로 이해할 수 있다. 이를 도식으로 표현하면 아래와 같다.13)

---

13) 도식에서 '≫'는 후견의 정도를 나타낸다.

복지국가 ≫ 복지국가적 포용국가 ≫ 보장적 포용국가
≫ 보장국가 ≫ 신자유주의적 국가

위에서 알 수 있듯이 포용국가는 두 가지로 구별할 수 있다. 복지
국가적 포용국가와 보장적 포용국가가 그것이다. 복지국가적 포용국
가는 복지국가에 좀 더 가까운 포용국가를 말한다. 이에 대해 필자는
현대 안전사회에 대응하기 위한 포용국가는 복지국가와 보장국가 사
이에 놓인 보장적 포용국가를 목표로 해야 한다고 생각한다.

▌찾아보기

[ㄱ]

가짜뉴스　32
갈랜드　74
감시받지 않을 권리　143
감시사회　145, 148
감염병　149
감염병예방법　89, 90, 137,
　140, 141, 142
감염병의심자　92, 137, 138,
　142, 148
감염병환자　91
개인정보　88, 136, 137, 140,
　145, 147
개인정보 보호법　88
개인정보자기결정권　142
거리두기　6, 151
건강권　145, 152
검역법　138
격리　91, 138
격차가설　215
결과주의　192
경계　168, 171
경계 없음　179

공동사회　30
공동체 의식　157
공동체주의　197
공리주의　194
과밀수용　151, 152, 155
과잉금지　99
관타나모 수용소　148
광화문 집회　102
교도소　150, 151, 152, 153,
　155
교정시설　152, 153
구금시설　150, 151, 152
구치소　149, 150, 151, 156
국가인권위원회　97, 102, 143
국민건강보험　161
균형성　143
기독교성　114
기본권　141, 144, 147
긴급사태　106

[ㄴ]

나 자신의 범죄학　74
나병　116

낙인   123, 156, 157
낙인효과   137, 148
누스바움   246
New Normal   4

[ㄷ]

대니얼즈   199, 205
데이터 경제   35
동선   92
동선 공개   136
동적 진화   108
디지털 전환(digital transformation)
    210
디지털 트윈(digital twin)   218
디지털 포용(digital inclusion)   211

[ㄹ]

락다운   135, 143, 144
레비나스   33
루만   29, 39

[ㅁ]

마스크   136, 153
매체   29
메르스(MERS) 바이러스   172
무지의 베일   172, 173
무지의 베일 뒤집기   179
물리적 거리두기   25

미결구금자   152
민주주의   106
민주화 운동   162
밀접접촉자   137

[ㅂ]

배제   148
배제기술   78
법률유보   99
법정구속   155
법철학   3
법치주의   106
벡   49
보석   141
보장국가   247
보장적 포용국가   248
복원력   128
복지국가적 포용국가   249
봉쇄 전략   101
불구속 수사원칙   149

[ㅅ]

사랑제일교회   97
사회적 거리두기   24
사회적 관계에 거리두기   24
사회통제   57
사회화   153
3T   93

생명권   152

생명정치   3

생활세계의 변화   36

센   246

소급적 감시   136

소외   152

소통   39

소통매체   29

소통의 왜곡   32

소통플랫폼   34

손택   118

수용시설   153, 156

수용자   152, 153, 154, 155, 156

슈미트   73

슈톨레   56

슈퍼전파자   123

스멘트   243

시민형법   148

시설격리   140

식민주의   115

신체의 자유   140, 152

CCTV   136, 143, 144

[ㅇ]

아키텍처 규제론   77, 216

안심밴드   92, 139, 140, 141, 142, 143

안전사회   56

애국법   146

end-to-end 원리   218

약자우선주의   195

엄벌주의   150, 152

에이즈   117

역량이론   246

역학(疫學)조사   90

연대   157

영속적 외국인   124

영향평가(impact assessment)   234

예방원칙(precautionary principle)   99

온택트   6

완화 전략   101

요양병원   151, 153

욕망-자본   12

운평등주의   197

원격화상재판제도   154

위기경보   92

위치정보   147

위치추적전자장치   139

위해   50

위험   50

위험사회   49

위험의 상시화   15

위험인식   95

유대인 강제수용소   148

의료자원의 공정한 분배   190,
  191
의심자   149
이동의 자유   143, 144
이동제한   144
이미지 왜곡   32
이방인혐오증(제노포비아;
  Zenophobia)   121
이태원 클럽   96, 102
인신구속   92
인신보호법   92
일반적 행동의 자유   142
일상적 위기국가   15

[ㅈ]

자가격리   91, 137, 138, 139,
  142, 144
자가치료   137, 138
자기방어권   153
자기수행기술   75
자본-권력   10
재난 및 안전관리 기본법   92
재사회화   153, 155, 156
적대형법   146, 148, 149
전면적 봉쇄(lock-down)   97
전염병 오리엔탈리즘   115, 116
전염병의 열대화   116
전자감시   144

전자발찌   139
전자보석제도   155
전자장치   141
전자장치부착법   140, 141
전자팔찌   139, 144
절차주의적 포용   246
정보격차   213
정보공개   106, 145
조르지오 아감벤(Giorgio Agamben)
  104
존 롤즈   166
줌   34
중동호흡기증후군(메르스; MERS)
  120
중형주의   155
지능정보화 기본법   227
지젝   157
진리   30
진화심리학   122
질병의 정치화   125
집단감염   150, 151, 153, 155,
  156
징엘른슈타인   56

[ㅊ]

초국가주의   245
촛불 항쟁   173
친밀성   30

친밀성의 위기   36
침해의 최소성   143

[ㅋ]

K-방역   93
코로나19 시대   3, 4
키르히만   48

[ㅌ]

타자로서 바이러스   120
타자의 범죄학   74
타자화   123
탈포디즘   61
테러리즘   148
테러방지법   146, 147, 148
통제기술   76
통합   243
통합국가   243
퇴니스   30
투명성   94

[ㅍ]

팬데믹의 역사   118
페스트   114, 124
펼침의 정치   181

평등주의   191, 193
포디즘   60
포섭   148
포용   244
포용국가   212
포퓰리즘   155
포함-배제   71
프라이버시   88, 89
프라이버시권   136, 145
피하감시   145

[ㅎ]

하라리   145
해외입국자   138
행동의 자유   144
헌법재판소   152
혁신적 포용경제   42
혁신적 포용국가   42, 244
혐오   113, 118
혐오표현   32
형사구금시설   150
형사소송법   149
형식   29
홉스   25
확산이론   214

공저자 약력

양천수

양천수는 고려대학교 법과대학을 졸업하고 같은 대학 대학원에서 법학석사를, 독일 프랑크푸르트대학교 법과대학에서 법학박사를 취득하였다. 현재 영남대학교 법학전문대학원에서 기초법 전임교수로 재직하며 학생들을 가르친다. 영남대학교 법학연구소장도 맡고 있다. 급변하는 현대사회가 우리의 법체계 및 법적 사고에 어떤 자극을 주는지, 이에 법체계가 어떻게 진화하는지에 관심이 많다. 『법철학』(공저), 『빅데이터와 인권』, 『제4차 산업혁명과 법』, 『디지털 트랜스포메이션과 정보보호』(공저), 『인공지능 혁명과 법』을 포함한 다수의 저서와 논문을 집필하였다.

김현철

김현철은 서울대학교 법과대학을 졸업하고 같은 대학 대학원에서 법철학 전공으로 법학석사와 법학박사를 취득하였다. 현재 이화여자대학교 법학전문대학원 교수로 재직하고 있으며, 법철학 등 기초법학 과목과 생명의료법 과목들을 강의하고 있다. '지금 여기' 법현실에서 법의 맥락적 의미를 탐구하는데 관심이 많으며, 특히 법과 권력의 관계에 대한 비판적 연구를 화두로 삼고 있다. 주요 저작으로 『법철학』(공저), 『생명윤리와 법』(공저) 등 저서와 "자연주의적 자연법 이론", "이소노미아", "법철학의 주제설정" 등 다수의 논문이 있다.

송윤진

송윤진은 서울대학교에서 기초 법학(법철학)으로 박사학위를 받았다. 법철학, 여성주의 법 이론, 생명 윤리라는 서로 구별되면서도 중첩된 분야들을 각각 때로는 종합적으로 연구하고 있다. 주요 연구 논문으로는 "인권의 철학적 기초: 누스바움의 역량 접근법에서 인간 존엄", "낙태죄 위헌 판단에서 이익 형량 구조 및 기준 비판", "생명공학 기술과 여성 몸 그리고 권리: 생명 의료 윤리에서 관계적 자율성론 소고" 등이 있으며, 『여성과 몸』에 공저자로 참여했다. 현재 전남대학교 법학연구소 법인문학센터 선임 연구원으로 '법감정'에 관한 연구를 수행하고 있다.

심우민

심우민은 경인교육대학교 사회과교육과 교수로서 법(학)교육 관련 과목들을 중심으로 강의하며, 동 대학의 입법학센터장으로 재직 중이다. 입법학에 관한 논문으로 법학박사 학위를 취득한 이후 국회입법조사처 입법조사관으로 정보통신법제 업무를 담당해온 바 있다. 이와 같은 경험을 바탕으로 현재는 IT법학, 입법학 및 기초법학적 논제들을 주요 연구대상으로 삼고 있다. 관련 저술로는 『The Rationality and Justification of Legislation』(공저, 2013), "입법학의 기본관점(2014)", "ICT 법체계 개선에 관한 입법학적 검토(2015)", "인공지능의 발전과 알고리즘의 규제적 속성(2016)", "인공지능과 법패러다임 변화 가능성(2017)", "인공지능 시대의 입법학(2018)", "데이터사이언스와 입법실무(2019)", "20대 국회 정보통신 입법 동향 분석(2020)" 등이 있다.

이동진

이동진은 서울대학교 법과대학을 졸업하고 같은 대학교 대학원에서 법학석사 및 법학박사학위를 받았다. 서울중앙지방법원 판사 등을 거쳐 현재는 서울대학교 법학전문대학원에서 민법, 의료법 등을 가르치고 연구한다. 저서로 『주석민법 총칙 2』(공저), 『주해친족법 Ⅰ』(공저), 『주해상속법 Ⅰ, Ⅱ』(공저), 『법경제학 이론과 응용 Ⅰ, Ⅱ, Ⅲ』(공저), 『개인정보 보호의 법과 정책』(공저), 등이, 논문으로, 『착오개념과 취소요건 – 비교법적 고찰로부터의 시사(示唆) – 』, 『순수재산손해에 대한 불법행위책임: 법·경제적 해명시도』, 『유류분법의 개정방향』, 『데이터 소유권(Data Ownership), 개념과 그 실익』, 『개정 정신건강복지법상 비자의입원 규제에 대한 입법론적 고찰 – 민법 제947조의2 제2항의 검토를 겸하여 – 』 등이 있다.

이서형

이서형은 이화여자대학교 약학대학을 졸업하고, 동 대학 법학전문대학원 전문석사와 일반대학원 법학박사를 취득하였다. 제1회 변호사시험에 합격하였으며, 현재 이화여자대학교 생명의료법연구소 연구교수로 재직 중이다. 법철학, 생명윤리, 프라이버시 분야를 중심으로, 공동체에서 권력 구조의 작동과 자유의 구현에 관한 연구를 진행하고 있다.

정채연

정채연은 고려대학교에서 법학사, 법학석사 및 법학박사 학위를 취득했고, 뉴욕대학교(NYU) 로스쿨에서 LL.M. 학위를 취득했으며, 현재 뉴욕 주 변호사이다. 대법원 사법정책연구원의 연구위원과 카이스트 미래전략대학원의 연구조교수를 거쳐, 현재 포스텍 인문사회학부 대우조교수로 재직 중이다. 법철학, 법사회학, 법인류학 등 기초법 연구를 지속해 왔으며, 최근에는 인공지능 및 지능로봇, 포스트휴먼, 블록체인 기술 관련 법적 쟁점들에도 관심을 갖고 있다. 공동집필진으로 참여한 저서들로 『법의 딜레마』(2020), 『인공지능과 법』(2019), 『법학에서 위험한 생각들』(2018) 등이 있다.

주현경

주현경은 고려대학교 법과대학을 졸업하고, 동 대학원에서 법학석사를, 독일 프랑크푸르트대학교에서 법학박사를 취득하였다. 현재 충남대학교 법학전문대학원 교수로 재직하며 형법, 형사소송법, 형사정책 등을 교육, 연구하고 있다. 형벌의 목적에 대한 탐구, 교도소 행형 등 국가형벌권의 집행, 그리고 사회의 변화가 형사법 관련 정책에 미치는 영향의 분석·활용 문제에 관심을 가지고 있다. 관련 저술로는 "절대적 종신형 도입에 대한 비판적 검토", "민영교도소의 한계와 대안: 영리화 비판을 중심으로", "형법의 문화수용 – 결혼목적 약취·유인죄 및 독일의 강제결혼죄를 중심으로", 『인공지능과 법』(공저) 등이 있다.

코로나 시대의 법과 철학

초판발행	2021년 2월 28일
엮은이	양천수
펴낸이	안종만·안상준
편 집	김선민
기획/마케팅	이영조
표지디자인	조아라
제 작	고철민·조영환
펴낸곳	(주) **박영사**
	서울특별시 금천구 가산디지털2로 53, 210호(가산동, 한라시그마밸리)
	등록 1959. 3. 11. 제300-1959-1호(倫)
전 화	02)733-6771
f a x	02)736-4818
e-mail	pys@pybook.co.kr
homepage	www.pybook.co.kr
ISBN	979-11-303-3855-2　93360

정 가　　　　15,000원